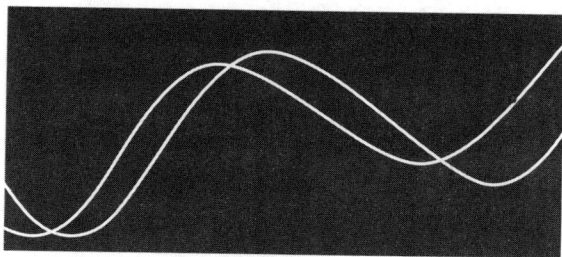

供给侧改革

滕泰 范必 等著

人民东方出版传媒
东方出版社

本书作者

(以书中内容顺序为序):

滕　泰　　万博新经济研究院院长

范　必　　国务院研究室综合司巡视员

李佐军　　国务院发展研究中心资源与环境政策研究所副所长

方　晋　　中国发展研究基金会副秘书长

邵　宇　　东方证券首席经济学家

黄志凌　　中国建设银行首席经济学家

董祚继　　国土资源部调控和监测司巡视员

唐　健　　中国土地勘测规划院地政中心主任

李国祥　　社科院农村发展研究所农村宏观经济室副主任、研究员

张文魁　　国务院发展研究中心企业研究所副所长

李　锦　　中企之声研究院院长兼首席研究员

张　湧　　上海自贸区管委会政策研究局局长

徐艺泰　　北京金融衍生品研究院院长

陈道富　　国务院发展研究中心金融研究所综合研究室主任

胥和平　　原科技部调研室主任

李东红　　清华大学全球产业研究院副院长

中国连锁经营协会

褚福灵　　中央财经大学教授

杨燕绥　　清华大学教授

目　录

理论篇

土地与资源篇

制度与管理篇

资本与金融篇

技术与创新篇

人口与劳动篇

序言一

打造新动能　奠定新基石

杜跃进 [1]

一手拎着电饭煲，一手拿着马桶盖，身后是被扫荡一空的货架，前面是等待付款的长队……

这已成为过去一年国内小长假期间，在日本东京、北海道、大阪、福冈等地众多商场里一再重现的景观。

然而，这些排队购物的顾客，不是来自日本当地，而是来自中国大陆。据日本观光局统计，2015 年前三季度，中国游客人均在日消费额约合人民币 1.45 万元。与中国游客相伴的"爆买"、"扫货"之类新词，频频出现于大众传媒，其中"爆买"一词已入选日本社会 2015 年度热词。

其实，出境旅游兼购物的中国游客，"爆买"的远不止日本马桶盖，韩国的彩妆、澳大利亚的奶粉等，也均在"扫货"之列。

一组数据印证了国内游客惊人的跨境购买力。2014 年，中国内地公民出境旅游达 1.09 亿人次，海外支出高达 1648 亿美元。而一份最新报告预计，2015 年，中国游客的海外支出将增至 2290 亿美元，成为全球最大购物群体。我国出境游人数和购买力已连续三年位居世界第一。

---

① 作者为《经济参考报》总编辑。

中国消费者何以如此不惜重金、舍近求远追捧国外商品？驱动其后的原因固然是多方面的，如人民币汇率升值，境内外商品价差，仰慕外国名牌。可就实质而言，这种现象从一个侧面反映了当今中国生产与消费、供给与需求之间的结构性矛盾。

一方面，随着经济发展、财富积累和生活水平的提高，国人的消费需求随之升级，在量的满足之后，开始追求质量、档次、精致、美观，真所谓"吃得饱还要吃得好，穿得暖还要穿得美"。近年来，又显现了对智能化、人文化、个性化的新取向。

可另一方面，我国制造业和服务业总体上仍处于粗放发展阶段，远未跟上消费升级需求。相对于巨变中的需求侧，供给侧的缺陷日渐凸显——高端供给不足、低端供给过剩。

与此同时，我们在微观和宏观两个层面，分别可以看到这样两个趋势：一是在中国游客海外大把花钱的昭示下，各种形式的海外代购和跨境电商蓬勃兴起；二是中央政府驾驭起来熟门熟路的积极财政政策和事实上的宽松货币政策，边际效应正日益递减。

这两个趋势恰恰揭示了，现阶段我国经济生活中供给与需求不匹配、不协调、不平衡的矛盾，矛盾的主要方面在于供给侧，因而解决问题的锁钥也在供给侧。

这就是"供给侧结构性改革"被提上最高决策层议事日程的大背景。事实上，把经济调控与管理的重心由需求侧转向供给侧，致力于高水平的供给与需求新平衡，已成为"十二五"收官、"十三五"开局之际中央经济工作会议定下的大政方针。

《经济参考报》和万博新经济研究院，一个是为改革开放鼓与呼近35年的新中国财经第一报，一个是异军突起的新兴民间智库，基于共同的抱负、价值观和拳拳之心，进行了多年合作。其中，我们聚焦的一个重要议题，就是新供给主义经济学。

2013年3月7日，万博新经济研究院院长滕泰博士在《经济参考报》发表题为《以新供给主义推动中国深层次改革》的文章，此后又发表多篇相关论文和评论。在此前后的著述和学术活动中，滕泰博士从供给侧重新定义了宏观经济周期的不同阶段——新供给形成阶段、新供给扩张阶段、供给成熟阶段和供给老化阶段；提出了放松高行政成本、高融资成本、高税收成本三大供给约束的短期改革主张；阐述了围绕人口和劳动、土地和资源、资本和金融、技术和创新、制度和管理等五大财富源泉，全面解除供给抑制，提高供给效率，降低供给成本的长期供给侧改革思想，引起了广泛的关注和讨论。2015年11月9日，他应邀出席李克强总理召开的经济形势座谈会，并作了题为《从供给侧改革，全面降低企业运行成本，开启增长新周期》的发言。

前不久，万博新经济研究院和《经济参考报》共同举办"新供给新动力——供给侧改革圆桌论坛"。宋宁、黄志凌、滕泰、方晋、李锦、李国祥、董祚继、胥和平、褚福灵、李东红、俞力峰、徐艺泰、杨燕绥、唐健等十多位来自政府部门、研究院所、金融企业、大学学院等的专家和学者围绕中央提出的"供给侧结构性改革"，从人口、土地、金融、分配、技术、管理、国企改革、政府政策等多个维度展开了研讨。本书就是这些讨论的结集。

中国经济正在进入速度换挡、结构优化和动力转换新常态。从"三驾马车"的淡化到"供给侧结构性改革"的提出，从偏重需求侧管理转为偏重供给侧管理，体现了认识新常态、适应新常态、引领新常态的新思路和新举措。

需要特别指出的是，供给侧结构性改革，远不限于一定时期产品与服务的结构性调整，更不可理解为用传统计划模式取代市场机制。其深远意义在于，通过制度变革、结构优化和要素升级，在供给侧放松管制，激发活力，释放创造力，充分发挥市场在资源配置中的决定性作用，进而为中国经济培育新主体，开发新产业，打造新动力。从这个意义上说，供给侧结构性改革就是经济领域的全面深化改革，其目的是要为新常态下的中国经济打造新动能，为中国经济的健康可持续发展奠定新基石。

强调供给侧改革，也不是要以供给代替需求，而只是对以往过于强调需求侧调控的"纠偏"。供给侧与需求侧作为一个硬币的两面，"三驾马车"作用依然存在，但不再是通过扩张性刺激政策拉动，而是通过供给侧改革和效率提升拓展空间。

令人鼓舞的是，2015年中央经济工作会议提出了"宏观政策要稳、产业政策要准、微观政策要活、改革政策要实、社会政策要托底"五大政策支柱，并部署了"去产能、去库存、去杠杆、降成本、补短板"等工作重点，从而从战略和战术层面给出了"供给侧结构性改革"的具体思路和路径。

这个讨论集的出版，只是抛砖引玉。我们期待着更多理论与实践的结晶，我们将一如既往地为全面深化改革和高水平开放鼓与呼。

2015 年 12 月 28 日

序言二

改造中国供给体系　提高全要素生产率

宋宁[①]

友人滕泰、范必等新作《供给侧改革》一书将出版，嘱我作序。虽然我还没有机会拜读新作，不能加以评述，但过去时有交流，对他们一贯的观点有些了解，也得到不少启发。这里谈点粗浅看法，参与讨论，既为引言，勉充为序。

当前中国经济面临的形势复杂而具挑战性。经济增速持续减缓，物价指数渐行渐低并长时间在低位徘徊，经济运行显现通货紧缩的趋势。从需求侧看，国内总需求明显不足，尽管消费保持较快增长，但投资和出口疲软，内需对经济增长的拉动力量减弱；从供给侧看，一些传统产业由于成本高、产品技术含量和品质低，不能满足生产者和消费者对高端产品的需求，部分行业出现了开工不足、产能过剩严重，发挥不了创造新需求支撑经济高速增长的作用。此外，从连接供给与需求两端的市场体系看，市场主体特别是国有企业的活力不足，不少基础性、体制性的壁垒抬高社会交易成本，不仅制约要素自由流动和有效配置，而且妨碍存量资源适应供求

---

① 本文作者为万博新经济研究院理事长，原国务院研究室宏观司司长。

关系变化实现再配置、再平衡。另一方面，企业对外投资，居民海外购物、旅游、教育等支出增长都比较快，大量社会资金缺乏回报满意的资产匹配，这说明国内消费能力、投资能力并没有明显减弱，问题在于国内供给结构不能释放国内需求潜力。

既有总量矛盾又有结构矛盾，总量矛盾与结构矛盾交织，一直是困扰中国经济的问题。在不同发展阶段，影响经济运行状态的主要矛盾和矛盾的主要方面各不相同。实施宏观管理必须准确把握和调控这些矛盾的主要因素，才能抓住制约大局的关键环节，精准施策，发力到位，做活全局。在这方面，1993年治理通货膨胀和随后的经济软着陆，1998年应对亚洲金融危机带来的内需不足和随后出现的通货紧缩趋势，都是经典的成功案例。不仅解决了影响当期经济稳定和发展的主要问题，化解了诸多潜在的重大风险，而且为中国经济的中长远发展打下坚实基础，特别是始终坚持市场取向改革为突破口，排除万难推进财税管理体制、金融管理体制、外贸和外汇管理体制、国有企业管理体制、社会保障体制、行政管理体制、住房管理体制等一系列重大改革，使中国用比较小的代价完成了由计划经济到市场经济的转轨，建立了中国社会主义市场经济的基本架构和运行基础。这两次结合重大改革的宏观调控留下许多宝贵经验，值得当前推进供给侧结构性改革研究借鉴。

我认为，现阶段中国矛盾的主要矛盾在于结构，结构性矛盾的主要方面在于供给，集中表现为供给体系不能适应产业升级和消费升级的需要。这是中国经济进入工业化阶段，人均居民收入达到中等水平后必然发生的问题，也是中国从中等收入国家向高收入国家迈进的进程中必须应对的重大挑战。无论是从应对当前经济下行压力的需要看，还是从中国经济实现持续高效的长远发展需要看，都必须下大力气推动供给侧结构性改革，改造中国自己的供给体系。

　　必须清醒看到，解决现阶段的总量矛盾，绝不能再走类似"四万亿"大刺激的老路。那时大规模扩大政府开支，驱动传统产业产能扩张，虽然带来了当期 GDP 的高增长，但泡沫堆积的短期繁荣不过昙花一现，接踵而至的通货膨胀、成本高企、房价飙升、股市暴跌、产能过剩等问题，成为至今难以消化的苦果，由此而加剧的环境、资源和生态的恶化也是难以承受的代价。我们不能再一次失去供给侧结构性改革的时机。

　　针对中国经济进入新常态运行和发展的新变化、新矛盾、新问题，习近平总书记最近提出，"要在适度扩大总需求的同时，着力加强供给侧结构性改革，着力提高供给体系的质量和效率，增强经济持续增长动力"。这个重要的思想，完全符合中国经济的实际，抓住了制约当前中国经济稳定和长远发展的主要矛盾和矛盾的主要方面，指明了中国改革发展的着力方向，对于丰富完善中国特色社会主义经济理论，也有重要意义。

　　概括地说，推进供给侧结构性改革，主要在于两个层面：在微观层面，推进结构性改革要着眼于提高供给的质量和效率，着力激发市场主体的自身活力，充分发挥市场配置资源的作用，使各类要素能够便利地进出市场，自由地创造价值，自主地实现价值，形成经济持续增长的不竭的动力；在宏观层面，推进结构性改革要着眼于政府自身，着力创新行政管理体制和宏观管理方式，打造市场主体能够充分创造财富、释放旺盛活力和创新潜力的良好环境，并使各类政策工具的运用，有利于存量资源的不断优化重组，提高国民经济的整体素质和国际竞争力。

　　推进供给侧结构性改革，深刻内涵在于完成整个经济增长方式的转变，本质在于实现中国增长路径的升级。因此要把握好政策实施和社会行动的着力点，以着力提高供给体系的质量和效率，增强经济持续增长动力。我认为，这个着力点的核心是激活生产要素，提高全要素生产率，使中国的单位要素回报率持续提高。全要素生产率，只有不断提高全要素生产率，才能成为促进经济增长持续动力，才能成为支撑和人民收入持续增加的不竭泉源。这一点，应当成为中国经济改革和发展的主线。离开这条主线，不可能实现中华民族伟大复兴。

经过建国六十多年特别是改革开放三十多年的发展，我国已经成功实现了现代化建设的前两步奋斗目标，正在向实现"两个一百年"宏伟目标迈进。我对中国共产党领导中国人民实现中华民族伟大复兴的"中国梦"有信心。从中长期看，我认为，中国发展经济的最大潜力在于供给侧的效率，最广阔的回旋余地在于供给体系转型升级的空间，最强动能在于供给侧结构性改革。

供给与需求是经济运行和经济发展相互依存又相互矛盾的两面。从经济增长的长程看，供给与需求交替成为制约经济稳定和增长的主要矛盾。在实际经济运行中，供给需求矛盾往往相互交织、相互影响。推进供给侧结构性改革，不能忽视需求问题。有效需求对于任何经济体都是不可或缺的重要增长动力。在经济下行压力持续加大环境中推进供给侧结构性改革，需要适度扩大国内总需求，为改造提升传统供给体系争取时间，为培育新的供给动力创造宽松环境。需要注意的问题是，实施扩大总需求的政策措施，也应当与推进供给侧结构性改革相结合，体现提高供给体系质量和效率的总体要求。如何通过供给侧结构性改革来创造新需求、扩大总需求，也是一个值得探讨的课题。我相信，这两方面结合起来，一定能把关于新供给的理论和政策研究引向深入。

供给侧结构性改革，改造供给体系，对于中国经济是一场全面而又深刻的变革。我们应当探讨和解决的问题非常多。诸如技术进步与创新，制造体系包括企业结构、产业结构调整，存量资源重组与产能再平衡，人力资源的运用与素质提升，各领域经济体制与行政体制改革，各类市场体系的培育与完善，合法财产权的法律界定与保护等，在此难以一一列举。本书的作者们素有研究,例如滕泰先生,他已经发表不少论著,比较系统地论述了他对于新供给主义经济学构思和主张,得到良好的社会反响。又如范必先生,长期在国家经济综合管理部门和最高智库从事研究工作,对实际经济运行有比较透彻的理解,尤其长于政策与对策研究。本书还荟集了其他作者关于供给侧改革的多年研究精华,相信读者能够从中获得十分有益的启发。

供给侧结构性改革的研究已经破题,希望本书的问世能够为这方面的深入研究引发更多的思考和探讨。

2015 年 12 月 30 日

如何让供给侧结构性改革落到实处

滕泰 [①]

2015 年 11 月 10 日，总书记在深改组会议上提出要加强"供给侧结构性改革"，11 月 19 日国务院发布了关于促进"新供给新动力"的有关文件，12 月 18 日召开的中央经济工作会议强调"推进供给侧结构性改革，是适应和引领经济发展新常态的重大创新，是适应国际金融危机发生后综合国力竞争新形势的主动选择，是适应我国经济发展新常态的必然要求"。

作为党中央和国务院深谋远虑的战略性正确选择，从"供给侧结构性改革"被总书记、总理在多个场合多次提起，到中央经济工作会议明确其为适应新形势的主动选择和必然选择，短短一两个月的时间内大江南北兴起了"供给侧结构性改革"的讨论热潮。

由于我碰巧在 2015 年 11 月 9 日应邀参加了李克强总理召开的国务院经济形势分析会，并做了《从供给侧改革，全面降低企业运行成本，开启增长新周期》的书面和口头汇报，加之三年前发表过《新供给主义宣言》、最早提出新供给主义经济学，所以被地方政府、各部委决策和研究部门邀请做交流报告比较多。在陆续召开的各省经济工作会议上，各地、各部门都

---

① 本文作者为万博新经济研究院院长。

在讨论如何落实供给侧结构性改革，其热度不亚于中央经济工作会议的分组讨论。然而，在与各级地方政府的交流中，我发现各省市级干部其实对于"供给侧结构性改革"既充满热情，又比较陌生。

在这样的背景下，如何支持各地、各部门把供给侧结构性改革落到实处，已经成为一个迫切的理论任务。作为一名普通的经济学者，我们能够做的一是结合自身从事新供给主义经济学的研究体会尽可能多地做正确的解读，帮助社会和市场理解把握供给侧结构性改革的战略出发点，这样做的经济学原理、原则和方向，另一方面，联合土地资源、人口社保、能源、金融、国资管理、科技创新、产业研究等领域的专家，沿着纵向的生产要素和横向的重点行业，一个领域一个领域地探讨如何拿出建设性的、可操作性的改革方案。

本书的出版就是这样一个尝试，一个把供给侧结构性改革推向深入、落到实处的尝试。

11月29日，万博新经济研究院和新华社经济参考报共同举办了"新供给新动力——供给侧改革圆桌论坛"，来自国土资源部的董祚继巡视员和唐健主任谈了他们对土地资源领域的供给侧改革的理解，科技部调研室原主任胥和平先生就创新能力和供给能力做了精彩发言，其他来自国资改革、农村改革、社保养老、产业创新、金融、宏观和发展理论等方面的领导和专家们都分别就各自领域的供给侧改革做了非常务实的发言。

12月中央经济工作会议以后，针对各地热议供给侧改革，同时对这一经济学新词汇又比较陌生的情况，我感觉各级政府官员亟需一本大家看了大致能知道供给侧改革是怎么回事、大体应如何从自身行业和岗位出发推动供给侧改革的书。因此，除了邀请参加11月万博圆桌会的专家整理供给侧改革的稿子之外，我又邀请了国务院发展研究中心企业所副所长张文魁先生、资源与环境政策研究所副所长李佐军先生、金融研究所综合研究室主任陈道富先生、中国连锁经营协会会长郭戈平女士分别就各自领域的供给侧结构性改革撰文。为了听到南边更市场化的声音，还请我的复旦校友东方证券首席经济学家邵宇先生、自贸区研究局局长张湧先生，分别撰文探讨如何把供给侧结构性改革落到实处。

我们希望通过这本集体著作，让读者更深刻地了解供给侧结构性改革提出的具体背景——2010 年以来，以苹果产业链为代表的新供给引领美国经济反弹复苏，而中国经济却由于太多产业处于供给成熟和供给老化阶段而连续五年下行。尽管在各种新产品、新模式、新业态等新供给的引领下，我国经济也即将触底回稳，但是供给结构老化依然是当前经济运行的主要矛盾，只有通过供给侧结构性改革，才能引领中国经济开启增长新周期。

我们希望告诉那些热心于供给侧结构性改革的政府官员和企业家，改善供给结构的根本出路，一方面在于加快资源从供给老化行业的退出速度，另一方面在于加快培育新供给，形成新动力。去产能、去库存、老供给的转型，与新供给、新需求、新动力的形成，仿佛是向同一个方向并肩而行的两条河流——只有这两条河流汇合的那一天，才意味着中国经济转型的真正成功。

我们还希望通过这本集体著作，让全社会都了解所谓供给侧结构性改革是围绕释放五大财富源泉全面展开的改革，这个改革不能只靠抽象的理论或空洞的口号，甚至也不能仅仅依靠顶层设计，而是要靠各决策部门解放思想、放手搞活的具体措施，各地方、各基层政府从实践出发的实实在在的行动，靠市场和企业掀起大众创新、万众创业的热潮。

我们相信，只要供给侧结构性改革的出发点和基本原理能够被人们所理解，供给侧结构性改革就会在全社会的各个层面、各个环节全面开花！

虽然供给侧结构性改革的"经"是好经，一不小心被念歪了也不行。为了避免假学术、真忽悠、瞎解释的学术投机者把经念歪，在今后的供给侧改革研究中，需要避免三个误区：

第一个误区，就是不能再继续炒作概念，炒概念救不了中国。在 2012 年那样的背景下，我们发表《新供给主义宣言》，是要找到刺痛点、撕开一个口子来引起社会对供给侧的关注；如今中央已经确认了这个方向，那些没有理论体系的概念炒作、没有政策可操作性的空口号，或者东拼西凑、东拉西扯的瞎解释就没有意义了，应该把供给侧结构性改革的理论体系加以完善，并从实践上沿着市场化的方向、沿着五大财富源泉的脉络，结合重点行业和重点领域一个个、一步步地推向深入，落到实处。

第二个误区，就是不能让供给侧结构性改革回到计划经济或产业规划的老路上。我看到有报道说，供给侧结构改革就是新计划经济，这显然是误解，供给侧结构性改革的关键，还是要放手给市场，所谓微观政策要活，让财富源泉充分涌流。

第三个误区，就是不能把供给侧改革和需求管理对立起来。之前凯恩斯主义总需求管理被用过头的时候，批判纠正一下是有必要的；现在供给侧改革已经成为主流经济政策思想，再继续跳出来跟着批评需求管理就可能走到另一个错误的方向了。供给和需求应互相促进，各有积极作用。

感谢宋宁先生和杜跃进总编为本书作序，还要特别感谢国务院研究室范必巡视员。范必先生是我多年的好友，一直对我的新供给主义经济学研究给予很热心的帮助。当我一提起要做这本书，他就表示积极支持，并且连夜撰文四篇，分别就要素市场的供给侧改革，金融、能源、油气等领域的供给侧改革提出了高屋建瓴的见解。由于本书涉及多个专业领域，由各领域的专家分别撰文，所以我们不能逐一研究、学习，也不便深度修改，再加上出版社要求的时间紧，难免在框架、思路和编撰上有所疏漏，责任都由我一人承担。

最后，再次感谢专家和作者们的积极热情参与，感谢李佳鹏、张海冰在专家邀请和文章编排方面做了大量细致的工作，感谢东方出版社许剑秋总编对本书的高度重视，以及出版社编辑们加班加点地工作！

让我们一起做中国供给侧结构性改革的铺路石，祝愿中国各种财富源泉充分涌流，让供给侧改革的成果更多更好地惠及全体人民！

2015 年岁末

理论篇

一、新供给主义经济学[①]

——基于中国改革实践的经济学理论创新

滕泰[②]

新供给主义经济学不同于古典供给学派，也不同于国内其他新供给学说，而只是我们近几年从供给侧出发所做出浅薄探索的一个简单总结。供给侧结构性改革是党中央和国务院所做出深谋远虑的战略选择。新供给主义经济学只是做为一孔之见，希望能为深入推进和贯彻落实中央关于供给侧结构性改革贡献一份绵薄之力。

（一）新供给经济学的核心理论概述

"供给自动创造需求"只是一个理想的经济运行机制，但是这个过程并不会自发地实现，而是因为生产相对过剩、总需求不足、"供给老化"、"供给约束"和"供给抑制"等原因，随时可能中断。一旦上述原因造成"供给不能自动创造自身等量的需求"，整个宏观经济就会偏离均衡，经济增长速度也会放慢，甚至长期经济下行。

为了让宏观经济恢复均衡，让经济增长回到潜在经济增长水平，各经

[①] 本文以2013年12月发表在《世界经济研究》杂志上的文章《更新供给结构，放松供给约束，解除供给抑制——新供给主义经济学的理论创新》为基础，把当时受杂志篇幅限制不能展开的内容做了适当补充。

[②] 本文作者为万博新经济研究院院长。

济学派分别从所有制和收入公平分配、刺激总需求等角度提出了不同的改革主张，而新供给主义经济学认为，经历过几十年的计划经济和近二十年的总需求管理之后，只有依靠供给侧结构性改革，才能让中国经济重新回到"供给自动创造需求"的均衡状态，并恢复增长的活力。

为了探寻供给创造自身需求的条件，新供给主义经济学从供给角度重新定义了经济周期，把一个完整的经济周期划分为：新供给形成阶段、供给扩张阶段、供给成熟阶段和供给老化阶段。在没有计划手段或行政干预的自由市场条件下，在新供给形成阶段，供给能够创造自身等量的需求；在供给扩张阶段，1 个单位的有效供给，能够创造 n 个单位的有效需求；而在成熟和供给老化阶段，供给创造需求的效率逐渐降低，直到供给老化阶段 1 个单位的有效供给只能创造 1/n 个单位的有效需求。

与马克思把经济衰退的原因归于私有制和市场本身，或凯恩斯主义把经济衰退的原因归因于需求不足不同，新供给主义经济学认为经济周期性衰退的原因在于供给结构老化。因此新供给主义战胜经济衰退的有效办法既不是计划经济手段或产业政策，也不是凯恩斯主义的需求管理政策，而是"更新供给结构、引导新供给、创造新需求"的结构调整和经济改革措施。

新供给主义经济学认为，除了周期性和结构性的"供给老化"，让供给不能自动创造需求的原因还有各种"供给约束"（supply-side constraint），包括直接供给约束和间接供给约束。所谓直接供给约束，主要是各项管制和垄断；所谓间接供给约束，主要包括高税负成本、高融资成本、上涨过快的人力资源成本或原材料成本。

从长期来看，除了周期性和结构性的"供给老化"，以及短期的"供给约束"之外，各种财富的源泉都可能长期受到"供给抑制"（supply-side restriction）而不能转化为现实的有效供给。主要包括土地与资源、人口与劳动、技术与创新、制度与管理、资本与金融等方面的供给抑制。

针对上述供给老化、供给约束、供给抑制等问题，新供给主义经济学除了从微观上提出"新供给创造新需求"的新理论之外，还提出"放松供给约束"的系列政策主张，并从中国邓小平解放生产力的改革实践出发，提出以"解除供给抑制"为核心的一系列经济改革措施。

在具体社会经济运营管理上，新供给主义经济学还针对中国经济的现实问题提出以"优化供给结构、提高供给效率、改善供给质量"为核心的房价、物价配套管理办法，以及以五大财富源泉的要素贡献和要素边际报酬为核心的收入分配理论。

---- 新供给主义经济学的一个基本原则：新供给创造新需求。只有引导资源向新供给、新业态转移，才能真正去产能，顺利完成经济结构转型。

---- 新供给主义主张放松三大供给约束：即放松高行政成本约束、高融资成本约束和高税收成本约束。

---- 新供给主义主张激发五大财富源泉活力，减少土地和资源、人口和劳动、管理和制度、创新和技术、金融和资本的供给抑制，提高要素供给效率，全面降低企业成本。

（二）新供给主义经济学创立的现实背景

从过去十多年来看，中国的总需求管理有很多教训值得总结：从当下来看，扩大内需或扩大外需都很难；从长期来看，总需求管理对经济增长是无效的。从过去总需求管理的效果看，除了阶段性、周期性地维护了中国经济的稳定之外，每一轮"踩油门"过后，也都难免遗留下大批的过剩产能、银行不良资产、地方政府债务；每一轮"踩刹车"下去，都客观上造成高利贷泛滥、中小企业大批倒闭、股市暴跌。

1. 中国需求管理 20 年

在改革开放初期，中国还在计划经济向市场经济转变的逐步适应与改革中，宏观管理的思路更多是计划性的，以各种规划、计划、产业政策作为宏观经济管理的主要手段。从 20 世纪 90 年代以来，随着社会主义市场经济体制的逐步确立，凯恩斯主义的宏观调控手段接替了政府的计划之手，顺理成章地成为对中国宏观经济管理的主要手段，而且影响越来越大。

中国的第一次系统的需求管理政策始于 1993 年到 1996 年的货币政策与财政政策"适度从紧"。针对 1992 年开始的经济过热，1993 年 9 月中央政府发布了 16 条紧缩措施，包括：提高存贷款利率、控制信贷规模、制止乱集资、发行国库券、削减基建投资、通过审核排队的方式严控新开工项目、严格审批和认真清理开发区、停止出台新的价格改革措施，等等。1994 年各项紧缩措施更为严厉，1995 年又两次提高贷款利率。1993 年到 1996 年底的紧缩政策，虽然控制了通货膨胀和经济过热，但是很快中国经济就出现了所谓"硬着陆"，各城市到处都是烂尾楼。更不幸的是，宏观紧缩遭遇了亚洲金融危机，从而使 1997 年下半年开始，我国经济又陷入通货紧缩。之后，中央政府取消了贷款限额控制、下调了法定存款准备金率、多次降低了存贷款利率，才逐步走出通缩阴影。

第二次比较值得回顾的需求管理时期是 2003 年到 2004 年，由于加入WTO 后的经济增长加速，在快速工业化和城镇化的过程中，钢铁、水泥、电解铝和房地产等行业出现高速增长，超出了宏观决策部门心中的合理指标水平，因而引来了非常严厉的紧缩措施——政府出台了关于抑制过剩产能的文件，多次上调存贷款利率和存款准备金率，缩减长期国债规模和中央财政赤字，减少部分商品出口退税率等。事实上，当年认为过剩的上述产业，在 2007 年以后都出现了明显的供给不足。

第三次比较不幸的紧缩发生在 2007 年到 2008 年上半年。面对一向比较担心的物价上涨，2007 年决策部门又开始了所谓"适度紧缩"货币政策，防止经济增长由偏快转为过热。2007 年 12 月，又将稳健的货币政策调整为从紧的货币政策，严格控制货币信贷的总量和投放节奏。2008 年上半年，连续五次上调存款准备金率。这次紧缩之所以说它不幸，是因为它跟 1997 年那次相似，又遇上了全球金融风暴，从而使中国经济各项指标迅速全面下行，到 2009 年第一季度 GDP 增速只有 6.1%。

之后，就是 2008 年下半年的全面宽松，央行连续五次下调存贷款利率和存款准备金率，以及这些年广受诟病的四万亿刺激计划，中国经济在 2010 年一季度达到阶段性增长的高点。

2010 年一季度以来，由于各种原因中国经济事实上经历了两次货币政策紧缩：一次是 2010 年到 2011 年为了控物价、控房价的双紧政策；一次是 2013 年"钱荒"以后企业实际融资成本迅速攀升。而与此同时美国、欧洲、日本连续执行货币量化宽松政策，结果美国经济逐步走出危机、反弹复苏，而中国经济却连续五年下行。

20 年的总需求管理历程中，我们的宏观调控确实刺激过经济增长，也平抑过通货膨胀，但是由于经济本身非常抽象，需求管理的节奏难以准确把握，再加上对外部经济环境变化预判不足，造成中国经济运行的波动并未被有效熨平反而被阶段性放大。

2. 凯恩斯主义和货币主义，由折腾到放弃

之所以过去 20 年我们这么频繁地干预需求，主要是受到凯恩斯主义需求刺激的学说影响，以及货币主义对中国通货膨胀的错误治理逻辑。

凯恩斯主义的全部理论基础都是建立在三大假设基础上，边际报酬递减、边际消费倾向递减和货币流动性偏好。如果这些假设都正确，需求不足一定会周期性出现，因此凯恩斯主义认为政府必须阶段性通过财政政策和货币政策刺激总需求才能维持经济增长和就业。而货币主义则坚信一切通胀归根到底都是货币原因造成的（事实上中国过去二三十年的多次物价上涨大部分都是供给侧的原因，后文详细论述），因此只要物价指数超过他们的舒适点，他们就毫不犹豫地要求政府紧缩货币。在以上两种思想的交替指导下，每当经济增速有所下滑，中国决策部门就会高举凯恩斯主义的大旗，拼命刺激"踩油门"；每当通胀有所抬头，决策部门就会举起货币主义的大旗，拼命紧缩"踩刹车"——频繁地踩油门和踩刹车的结果，中国

经济越来越颠簸，经济周期也越来越短。一旦把频繁的周期性调控政策当成其日常专职工作，决策部门就会被各种短期指标所吸引，而对供给侧的结构性矛盾和长期增长动力问题有所忽视。

......

事实上，中国经济整体平稳增长的主要动力，根本不是来自于凯恩斯主义的政策刺激，物价得到控制也不是货币主义的功劳。

就增长而言，中国经济的增长动力源自中国人口本身的活力、城市化进程、资本和资源的持续投入、技术的进步和制度的改进——任何内部或外部的力量都不可能压制这种强大的内生经济增长动力。

物价的上涨或下跌呢？很多人错误地相信了货币派。比如，坊间流传的中国超发了多少万亿货币，并严厉要求政府长期保持偏紧的货币政策，以防止通货膨胀。问题是，中国从 20 世纪 90 年代中期就逐步进入了"过剩经济"阶段。在制造业产能严重过剩的背景下，怎么可能有短缺年代那样的通货膨胀？货币主义同凯恩斯主义错误的根源同样在于他们只看到硬币的一面——需求，而不去分析硬币的另一面——供给。事实上，只有超出过剩产能的货币量才可能造成一般物价水平的上涨，连"单位产能货币供应量"都不去计算的货币派，怎么能正确理解一般物价水平的上涨呢？

事实上中国 90 年代中期以来的每一轮所谓通胀几乎都是"食品通胀"，并伴随着房地产等资产价格的上涨。而食品通胀的根源在于粮食、蔬菜和猪肉的周期性供给波动；部分工业品的价格上涨原因在于人工成本上涨、土地成本上涨、物流成本上涨等供给侧原因。尽管任何的货币紧缩都不能帮助母猪生小猪，但是货币派们照样一次又一次地选择在母猪大批生完小猪、小猪长大、猪肉价格大幅回落的时候，庆贺他们紧缩货币、从而"控制"猪肉价格 (China Pig Price) 的光辉业绩，却从来没有人为高利贷泛滥、中小企业倒闭和股市暴跌承担责任。

好在越来越多的中国人开始厌倦了这种来回折腾，甚至管理者也意识到在上下一两个百分点的 GDP 增速和物价波动范围内，一会儿踩刹车，一会儿又踩油门，不但真的很困难，对长期经济增长也的确没有多少实质的意义。

然而，凯恩斯主义放弃了总需求调控之手，却并没有放弃其对中国经济的不良影响：比如，当他们意识到其调控范围越来越窄，甚至玩不下去的时候，他们就宣称经济增速下滑是必然的，甚至是理所当然的。因为按照凯恩斯主义的总需求分析框架，出口不可能长期高速增长，投资也不能长期高速增长，消费还面临着边际消费倾向递减，经济增速回落不是很自然甚至是必然的规律吗？过去的支柱产业，比如房地产高增长结束了，汽车的高增长阶段也结束了，中国经济高增长能不结束吗？

此时，货币派们也站出来帮着说话，"过去的高增长是印钞票造成的虚假繁荣，中国经济高增长结束了"。

3. 回归供给侧，历史的必然选择

当凯恩斯主义者绝望了，货币主义者也放弃了，中国经济高增长的时代，真的就结束了吗？

当然不是。因为凯恩斯主义者所信奉的投资、消费、出口，都不是财富的源泉，也不是经济增长的真正动力，而只是价值实现的条件，是企业生产出产品以后能不能卖出去的影响因素；货币主义所看重的货币因素，更不是经济增长的动力，也是间接影响需求的因素而已。

什么才是财富的源泉以及经济增长的长期动力呢？

当我们沿着总需求路线走到死胡同的时候，如果能够换个角度从供给面分析中国长期经济增长前景，放开供给约束，解除供给抑制，就别有一番天地了。

从短期来看，中国经济受到高税收、高融资成本、高行政成本、高垄断、高管制等"供给约束"，只要通过减税、降低融资成本、放松垄断、减少管制等措施，放松"供给约束"，就可以提高经济的短期增长率。

从长期来看，中国经济在人口与劳动、资本与金融、资源与产权、技

术与创新、制度与分工等五个方面都存在"供给抑制"，只要通过放松对人口生育和人口流动的抑制，提高劳动供给效率，降低人工成本；减少金融抑制，提高金融供给效率，降低资金成本；减少土地供给抑制，优化土地供给结构，降低地租和资源成本；推动产权改革，提高国有企业的管理效率，降低管理成本；减少创新抑制，降低技术成本……就可以提高经济的长期潜在增长率。

从微观和具体产业的动力来看，如果只因为以房地产和汽车为代表老的产业增长动力放缓了，就断言中国经济高增长结束了，那么美国经济100多年的任何一次经济衰退都意味着它的增长结束了，可是100年前的美国学者怎么知道后来石油化工业的崛起呢？怎么知道电子半导体行业的兴起与繁荣呢？十年前我们能预见到我们现在离不开智能手机吗？五年前我们怎么知道我们的生活离不开腾讯微信呢？在乔布斯创造苹果手机之前，世界对它的需求是零。要看到新供给能够创造新需求，中国经济的未来不取决于那些供给成熟和供给老化的产业，而取决于有哪些新供给，将来会创造哪些新需求？

（三）新供给经济周期，新供给创造新需求

新供给主义经济学认为，技术和产业的演进、供给和需求结构的变化，以及供给与需求循环往复的交互作用是形成经济周期波动的主要力量。

从供给端和供给结构变化出发，一个完整的经济周期可以划分为四个阶段：

1）新供给形成阶段：当新供给随着技术进步孕育产生，社会旧有供给和需求结构仍在延续，经济处在新周期的导入期，经济潜在增长率开始回升。

2）供给扩张阶段：当新供给内容被社会普遍接受，新的需求被新供给开发创造出来，新供给与新需求形成良性促进，经济进入快速增长阶段，

经济增速不断提高。

3）供给成熟阶段：该阶段的生产技术进一步普及，社会资源纷纷涌向新供给领域，则供给数量迅猛增加，而需求逐步趋稳，供给自动创造需求的能力降低，但供给仍然维持惯性增长，社会资源配置效率开始降低，经济增速回落。

4）供给老化阶段：过剩供给短期难以消化，过剩产业资本沉淀不能退出；老化供给不能创造新的需求，造成总需求持续下降；新的供给力量尚未产生，经济整体将陷入萧条期。

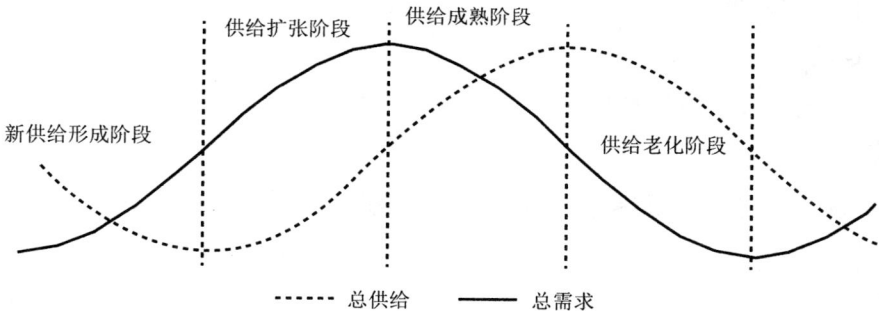

图1　新供给经济周期

新供给主义经济学认为，在新供给形成阶段和供给扩张阶段，新供给不但能够自动创造需求，而且所有产品销售收入最终都会变为要素报酬，而资本、劳动和资源等要素报酬要么转化为消费，要么形成储蓄并转化为投资，形成新的需求。

然而，一旦一种产业的生产技术普及到一定程度，进入供给成熟和供给老化阶段，形成产能和产量过剩，不但原投入的生产要素报酬不能及时回收，而且大量生产要素无法充分就业，供给自动创造需求的过程就会中断。

如果一个经济体中大部分行业处于新供给形成和供给扩张阶段，这个经济就会充满活力，其经济增长速度就会提高，整体运行趋势是向上的；反之，如果一个经济体的较多行业处于供给成熟和供给老化阶段，这个经济体的活力就会下降，其经济增长速度就会降低，整体运行趋势就会向下。

新供给主义经济学认为，任何一项社会主流技术和主流产业，早晚都会进入供给成熟和供给老化阶段，因此无论通过财政政策、货币政策刺激总需求，抑或是通过计划手段增加或抑制老供给，都不可能从根本上解决技术周期和供给老化问题。同样，当一个国家的经济结构出了问题，有太多处于供给成熟和供给老化阶段的产业，那么无论是刺激需求还是各种计划，都无法改变经济结构转型的问题。反之，财政与货币政策刺激虽然可以在短期内吸收部分过剩产能，但从长期看可能反而进一步鼓励了过剩产能扩张，加剧供需矛盾，阻碍长期的经济结构调整，并且削弱经济的自我循环能力。而行政计划或经济史上的产业政策，除了20世纪60年代的日本之外也很少有成功的案例。

在实践中，真正有效应对经济增速下降的办法，是吸引社会资源创造新供给，并让新供给创造新需求，如此才能使经济尽快恢复到供给自动创造需求的理想运行轨道。为了刺激新供给，让新供给创造新需求，新供给主义经济学提出的正确做法是通过"放松供给约束"的系列政策大幅度降低企业生产成本，打破生产销售僵局，让市场通过成本价格传导机制快速消化过剩产品，在较短时期内恢复均衡，并通过要素转移更新供给结构。

新供给创造新需求，不仅在宏观上是恢复经济均衡的必然循环，在微观上也一样。比如iphone手机，在乔布斯创造出iphone手机之前，世界对它的需求原本是不存在的，而一旦iphone手机面世，新的需求就被源源不断地创造出来。一旦资本、资源、劳动开始向新供给集中，老产业的产能过剩将自然消除，整个经济不但恢复均衡，而且将开始新的增长。

总之，新供给主义经济学认为，供给与需求动态均衡的打破属于经济增长过程中的阶段性、局部性问题，技术扩散和产业生命周期密不可分。生产过剩是相对的，阶段性和局部的供需矛盾可以随着资源逐步向新产业领域配置而消解。当宏观经济从供给到需求的传导过程遇到阻碍时，既不应当用带有计划经济色彩的手段比如产业政策去彻底破坏市场机制，也不应当用传统凯恩斯主义的手段人为扩大旧产业和旧经济的总需求，而应当通过"放开新产业供给约束、减少新经济供给抑制"的方式，为市场释放新供给创造条件，引导新供给创造新需求，最终通过经济供给和需求结构的调整，让经济回到"供给自动创造需求"的理想运行轨道，恢复"供给与需求的自动平衡机制和最终均衡状态"。

（四）放松三大供给约束，迅速提高短期经济增长率

在供给老化阶段，"供给自动创造需求"机制显然无法实现。而在新供给形成、供给扩张和供给成熟阶段，"供给约束"的存在也会影响供给自动创造需求这一机制的实现。

1. 三大供给约束的产生

我国在建国以后很长一段时间内实行计划经济，在生产、资源分配以及产品消费各方面，都由政府事先进行计划。在长期的计划经济思维下，政府参与经济活动的程度较高，市场的主要参与者都是由政府出资的国有企业，行政审批现象较为普遍。70年代末期开始，中国施行了以"解放生产力"为目的的改革开放政策，逐步以市场经济体制取代原先的计划经济体制，取得了举世瞩目的成就。然而，计划经济思维留下的大量行政管制、行政审批、国有垄断等依然存在，这些因素都成为形成有效供给的约束——高行政成本约束：有的行政管制、行政审批、垄断使有效供给无法形成，有的则把高行政成本转移给市场主体，也形成供给约束。

另一方面，我国在近十年来开始采取类似凯恩斯主义总需求管理的宏观政策，通过扩张性财政政策和货币政策，刺激内需以推动经济增长；或通过紧缩政策，控制通货膨胀。然而每一次"踩刹车"、"踩油门"遗留下的

结果都是不均衡的：增税容易，减税难；提高融资成本容易，降低融资成本难……长期进行总需求管理的结果必然造成企业税收成本过高、融资成本过高等间接供给约束。从而使经济即使在新供给形成阶段和供给扩张阶段，也会受到约束并影响新供给形成，供给的扩张，影响新供给创造新需求。

2. 供给约束的分类

供给约束可分为直接供给约束和间接供给约束。前者主要包括行政管制、行政垄断等，后者主要指高税负成本、高融资成本等价格方面的约束。

在直接供给约束中，行政管制其实质是由政府对市场主体行为的合规性、真实性进行认定和核准，如进行牌照管理、准入管理等，使得市场中大量经济活动在得到行政许可后才能进行。例如，要在北京开出租车不仅需要有北京户口，还需要找到持牌出租车公司，并向出租车公司缴纳"车份钱"，这一行政管制直接导致了北京"打车难"的问题。另一方面，很多具有国家背景的大型央企造成了大量的行业性垄断，而地方权力参与的其他国企则加剧了地方保护主义，造成了中国特色的行政垄断现象，这些垄断企业占据了行业内绝大多数的资源，对于行业内有竞争关系的民营企业造成阻碍。行政管制、行政垄断等直接供给约束加剧了企业的不公平竞争，使得优胜劣汰的市场机制无法发挥作用，降低了市场活力，破坏了市场的最优化配置，也是导致腐败问题的原因。

高税负成本、高融资成本等间接供给约束，将直接导致企业生产成本的上升与盈利能力的下降，从而降低企业技术研发与创新的积极性，抑制"新供给创造新需求"的供给创新机制。从要素报酬来看，高税负成本与融资成本将相当大的要素报酬转移给政府及银行，相应要素报酬转化为需求的部分将更少。尤其一些代表未来新供给（新技术与新的业务模式）发展方向的企业，很可能是处在初创期的小企业，资金实力不足，供给约束的存在往往会降低这类企业的存活几率，间接遏制了经济发展的活力。

3. 放松供给约束

新供给主义经济学结合中国国情，提出了一系列放松供给约束的具体措施。放松直接供给约束，即是要不断放松行政管制，不断减少行政垄断，试想，如果放开民间资本对医院、学校的投资，这些基础服务的供给数量就会大幅增加，竞争也会提升供给质量，最终会促进行业更加健康的发展。如果打破银行业的垄断，放开民间信贷，就能促进整个行业的发展，使资金供需渠道更通畅。

本届政府已先后多次发文，取消和调整多项部门行政审批项目，使企业在更大程度上拥有决策权，更好地把握市场机遇。如果说不断放松行政垄断是政府向市场放权的话，行政垄断的不断减少则更需要政府的勇气与魄力。对于具有战略重要性的行业——如能源，国家进行一定控制有其合理性和必要性，对于这些行业需要的是提升企业管理效率。而其余造成行业和地域壁垒的行政性垄断行为，只能形成低效率和利益集团，需要以坚定的决心予以改革，打破壁垒，加大要素流动，提升竞争水平。

放松间接供给约束，即是要不断降低税负成本、融资成本等价格因素，不断降低企业综合成本。

1982 年中期，美国经济的季度 GDP 增速只有 –2%，而到 1984 年中期，季度 GDP 增速居然回到 8%——什么样的灵丹妙药能够让一个大国经济增长速度在短短的两年内上升 10 个百分点？减税！目前中国的宏观税负是 37%，企业的综合税费负担水平已超过 40%，假设将企业税费降至 30% 以下，企业的盈利直接增加上万亿，投资自然会大幅增长，经济增速也会上升到较高的水平。

从融资成本看，我国中小企业的实际融资成本更高达 15% 以上，大型国有企业的融资成本与国外大企业融资成本相比也明显偏高。我们不敢设想将中小企业融资成本降至 5%，就算是把中国企业的信贷融资成本都普遍降低一个百分点，按照 70 万亿的企业贷款规模推算，就可以造成非银行企业盈利增加 7000 亿——这将从多大程度上激励企业的投资积极性呢？

　　总之，每取消一批行政审批、行政管制和垄断，就会形成一批新的有效供给和有效需求；每降低一个百分点的税收，每降低一个百分点的融资成本，就会有上百万家企业扭亏为盈、焕发出勃勃生机，将极大释放生产力，为新供给创造新需求提供保障。

（五）解除对五大财富源泉的供给抑制，提高长期经济增长潜力

　　按照"新供给主义经济学"理论研究框架，经济的长期潜在增长率取决于五大财富源泉。解放生产力也必须从这五大财富源泉出发，全面解除对它们的供给抑制。

　　第一个财富源泉是人口和劳动力。三年前这一部分的重点在于呼吁放松人口控制政策，如今二胎生育控制已经全面放开，解决了中国经济长期增长的后顾之忧。可是，作为一个拥有14亿人口的大国，为什么我们这些年劳动成本上升的如此之快呢？显然，户籍制度、档案与人才流动管理制度、社保与保险制度等方面仍然有很多值得改进的空间，可以进一步释放人口红利，降低劳动用工成本。虽然学界对中国人口红利尚存争论，但我认为，农村还有"相对剩余劳动力"和"相对人口红利"。所谓"相对剩余劳动力"或"相对人口红利"是什么意思呢？目前中国农村人均GDP与城市人均GDP相差五倍，也就是说一个农业人口一旦在城市找到工作，其对经济的贡献就提高四倍。因此，只要解除人口和劳动力供给抑制，比如短期适当放松户籍制度，促进人口从低效率部门向高效率部门自由流动，就可以进一步释放中国的人口红利，促进经济的增长。此外，在以档案管理为核心的人才流动机制方面，还存在着诸多非市场经济的桎梏。又比如企业缴纳的"五险一金"基数过高，也变相提高了企业的成本，但是却并未增加员工的当期收入和当期消费。因此，如何下决心改革现有的户籍制度、劳动用工、社会保障制度，在员工福利总体不降低的前提下，使中国的企业能够保持一定的竞争优势。

第二个财富源泉就是土地和资源。最近十年如果不是土地、地租、资源的价格成倍地上涨，很多企业的利润不至于被侵蚀得如此严重，甚至被逼到倒闭破产的边缘。从农业生产效率看，中国农村的生产方式一直是小农经济，而小农经济产出效率自然很低。如果土地产权明确，且可以自由流转并适当集中，中国农业生产效率就会大幅提高。然而调查表明，中国农村各地，居然有120多种土地承包方式，根本没有办法从中央层面出台"一刀切"的顶层设计方案。那么农村的土地制度改革如何推进呢？如果不能出台顶层设计方案，就应该通过中央立法的方式确定改革原则，把具体改革的权力放给基层。除了农村土地承包方式五花八门之外，在中国每一个城市和农村的城乡结合部，都是一个土地产权的迷宫，在城镇化的过程中土地价格上涨的巨大利益，在政府与集体、个人的复杂博弈中被瓜分，还留下无数"城中村"、小产权房之类无法拆除的"肿瘤"。不论是房地产，还是工业、商业工地，不论是平原，还是山地，都存在供给抑制、供给结构问题，以及供给成本过高的问题。与土地产权相关的矿山也是一样，各种矿产资源的产权关系是否明确，矿产交易市场发育是否完善，直接影响开采的粗放还是精细，直接影响资源利用效率和资源的供给价格。总体而言，中国的土地和资源供给抑制还比较严重，在产权优化和资源供给效率提高方面还有很大改革空间。

第三个财富源泉是资本和金融。中国是全世界资本最多的国家，我们有3.5万亿美元的外汇储备，居民、企业加上政府的储蓄有100多万亿元。然而，作为外汇储备和国内储蓄最多的国家，中国的利率水平却是全世界偏高的，民间借贷成本更高得难以想象。全世界的金融制度、金融机构和金融市场存在的价值可以概括成一句话——在储蓄者和企业之间架起一座桥梁。而我们的金融制度、金融机构和金融市场呢？在二者之间挖了一道深不见底的鸿沟——一边是储蓄钱多的找不到去处，叫作"资产配置荒"，一边是企业找不到资金，闹"钱荒"！为什么在全球资本最多的国家出现了最严重的资本短缺和最贵的资本价格？除了货币政策，更深层次的原因就在于金融抑制。如何解除金融抑制，提高金融供给效率，大幅降低企业的融资成本？如何用资金价格的标准衡量打破银行垄断的真实改革效果？利率市场化的宏观背景和微观基础怎么改革？如何让利率反映中国真实的资金供求关系？怎么改变中小企业获取资金困难的情况？如何加大资本市场创新、开拓直接融资新渠道、培育适宜新供给发展的资本摇篮？这显然是供给侧改革最重要的内容之一。

第四个财富源泉就是技术和创新。要实现中国产业从低端的复制性供给结构向高附加值的创造性供给结构转变，需要充分发挥企业家精神，从而实现技术、方法和业务模式的创新。中国还没有形成创新型的科教体制，高中、大学培养的都是知识型人才，而不是创新型人才；很多国有科研机构白白耗费了大量财政资源，却缺少真正有市场价值的创新技术，教育制度改革、科技创新体制改革决不仅仅是增加投入的问题。最近几年，中央和各地政府在高科技产业园区孵化方面做出了很多积极的努力，给高科技创新企业不少优惠和扶持，这些都极大地提高了创新的效率，加速了新技术、新业态、新商业模式的形成。不过，创新和技术供给的基础还是教育体制，中国当前的教育体制虽然每年都消耗着巨大的财政资源，却并未减少家庭的教育投入支出，并且用各种僵化的知识和无穷无尽的考试消耗着孩子们的青春。显然，教育领域需要的不仅仅是一场变革，而是一场革命。

第五个财富源泉是制度和管理。制度决定了一个国家宏观的社会分工效率和微观的企业生产效率，而社会分工和管理效率的提高自然带来财富的增长。正因为如此，我们才看到中国 20 世纪 80 年代的经济体制改革所带来的巨大增长动力。其中最具代表性的是从农村人民公社到联产承包责任制的改革，在人口、土地资源和生产技术没有太大变化的情况下迅速提高了粮食产量——所以，制度就是财富的源泉。目前，中国经济体制改革的空间还很大，李克强总理指出，每一个制度改进的地方都孕育很大的潜力。举例来讲，很多国有企业所占有的资源很多，但单位资源、资本的产出都远远低于自由竞争的民营企业，改革这些低效率的部门自然会提高经济潜在增长率。很多国有企业的员工只用了较少的积极性在工作，如何让他们的积极性发挥到100%？搞好混合所有制改革，提高单位资源、资本、劳动的产出效率，中国有巨大的增长潜力可以释放！

从这五个方面的财富源泉来看，中国的经济制度还存在普遍的"供给抑制"。邓小平说，"改革就是解放生产力"，新供给主义经济学认为，解放生产力的核心就是解除对五大财富源泉供给抑制。要通过改革，解除对人口和劳动的供给抑制，提高劳动供给效率，降低综合人工成本；解除对土地的供给抑制，提高资源的供给效率，降低地租和资源的成本；解除金融抑制，提高金融供给效率，降低资金成本；解除创新抑制，提高创新效率，降低技术成本；解除制度抑制，提高管理效率，降低管理成本。从这五个方面发掘，中国的经济增长潜力还很大，可以源源不断地涌现出来。越是供给抑制严重的领域（比如医疗、教育、金融、房地产），供给价格越高，供给效率和质量越低，改革的空间也越大。

2013年召开的十八届三中全会，重点提出让一切劳动、知识、技术、资本、管理等财富的源泉充分涌流，让改革的成果更多地惠及全体人民。这与2012年笔者《新供给主义宣言》中五大财富源泉充分涌流的提法基本吻合。然而，两年时间过去了，企业的劳动用工成本依然在上升，地租和资金成本依然居高不下。2015年召开的十八届五中全会，更明确提出要"优化劳动力、资本、土地、技术、管理等要素配置，激发创新创业活力，推动大众创业、万众创新，释放新需求，创造新供给"。这些都与我们多年以来从五大财富源泉出发推动供给侧改革思想相吻合。告别"三驾马车"，重视五大财富源泉，供给侧结构性改革不是空洞的理论，而是具体的、实实在在的改革措施落实。

（六）从库兹涅茨增长到熊彼特增长，重启斯密增长模式

新供给主义经济学认为，历史上所有的长期增长理论都是围绕供给层

面展开的。亚当·斯密关于制度和社会分工对生产力促进作用的研究奠定了资本主义经济增长理论的基础；库兹涅茨则更多地从投入产出角度分析经济增长，并将经济长期增长要素归纳为人口增长、生产效率提升、经济结构升级、社会结构转变等。熊彼特以"创新理论"解释经济增长过程，认为生产技术的革新是驱动经济螺旋式发展的核心力量，认为技术和制度的破坏性创新才是经济增长的长期动力。上述理论无一例外地从"供给"的角度解释经济增长，并提出各自的政策主张。

1.库兹涅茨增长

在其著作《各国的经济增长》中，库兹涅茨研究了现代各国经济增长的数量特征，对各国国民产值及其组成部分进行量化分析和研究后提出，内生的劳动力增长、资本条件"不花成本"的改进、知识存量、技术革新、繁荣的社会和意识形态的制度，都是增长必不可少的组成部分。1971年12月，库兹涅茨在斯德哥尔摩作为诺贝尔经济学奖获得者所作的演讲中，提出了现代经济增长的六个相互关联的方面：1）人均产出和人口的快速增加；2）生产效率的增长；3）结构的快速转型，如经济结构从农业生产为主导向制造业和服务业占主导地位的改变、家庭生产向企业生产的转变；4）社会结构和思维方式的转变；5）通讯和运输技术改变引起的国家之间的相互依赖；6）世界经济中的分化迹象。20世纪90年代中期以来，随着市场经济体系逐渐建立健全，中国通过引进外资、引进成熟技术、农村劳动力向城市转移、大量投入能源原材料等手段，保持了10%左右的GDP增长率——这个阶段的增长主要动力在于人口、资源、资本、技术等要素投入的增加、生产效率的提高、经济结构从农业生产占主导地位向制造业和服务业占主导地位的改变、社会结构和思维方式的转变、深度融入全球经济等，是比较典型的库兹涅茨增长模式。

2. 熊彼特增长

约瑟夫·阿罗斯·熊彼特（J.A.Schumpeter）以"创新理论"解释经济增长过程，他认为，生产技术和制度的破坏性创新，是经济本身存在的既破坏均衡而又恢复均衡的力量，而这些创新活动正是经济增长的长期动力。按着熊彼特的理解，创新包括：引入一种新产品；采用一种新的生产方法；开辟一个新的市场；获得一种新的原材料或半成品的供给来源；实行一种新的企业组织形式，如建立一种垄断地位或打破一种垄断地位。

熊彼特还认为，创新的过程也是创造性毁灭（creative destruction）的过程，即企业创新一旦获得成功，就会将别的企业排挤出市场，从而独自获得垄断利润。当然，这些创新成功的企业也只获得暂时的垄断权力，未来创新成功的企业也会将它排挤出市场，依次类推；新产品会将旧产品排挤出市场。

新供给主义经济学将通过采用新技术、新方法、新业态、新模式等创新活动推动经济发展的增长模式，称为熊彼特增长。以苹果手机为代表的新供给形成之后，以摩托罗拉和诺基亚为代表的传统手机迅速被排挤出市场，但是整个智能手机所带来的效用和新价值却远远超过了传统手机所能够承载的效用和价值，从而带动经济步入新的扩张周期。

有人把熊彼特的创新概念归纳为组织创新、管理创新、制度创新、社会创新和技术创新，也有人把后来发展起来的技术创新派和制度创新派都理解为熊彼特理论的延续。然而无论是制度上的创新，还是技术方面的创新应用，都离不开"企业家精神"。企业家精神激励着企业开发新市场需求、建立新的激励机制、组织研究投入和技术创新、开发新产品、进行组织变革，并在企业内形成一种"制度创新——技术创新——分工深化——制度创新"的正反馈运行机制，推动经济结构变革，促进经济增长。

然而，在企业家精神推动的制度创新和技术创新过程中，每一次大规模的创新都必然淘汰旧的技术和生产体系，并建立起新的生产体系。于是就会有大量企业在这一过程中由于不能适应竞争而毁灭——中国过去五年的经济持续下行，根源就是供给结构的老化，大量供给老化的所谓"僵尸企业"，所生产的产品已经不能创造自身的需求，它们所面临的不再是周期性的正常调整，而是正经受着"创造性毁灭"的严峻考验。如果不能依靠组织创新、管理创新、商业模式创新和技术创新，迅速实现产业转型升级、产品转型升级，最终的结果只有关闭，并让附着在上述企业的人员、资本、土地等要素尽快游离出来，向新供给形成、供给扩张阶段的其他产业转移。

3. 斯密增长模式

亚当·斯密认为，劳动生产率的提升是分工的结果，他关于社会分工和管理制度对生产促进作用的研究奠定了资本主义经济增长理论的基础。熊彼特曾高度概括分工在斯密增长理论中的重要性。熊彼特说，在斯密那里，分工实际上是推动经济发展的唯一因素。斯密在强调分工促进专业化而提升效率的同时，也非常重视分工与创新和技术进步在带来增长过程中的关系：发展促进分工，随着分工从简单到复杂，生产率得以提高，分工的细化会促进新产品、新技术的创新，而生产率的提高反过来又促进分工的进一步细化，经济才得以增长。

新供给主义把因为社会分工细化而推动经济增长为特征的模式，概括称为"斯密增长"。从1978年开始，我国实施的农村家庭联产承包责任制，城市企业实行的承包制、租赁制、股份制等制度改革，在原有的人力、技术和资源没有本质变化的背景下，由于社会分工、生产组织方式的变化使生产效率的提高而带来经济的迅速增长，是比较典型的斯密增长模式。

4. 供给侧结构性改革，重启经济增长新模式

新供给经济学认为，中国经济过去30多年的高速增长是上述三种经济增长理论的综合体现，但不同阶段的增长模式有明显区别。

20世纪80年代的制度改革开启了中国经济的"斯密增长"时代。30多年以后的今天，我们只有通过"放松三大供给约束、解除五大供给抑制"

的系列改革措施，并通过深化各个领域的制度改革，才能重启"斯密增长"模式。

20世纪90年代以后持续的人力、资源、资本、技术投入换来了以"库兹涅茨增长"为特征，兼带着"熊彼特增长"的时期。如今，我们如何进一步通过生产效率的提升、经济结构的进一步转型、深入融入全球市场、积极推动什么样的社会模式和何种思维模式的转变，才能继续维持库兹涅茨增长模式的持续推动力呢？

当然，面对供给结构的老化和来自外部的创新挑战，"引导新供给创造新需求"的熊彼特增长才是真正可持续的增长方式。当那些悲观者看到供给老化的企业仍然在去产能、去库存而更加悲观的时候，新供给主义学者们早已把眼光转移到智能手机、移动互联、微信自媒体、手机打车软件、新电影等新产品、新业态、新商业模式的迅猛增长；当底特律的传统汽车制造商们仍然在萧条中挣扎时，那些把汽车当成艺术品、当成时尚和环保载体的奔驰、特斯拉和各种新能源汽车早已开始了新的发展征程；随着大众创业、万众创新成为社会潮流，供给侧结构性改革，必将整合重启中国经济增长的新模式。

（七）以"优化供给结构、提高供给效率"为重点的房价、物价政策

多年来，中央政府既把房地产行业作为中国的支柱产业，又把房价过高作为民生问题而试图遏制房价的过快上涨。而事实上对于中国房价持续上涨的调控，多年效果并不理想，其原因就在于每次的政策着力点都在打压、控制购房需求而不是扩大房地产供给。

事实上，在中国经济发展的特定历史阶段，居民收入水平提高、人口城市化进程加快、房地产金融起步、居民资产配置需求等多种需求因素是不可逆转的，人为通过利率、税率等需求手段干预的效果并不明显。只有回到供给侧，着力从增加有效土地供给、改善供给结构、提高供给效率等

角度入手，才能解决好中国房地产市场平稳发展的问题。

新供给主义经济学认为，从供给侧出发的房地产调控措施应包括：多渠道增加土地供应总量，所谓"18亿亩耕地红线"的合理性实际上是值得商榷的；在土地供应总量不变的前提下，对于各种新技术、新产业、新业态的用地需求，应优先予以满足，引导新供给形成新需求；应明确不同层次的土地产权，促进包括转让权、出租权、抵押权，促进不同层次的土地产权交易；改进招拍挂、协议出让等制度，降低土地交易价格；通过山地、废地利用，以及各种土地整治、城乡土地置换等多种方式清理、盘活存量用地；改进土地征收和审批制度，增加土地供给效率；增加保障性住房和小户型住房供给改善房地产供给结构，才能从根本上解决城市居民住房问题。

新供给主义经济学对物价调控的思路也与传统的需求管理截然不同。新供给主义经济学认为，中国从1996年以后就告别了短缺经济，进入过剩经济阶段。在产能过剩的背景下，物价波动的根本原因并不在需求方面，而在供给方面，十多年来的每一轮通胀几乎都由原材料涨价、工资成本推动、食品供给冲击等供给方面原因造成，而决策部门却一次又一次地通过紧缩需求去进行干预，结果难免误伤经济。

笔者在2010年出版的《滕泰透视通胀》一书中详细分析了中国物价的驱动结构，发现过去十年中国70%以上的CPI波动都来自于食品价格变化，而在居民对食品的需求总量基本不变的现实下，食品价格波动主要来自小农生产模式造成的供给总量周期性波动和供给结构变化；研究还表明假定我国每年平均工资上涨15%，将推动CPI上升1.94个百分点；而常常被夸大影响的原材料价格每上涨15%，对CPI的影响只有0.2个百分点；除此之外还有物流成本、税收成本、融资成本的上涨，都是影响物价的重要因素。

因此，新供给主义经济学认为，控制物价上涨最有效的办法不是控制需求，而是增加有效供给——增加有效供给，同时也是"稳增长"的最有力措施，根本不存在所谓"稳增长与控通胀的矛盾"。

新供给主义经济学从供给面去管理物价的措施包括：降低税收成本，控制人工和原材料成本上升的速度，稳定农产品生产和供给机制，控制流通环节费用，建立稳定的消费品物价形成机制。

（八）以"供给要素贡献和边际报酬"为核心的收入分配机制

一个经济的均衡运行和稳定增长，公平分配是一个重要的长期前提。如果偏离了公平分配，不仅供给无法创造自身的需求，而且也会直接影响要素拥有者的积极性，最终必然影响要素的充分就业，使经济的运行效率降低到潜在增速以下的水平。

在国民收入分配政策方面，新供给主义经济学主张从供给侧出发，按照劳动、资源、技术、管理、资本等五大要素的贡献和边际报酬，让市场完成收入分配。谁创造的财富多，谁获取的报酬就多。

新供给主义提出的收入分配改革政策，包括：1）遏制公共权力直接或间接参与财富分配。从未创造任何财富的行政权力参与财富的分配不仅是腐败的源泉，也会影响到其他要素创造财富的积极性。2）减少垄断对财富的瓜分。很多看似利润丰厚的企业，其实是靠垄断获取财富，这也是非常严重的收入不公平问题，所以反垄断、放松管制，促进市场自由化、产权民营化，不仅是"放松供给约束、解除供给抑制"的必然要求，也是促进公平收入分配的必然选择。3）控制利用公共资源过度获取个体收入的现象。比如对于在经济制度不健全的阶段通过各种方法占有的土地和矿产资源、公共设施资源、海洋空间资源等，应通过以资源税为代表的税收政策予以调节，促进公平和效率。4）对于创业企业或雇员人数、销售收入较小的小微企业应大范围免税。5）政府可以通过税收调节收入分配，但调节的重点应该是严重偏离要素边际报酬的收入，比如房产持有和遗产继承等。6）无论是公共投资还是转移支付，长期来看都是低效率的，因此应该减少公共支出和转移支付。

新供给主义的上述六个分配改革的主张自从 2003 年提出以来，与本届政府的反腐、减税费等政策理念十分符合，因此可以预见在未来公平分配将进一步改善，从而有利于经济和社会的长期稳定发展。

（九）新供给主义经济学与古典供给学派、新自由主义等的重大区别

1. 供给创造需求的条件

古典供给学派的代表人物是 19 世纪初期英国经济学家詹姆斯·穆勒和法国经济学家让·巴蒂斯特·萨伊。他们提出的"供给创造自己的需求"的思想认为，"当一个产品一经产出之际，即在它自己的全部价值的限度以内为另一个产品提供了市场"，特定产品的局部的供需不均衡可能存在，但全社会整体的生产过剩或生产不足不会发生。萨伊曾宣称"除非政府当局愚昧无知或贪得无厌，否则一种产品供给不足而另一种产品充斥过剩的现象，决不会永久继续存在"[①]。

新供给主义虽然也认为，在供给和需求关系中，供给处于主导地位，但"供给自动创造需求"只是个理想的状态，只有在特定条件下才能实现。

首先，在新供给经济周期的不同阶段，供给创造自身需求的能力有较大差异：在新供给形成、供给成熟阶段，1 个单位的有效供给通常能够创造 1 个单位的有效需求；在供给扩张阶段，1 个单位的有效供给，常常可以创造 n 个单位的有效需求；而在供给老化阶段，1 个单位的有效供给，只能创造 1/n 个单位的有效需求。

其次，经济发展过程中各种"供给约束"和"供给抑制"普遍存在，当遇到供给约束或供给抑制的情况，供给自动创造需求的过程和理想状态也不会自发实现。

---

① 萨伊：《政治经济学概论》，商务印书馆 1963 年版，第 145 页。

2. 政府的角色

正是因为在供给与需求关系认识上的根本不同，新供给主义经济学的政策主张也与古典供给学派截然相反：古典供给学派认为供给能够创造自身需求，所以经济会自动回归均衡，不需要政府干预，政府只要做好"守夜人"就可以了；而新供给主义经济学认为，只有在特定条件下供给才能创造自身等量的需求，而现实中由于供给老化、供给约束、供给抑制等现象的普遍存在，经济很容易陷入供给不能创造自身需求的非均衡状态，所以政府必须有针对性地从供给侧进行干预或通过供给侧结构性改革政策引导生产要素从供给老化的行业向新供给形成、供给扩张的行业转移，"引导新供给，创造新需求"。此外，政府还有个更重要的任务，就是必须持续地消除供给约束，解除供给抑制，从而让经济回归"供给自动创造自身需求"的均衡状态。

3. 新供给主义经济学与新自由主义的区别

新供给主义经济学要求政府放弃总需求管理，放松供给约束，解除供给抑制，让市场在资源配置中发挥决定性作用。但是新供给主义经济学的政策主张并不等同于新自由主义。

新自由主义同古典供给主义一样，要求政府完全退出市场经济，回归"守夜人"角色。新供给主义经济学则主张，政府仍然需要在经济管理方面扮演重要角色，但是政府对经济的干预方向主要应该在于供给方面。

4. 新供给主义与计划经济学和凯恩斯主义周期理论的比较

计划经济学认为生产相对过剩和周期性经济危机的原因是私有制和社会分配不公造成的资本家生产过剩和劳动者消费不足，解决办法是公有制和计划经济。与计划经济学不同，新供给主义经济学认为，周期性的产能过剩或需求不足是经济结构进入供给成熟和供给老化阶段的必然结果，因而解决产能过剩或需求不足不能靠计划手段，而是要靠供给侧结构性改革，比如通过降低税收和融资成本、原材料和人工成本等间接供给约束，以及破除垄断和管制等直接供给约束，给那些处于供给成熟和供给老化阶段的产业创造转型条件，解除五大供给抑制，并通过引导新供给创造新需求让经济恢复均衡。对于经济周期的成因及解决方法，新供给主义与计划经济学给出了完全不同的答案。

凯恩斯主义认为周期性经济危机的内在原因是边际消费倾向递减等三大定律，解决办法是用财政政策或货币政策来调节总需求。无论是对造成经济危机的原因，还是其解决方案，凯恩斯主义和新供给主义都截然相反，前者认为经济衰退的根源是有效需求不足，后者认为经济衰退是经济结构进入供给成熟和供给老化阶段的必然结果；前者认为要运用扩张性的财政政策进行治理，刺激有效需求，后者认为应从供给侧出发，克服供给老化、供给约束和供给抑制，促进新供给创造新需求；为了让经济恢复供给自动创造需求的均衡状态，前者干预的重点是投资、消费、出口"三驾马车"，后者干预的重点则是劳动、土地、资金、技术、管理等五大生产要素的供给效率、供给结构和供给成本。

5. 从传统供给学的零散主张，到新供给主义经济学的理论体系

美国供给学派经济学的代表人物芒德尔、拉弗、万尼斯基、肯普、罗伯茨等人认为，在供给和需求的关系中，供给处于首要的决定地位，决定长期经济增长潜力的是供给而非需求，产出的增长最终取决于劳动力和资本等要素的供给和有效利用，经济研究的首要任务是如何促进生产、增加供给。传统供给学派并不认为经济完全不需要干预，而是认为干预的重点在于供给方面，而非需求方面。具体地说，就是通过财政政策强化对生产活动的刺激和支持。当然，由于传统供给学派认为企业家精神和自由市场是创造财富的关键因素，所以其提出的干预措施同自由主义比较接近，比如反垄断、解除各种管制、主张经济的民营化和自由化，并建议在国内限制甚至取缔工会组织以便降低企业的人工成本，在国际上通过政治力量干预石油价格以便降低企业的原材料成本，等等。

作为传统供给学派唯一创新理论基础的"拉弗曲线"企图证明，减税会在短期减少财政收入，但长期来看，如果较低的税率刺激了产出，最终一定会增加企业和居民收入，并使政府税收总额在较低税率下回升到减税前的水平。为了推动减税，当然必须压缩那些效率低下、浪费资源的政府支出和转移支付。

美国传统供给学派仍然停留在哲学认知和零散主张阶段，并没有提出完整的经济理论体系，而是一些不系统的政策建议。新供给主义经济学在吸收和借鉴上述认知的基础上，一方面把传统供给学派的上述零散建议，归纳到新供给主义经济学体系中的"放松供给约束"部分中，另一方面提出了新供给创造新需求、新供给经济周期等理论基础，放松三大供给约束的短期改革理论，解除五大财富源泉的长期改革主张，三种增长模式理论，供给侧出发的房价和物价管理模式，以及新供给主义的公平分配的理论主张，共同形成一个包括经济均衡、经济增长、结构调整、房价与物价管理、公平分配的系统理论体系。

6. 基于中国改革开放伟大实践的理论创新

对于萨伊定律，马克思的评价是"供给自动创造需求"是理想中的经济运行状态，复杂的流通环节有可能会中断这个过程。这一判断与新供给主义的认知完全相同。此外，马克思主义政治经济学也是从生产端出发，认为生产是经济的基础，这与新供给主义经济学认为供给在与需求的关系中处于主导地位的认知完全相同。

马克思认为经济的发展必然导致贫富差距的不断扩大，造成生产相对过剩，引发经济危机，他主张废除私有制、并用政府计划手段来解决问题；凯恩斯则提出以扩张性的财政政策和货币政策来克服阶段性的需求不足。二战以后，中国等采用了马克思的计划经济体制迅速建立了强大的工业体系；而欧洲、美国等大部分国家都采用了凯恩斯主义的政府干预市场的办法，也迎来了战后近三十年的繁荣。直到 20 世纪 70 年代末，中国的计划经济逐渐失去活力，美国、欧洲经济也陷入了"滞涨"的危机。

当美国的里根政府、英国的撒切尔政府所采纳的传统供给学派经济政策极大地恢复了两国的经济活力，而那个时代人类历史上最伟大的改革实践却在中国产生了——这就是邓小平先生所倡导的"解放生产力"改革。

多年的计划生产、平均分配和政治动乱，造成中国经济在 70 年代末已经严重缺乏活力，不仅劳动者被禁锢在土地和"单位"而没有积极性且不能流动，大量资源处于闲置状态，财政资源和储蓄资本低效使用，而且整个社会分工和微观企业组织都处于低水平，知识和创新更是不被尊重。邓小平同志提出"改革是解放生产力"，通过以自由竞争的市场经济体制替代计划经济体制、在农村以家庭联产承包责任制取代集体生产、鼓励开放市场和国际贸易，推动分工深化以及市场建设，使长期受到抑制的生产要素潜力得以释放——这些伟大的改革历史，就是"放松供给约束、解除五大财富源泉供给抑制"的实践基础。

而关于三种增长模式的归纳，也是来自于 30 多年经济高速增长的实践。斯密增长、库兹涅茨增长或熊彼特增长，恰好能够比较清晰地概括中国经济三个阶段增长的特征——未来的中国经济增长模式，必将是三种模式的再发展。

而从供给侧管理物价、房价的理论认知和有关主张，以及收入分配的有关思想，则更是来自中国这 20 年来所经历发展的种种实践教训。

理论是抽象的，而现实则是丰富多彩的。

的确，中国过去 30 多年的伟大改革实践，并不是由任何经济理论或改革理论推动的，而是亿万中国人从贫困走向温饱、迈向小康的长期奋斗过程。在这个伟大的实践过程中，国外的经济学者们大部分都在主观想象和推测中试着解释中国的经济现实；而中国的很多经济学者和政策制定者，却往往试图从外国人的眼睛中找到我们怎么办的答案——显然，这两种尝试最终不会成功。解决中国的经济发展问题，以前是靠我们自己，以后也必须靠中国人自己。

2010 年以来美国经济在苹果产业链的带动下反弹复苏，新供给创造了新需求、新动力，而中国经济却由于供给结构老化连续五年持续下行。怎么办？加强供给侧结构性改革——这既是历史的必然选择，也是我们主动的战略性选择，而新供给主义经济学就是基于中国改革实践基础从供给侧出发持续推动改革的一点浅薄探索，供各界参考、批评。

参考文献

1. 亚当·斯密：《国富论》，唐日松等译，华夏出版社 2005 年版。

2. 卡尔·马克思：《资本论》，郭大力、王亚男译，上海三联书店 2009 年版。

3. 萨伊：《政治经济学概论》，陈福生、陈振骅译，商务印书馆 1997 年版。

4. 卡尔·门格尔：《国民经济学原理》，刘絜敖译，世纪出版集团、上海人民出版社 2005 年版。

5. 威廉·汤普逊：《最能促进人类幸福的财富分配原理的研究》，商务印书馆 1986 版。

6. 约翰·M.凯恩斯：《就业、利息和货币通论》，徐毓枬译，译林出版社 2011 年版。

7. 滕泰：《新财富论》，上海财经大学出版社 2006 年版。

8. 滕泰：《财富的觉醒》，机械工业出版社 2008 年版。

9. 滕泰：《民富论——新供给主义百年强国路》，东方出版社 2013 年版。

10. 滕泰：《软财富》，时代华文书局 2014 年版。

11. 滕泰：《新供给主义宣言》，和讯网、《中国经济报告》，2012 年第 11 期。

12. 滕泰：《以"新供给主义"推进深层次改革》，《经济参考报》，2013 年 3 月 7 日。

13. 滕泰：《解除供给抑制，释放财富源泉》，《第一财经日报》，2013年4月15日。

14. 滕泰：《中国宏观调控应把焦点从需求转向供给管理》，《英国金融时报》，2013年5月7日。

15. 滕泰：《从供给着手，重启经济改革》，《经济观察报》，2013年5月24日。

16. 付建利：《以新供给创造新需求，以放松供给提高经济增长率》，证券时报对滕泰的专访，2013年5月26日。

17. 滕泰：《放松供给约束，解除供给抑制》，《中国证券报》，2013年5月27日。

18. 陆宁：《供给学派的中国"药方"》，21世纪经济报道对滕泰专访，2013年6月29日。

19. 滕泰：《更新供给结构、放松供给约束、解除供给抑制——新供给主义经济学的理论创新》，《世界经济研究》，2013年第12期。

20. 滕泰、冯磊：《新供给主义经济理论和改革思想》，《经济研究参考》，2014年第01期。

21. 滕泰：《新供给主义稳增长三大主张》，《英国金融时报》，2014年5月8日。

22. 滕泰：《加强供给侧改革，开启增长新周期》，《经济参考报》，2015年11月18日。

23. 滕泰：《供给侧改革开启经济新周期》，《上海证券报》，2015年11月20日。

24. 滕泰：《重启经济增长，必须供给侧改革》，《经济观察报》，2015年11月21日。

25. 滕泰：《从供给侧发力推动经济结构调整》，《经济参考报》，2015年11月26日。

二、促进新供给形成新动力是过剩产能的正确退出方式

滕泰[①] 刘哲[②]

"促进新供给形成新动力"和"去产能"是中国经济转型的两大任务，是供给侧结构性改革解决中国经济供给结构老化问题相辅而行的两个方面。2010 年以来中国经济连续五年下行的根本原因是太多产业处于"供给成熟"和"供给老化"阶段，宏观政策越是在需求端一再发力，在老化供给产业投入的生产要素越多，产能过剩问题越是凸显，供给结构老化程度越是加剧。"促进新供给形成新动力"和"去产能"好比是同方向并排而行的两条河流，只有它们汇聚成一条河流的那一天，中国才能真正完成经济结构转型。

（一）产能过剩是供给老化的必然结果

部分行业或企业出现的产能过剩，本质上是由于这些行业或企业进入了供给老化阶段。按照新供给主义经济学的理论，在供给老化阶段，供给不能创造等量的需求。1 个单位的供给，不能像新供给扩张阶段那样，创造 N 倍的超量需求，也不能像新供给形成和供给成熟阶段那样，创造 1 个单位的等量需求，而只能创造出 1/N 倍缩量需求。即在供给老化阶段，每投入一

---

① 滕泰，万博新经济研究院院长。
② 刘哲，万博新经济研究院院长助理。

个单位的资源无法转化为一个单位的要素收入，要素在老化供给中沉淀不能退出，进而出现过剩产能。

对于供给老化产业，企业存货增加，产销率下降，设备投资周期变短，生产要素的边际报酬下降，资源配置效率降低。此时，供给老化企业在没有新产品、新技术等新价值附加来形成新市场分层的情况下，将面临共同切割一个正在缩小"蛋糕"的困境，整个产业活力下降。

从收入效应角度，当企业的主营业务处于供给老化阶段，销售收入转化为资本、劳动和资源等要素报酬的通道被企业短期偿债压力阻塞，生产要素的贡献无法通过企业产销自循环进入实体经济中；要素报酬通过收入效应对消费的刺激空间被匮乏的供给结构隔离，有效供给量停滞，产品收入无法转化为要素拥有者的现实购买力；同时，收入效应通过储蓄形成投资的资本转化促进作用，由于金融损耗的影响而被削弱，供给资本滞后和利用率降低，不足以支撑其由老化供给向新供给的转变。

从要素流动角度，老化供给通常都占据着大部分资源的配置份额，使得劳动、资源、资本、技术和制度等五大要素的贡献和边际报酬被扭曲，导致新供给的竞争性形成受到抑制。

从产业技术层面，当一项主流产业技术进入供给老化阶段，由于技术、资本、劳动从老化供给向新供给转移的供给成本过高，无法支撑企业在生存的前提下完成平稳转型，消化过剩产能。从宏观经济结构层面，当一个国家的经济结构出现供给老化，由于垄断、产权、公共权力等制度性阻断，生产要素无法通过市场化的途径从老化供给进入新供给，导致供给质量下降，进而长期停留在"产能过剩陷阱"之中。

因此，产能过剩是供给老化阶段的必然结果。企业在供给老化阶段无法在自身供给结构不转变的情况下，消化过剩产能。政府无论是刺激需求还是规划供给，如果不能从根本上解决供给老化问题，去过剩产能、去库存的问题就无法根本解决。

（二）去产能的政府作用：两个误区和两个着力点

1. 去产能政府作用的两个误区

第一个误区，通过行政手段强制供给老化企业关闭或破产。

化解产能过剩需要稳步推进，按照各产业和各企业主体的实际情况，因地制宜，充分发挥市场引导作用，走市场化的破产程序。若通过行政手段进行各产业或各企业要素的强制分配，将造成大规模政策性要素转出和投入，违背市场规律，可能带来三大问题。第一，可能导致老化供给产量骤降，已有上下游产业的现有需求推动老化供给价格非理性上升，反而会催生老化供给新一轮的产能过剩，阻碍生产要素向新供给产业转移。第二，若在强关企业的同时，新供给产业还没有形成，可能会导致经济出现陡峭的刚性下滑，破坏经济的回旋弹性和社会劳动力市场的韧性，进而形成就业、居民基本生活、经济基本面恶化等一系列的社会问题和经济问题。

20 世纪 90 年代末，政府曾限制电力产业发展，导致 2003 年和 2004 年出现电量供应吃紧，多省市不得不拉闸限电，对正常的生产经营造成不利影响。同样，2003 年底国务院下发《关于制止钢铁、电解铝、水泥等行业盲目投资若干规定的通知》，当时各部委迅速组成了督察组分赴各地清查，强行关闭钢铁、电解铝、水泥、平板玻璃、房地产等企业，造成 2007 年这些行业均出现了不同程度的供给不足。

因此，政府通过行政手段强制关闭供给老化产业，表面上可以立竿见影降低老化产能，从长期来看，有可能会破坏市场的基本运行规律，最终导致市场失衡，经济结构性问题依然无法得到根本解决。

第二个误区，"力挺"僵尸企业，影响生产要素向新供给转移。

在供给老化阶段，供给无法创造等量的需求，任何 1 个单位的新资源投入，只能创造出 1/N 倍的需求，进而造成资源的浪费。因此，政府通过税收补贴、强制贷款、强行扩张需求等方式，"力挺"老化供给，虽然可以在短期内拖延老化供给产能过剩问题的暴露，吸收部分过剩产品，延缓僵尸企业的淘汰进程，但从长期来看是阻碍了生产要素按照要素贡献和边际报酬进行分配，还会增加银行的不良贷款比率，降低资源的配置效率，削弱经济的自我循环能力，最终会导致整个社会资源分配的扭曲和浪费。

2. 去产能政府作用的两个着力点

第一个着力点，政府要做市场机制的建设者，促进市场在要素转移中发挥主导作用。

在经济结构转型中，政府要做市场机制的建设者，让市场在要素转移中占主导地位，而尽量不用政府之手或计划之手直接指挥要素的流动方向。一方面，要充分发挥企业的创新精神、市场敏锐性和商业智慧，通过新技术、新产品、新业态、新商业模式等新财富形态，实现新的商业价值、新的需求、新的市场，进而形成新供给和新动力。在这个过程中，政府需要营造市场化的经营机制和投资环境，起到"孵化"而不是"规划"作用。另一方面，要通过建设打通要素市场，引导要素进行合理流动，提高要素的供给效率。通过市场的劳动报酬机制和政府的社会保障政策，引导劳动力从有降低人工成本倾向的老化供给产业向新供给产业转移；通过资产证券化、资产抵押贷款等金融创新方式，使沉淀资本能够从老化供给中转移出来，提高资本的流动性和利用效率；通过促进多种方式的土地流转、闲置土地清理等方式盘活存量土地，提高土地的利用效率，为土地能够从老化供给向新供给转移创造条件。

以首钢搬离京城为例，首钢搬迁的过程也是劳动、土地、资本等生产要素从"老首钢"向外转移的过程。在人员转岗方面，搬迁后将富余6万多人，针对人员的实际情况，年龄较大的员工可通过离岗休息、退养的方式提供基本的生活保障。对于有转业需求的员工，通过加大技术培训，输送人才到北京产业需要的地方。而且随着首钢的后勤、矿石采购、钢产品销售、文化产业园区项目等企业或项目的引入和产业的延伸，也会创造出新的就业机会和人才需求。在土地转移方面，首钢石景山厂区全面停产后，曾经的十里钢城再无机器轰鸣和滚滚浓烟，在 8.56 平方公里的土地上，建成了一座以工业研发设计、文化传媒、工业教育培训、工业博览旅游、生产性服务、综合服务六个产业为主导的新型园区，同时部分停产的冶炼设备像石景山文物一样，成为工业主题公园和冶金博物馆的一部分。在资本方面，由于建设新的钢厂预计要 500 亿元，新钢厂通过引进战略投资者、商业贷款、政策支持等方式，降低了转型中对于首钢自身资本金的要求，顺利完成资本要素的转移和流动。

第二个着力点，建立健全社会保障和救助机制，重视社会政策的"托底"作用。

发挥微观政策实施的灵活性，在经济结构转型过程中，不可避免会形成要素转移的时间差，因此需要政府建立健全社会保障和救助机制，重视社会政策的托底作用，为改革中受到冲击的弱势群体搭建一张社会安全网。既要激发社会发展的活力和动力，又要关注民生、民心和社会的和谐稳定。

一方面尽快完善政府公共福利政策和养老保障体系，守住民生底线，对于特定困难人群要"授人以鱼"，发挥社会保障的稳定器作用，保障人民基本的生活和公共服务要求，使真正有困难的人员能够有尊严的生活。

另一方面要做好失业人员再就业培训工作，通过"授人以渔"为失业人员再就业提供市场环境和双向选择的渠道。鼓励失业人员进行职业转型，帮助失业人员建立按贡献分配的合理收入理念，打通失业—培训—再就业的心理和市场双重通道，做好基本的心理辅导和社会保障工作，尽量减少供给转型带来的结构性失业。

（三）过剩产能的最终退出方式：促进新供给形成新动力

新供给主义经济学认为，经济出现产能过剩是供给侧出了问题，应该引导社会资源和生产要素流入新供给领域，引导新供给创造新需求，才能真正实现去产能。新供给主义经济理论对新供给作了明确的定义：新供给是指由于新技术、新材料、新产品、新业态、新商业模式、新管理模式等新财富形态，形成了新商业价值，创造了新需求，形成了新市场的供给。新的财富形态，是新供给的载体，是区别于老化供给的创新性突破；新的商业价值是新供给财富价值的体现，是新供给的使用价值，是完成市场交换的基础；新的需求是新财富价值的实现路径，新供给的使用价值转化为现实生产力的方式；新市场是新需求完成对新供给反作用，进而形成良性的供需互促循环的基础。因此，新财富形态、新商业价值、新需求、新市场是新供给的四个必要条件，四者缺一不可。

其实，新供给并不是一个未来的抽象概念，历史上各个阶段、各个领域都曾经出现过新供给，每个历史阶段也都是新供给推动经济最终走出危机。数千年的大国兴衰史，并不是一部平缓生产和交易的历史，而是在不同的历史阶段通过土地、金矿、森林、石油、海洋、资本、贸易、市场、技术、金融、文化等新供给创造新需求的创造史。

18 世纪 60 年代蒸汽动力革命，是煤炭和铁矿等地球深层资源转化为动力和能量的新供给，于是纺织工业的生产力成倍增加，轮船、火车等以煤炭和蒸汽机为驱动力的新运载工具相继产生，替代了人力、马车等老化供给。19 世纪初期，以电子技术的应用为开端，煤炭燃烧产生的热能、风力和水力蕴含的动能和势能都以电流的形态传输，于是电灯、内燃机等新供给替代了蜡烛、蒸汽机等老化供给。20 世纪中叶的石油化工业革命，化学家从石油中分离出汽油、煤油、合成香料、染料和药物，于是石油、天然气等新供给代替了煤炭等老化供给。在一定时期地球资源具有消耗性和不可再生性，随着工业革命成果的不断普及，经济的发展，制造业的利润率逐渐下滑。于是出现了以苹果产业链为代表的新供给，推动美国经济走出了经济危机，步入了新一轮新供给形成和扩张的增长周期。

事实上，无论从长期分析，还是短期观察，供给能力的提升都能够在一个稍后的时间段创造出相应的新需求。比如，工业革命的意义不仅仅在于发明了蒸汽机和电力技术，更深刻的影响是用新供给改变了人类的需求结构。每一次人类社会的飞跃，都伴随着新供给对人类意识形态和价值体系的极大冲击和改变，每一轮从经济危机中走出来，步入经济增长，从长期看都是新供给在创造新需求的过程中发挥的经济推动作用。

1. 如何引导新供给创造新需求

在没有供给约束和供给抑制的情况下，市场可以通过"看不见的手"的作用完成生产要素从投入到实现要素收入的过程，进而形成新的生产力。此时，政府需要创造市场化的环境，使得劳动、资本、土地等生产要素能够在新财富价值和消费者效用满足的作用下，完成正常的投入产出和再投资，引导新供给的形成，进而创造新需求。政府干预的目的不是计划和引导，而是给新供给一个市场化机制。新供给会自由选择时机进入市场，而不是通过政府的方式进行盲目指引和补贴。对于国外的技术和理念创新，给市场以充分的空间，如果企业在评估成本收益后，有利润空间，微观企业会自动引入，如果企业放弃或失败，只能说明进入的某种条件还不成熟。而从政府的角度，难以对各行各业进行企业层面的盈利性评估，硬性引入只会导致企业水土不服，要么失效要么寄生。

以美国苹果产业链为例，来看一下新供给是如何创造新需求，使得美国经济走出衰退的。第一，新的商业价值附加是新供给创造新需求的基础。正如乔布斯所言，苹果公司"重新发明了手机"，而在此之前，人们是无法想象一部手机能够没有键盘，而且能像个人电脑一样运行复杂的程序，实现繁多的功能。

第二，新供给与新需求的快速扩张。在 2007 年苹果手机上市之前，这个世界对苹果手机的需求是零。而 iPhone 这一新供给在消费者中创造了巨大的新需求。iPhone 和 iPad 在全球受到了狂热的追捧，2014 年度，苹果共售出了 1.692 亿部 iPhone，其中第四季度的销售额增长了 13%，售出 3930 万部，苹果一年的营业收入就已经超过了新西兰所有货物和服务的总价值。

第三，外延式的新供给扩张继续形成新市场，才能最终形成新动力。

苹果通过其操作系统和 APP Store 软件付费下载系统，形成了 iOS 生态圈，通过软件创造了更大的新需求。iOS 生态系统在美国创造出超过 62.7 万个职位。美国投行测算，iPhone 产业链的销售收入已经相当于美国 GDP 约 0.5%。

第四，资本通过乘数效应在经济中发挥创造作用，是新供给形成新动力，拉动经济增长的重要途径。苹果公司的 iPhone 等产品，和其他周边相关产品的销售收入，分别转化成公司利润、股东红利、员工薪酬、银行利息、房地产租金等要素报酬，再次进入美国的经济循环，加速了供给创造自身需求的宏观循环，从而推动美国经济走出衰退，形成复苏。

第五，新供给创造新需求的财富效应需要发挥金融市场的预期和辐射作用。苹果公司的股东通过持有苹果公司股票实现了巨大的财富效应，这一财富效应将进一步刺激消费和投资。

2. 只有促进新供给形成新动力才能真正去产能

从根本上解决产能过剩问题，只能通过引导要素资源从供给成熟、供给老化的产业向供给形成、供给扩张阶段的新业态来实现。一方面，通过重点领域的制度要素供给，破除阻碍成熟供给、老化供给向新供给形成和扩张的机制障碍，建立要素自由流动和转移的公平环境，健全劳动、资本、土地、技术、金融等要素按边际要素贡献参与分配的机制。另一方面，鼓励各个市场主体创新发展，打造孵化和投资结合、线上线下结合的开放式服务载体，为新产品、新业态、新商业模式、新管理模式等提供支持。

通过促进新供给形成新动力去产能的路径有两种：一种是促使生产要素的合理转移，提高供给效率，引导新供给的形成，替代老化供给吸收过剩产能，进而形成经济的良性循环体系，构建稳定长效经济增长模式的基础。在要素转移过程中，通过市场化的调节机制，实现去产能。另一种是通过老化供给产业内的整合创新，将老化供给附加"新价值"，形成新供给，进而带动过剩产能转化为新供给产能，实现过剩产能在老化供给产业内部自然消除。

比如同样是发展汽车产业链，100多年前美国汽车产业发展采取的是一种从无到有的路径，通过新供给形成阶段和扩张阶段的发展，一步一步吸纳生产要素，形成经济新动力。而同时代欧洲的主要汽车生产厂商，在起步初期是自行车厂商。通过企业家对市场的敏锐性和技术创新，不断增加产品新的商业价值，给轮制人力车加上了燃油动力形成新供给，创造了新需求，形成了新市场，最终拉动经济增长。

正如奔驰汽车前总设计师说过"奔驰卖的不是汽车，而是一件艺术品，只是碰巧它会跑"，同样，特斯拉卖的也不是交通工具，而是环保、时尚。李克强总理在2015年11月9日经济形势座谈会上表示了相同的理念，他谈到很多中国人跑去日本买马桶盖的例子，说："日本做的不仅是马桶盖，而是健康、保健"。"以前我们创造财富主要靠自然资源，今后要更多依靠人的资源；以前主要依靠劳动，今后更多依靠人的智慧"。"一个传统服装企业和一个智能可穿戴设备企业，两个结合一下，就可以创造新供给、产生新需求。"总理用如此通俗、简单的语言指出了供给结构转型的方向：大部分行业都可以通过附加新技术、新产品、新管理模式等新财富形态的方式，形成新价值、新需求和新市场。

总之，只有引导要素资源从供给成熟、供给老化阶段向新供给形成、供给扩张阶段转移，引导新供给，创造新需求，形成新动力，才能真正去产能，并顺利完成经济结构转型。一旦资本、资源、劳动开始向新供给、新业态集中，老化产业的产能过剩将自然消除，不但供需市场可以恢复均衡，经济也将重新开启新的增长周期！

三、供给侧改革的经济学逻辑

滕泰[①]　张海冰[②]

（一）供给与需求的关系：传统经济学如何区分？

在经济学中，供给与需求是对立而又统一的范畴，双方互相依存，缺一不可。那么供给与需求究竟哪一方处于主导地位？经济思想史上，萨伊、凯恩斯、马克思等经济学家的观点，有比较强的代表性。

在 19 世纪法国经济学家萨伊看来，供给和需求的关系中，无疑是供给处于主导地位，供给可以创造自身的需求。萨伊在其著作《政治经济学概论》中认为，"一种产物一经产出，从那时刻起就给价值与它相等的其他产品开辟了销路"。萨伊论述道，"一般地说，生产者在完成他的产品的最后一道加工后，总是急于把产品卖出去。因为他害怕产品在自己手中会丧失价值。此外他同样急于把出卖产品所得的货币花出去，因为货币的价值也易于毁灭。但想要摆脱手中的货币，唯一可用的方法就是拿它买东西。所以，单单一种产品的生产，就给其他产品开辟了销路"。

那么萨伊如何看待"市场有时货物充斥无法脱售"的现象？萨伊认为，这些现象都是局部的、暂时的。"在一种货物亏本的同时，必有别的货物赚到过度的利润。由于过度的利润一定会刺激有关货物的生产，……一种产

---

① 滕泰，万博新经济研究院院长。

② 张海冰，万博新经济研究院高级研究员。

品供给不足而另一种产品充斥过剩的现象，决不会永久继续存在。""如果对生产不加干涉，一种生产很少会超过其他生产，一种产品也很少会便宜到与其他产品价格不相称的程度。"萨伊的观点被后来的经济学家们总结为"萨伊定律"，即"供给创造自身的需求"，成为古典供给学派的基础。

1929 年到 1933 年，从美国爆发了蔓延到整个资本主义世界的经济大萧条。1929 年 10 月，美国股票市场崩溃，漫长的熊市长达三年；1929 年到 1933 年，美国 GNP 下跌近 30%，CPI 下降近 25%，失业率从 3% 升至 25%；同时出现了在极低利率的情况下，净投资增长率持续为负的现象——也就是说，资本主义世界出现了严重的过剩和持续的大规模失业。

大萧条期间出现的持续而严重的过剩与失业，是萨伊定律无法解释的。英国经济学家凯恩斯在 1936 年出版的《就业、利息和货币通论》一书中，提出了自己的观点，对资本主义经济中出现的大萧条作出了解释，并提出了相应的政策措施。

凯恩斯指出，国民收入的大小是由消费和投资决定的，在萨伊定律所假设的理想条件下，产品能够全部销售出去，销售收入要么转化成家庭部门的消费，要么由家庭部门储蓄后，能够全部转化为投资，这样就实现了宏观经济的均衡，也就是总供给与总需求相等。

凯恩斯认为，由于"边际消费倾向递减、资本边际效率递减和流动偏好陷阱"这三大规律的存在，使得供给不能创造与自身等量的需求。边际消费倾向递减，是说人们的消费虽然随收入的增加而增加，但在所增加的收入中用于增加消费的部分越来越少，这一定律的存在将导致即使家庭部门的收入增长，但是消费的增长却赶不上收入增长的步伐，导致出现消费不足；资本边际效率递减，是指随着当资本投入的增加超过了一定限度以后，每一单位资本投入所带来的产出增量是下降的，这一定律的存在，使得灵活的利率自发地使储蓄全部转化为投资的机制出现障碍，导致投资不足；流动偏好陷阱则是指，由于投机需求的存在，当利息率降低到一定水平以下时，为了投机而持有现金的机会成本（即为之牺牲的利息收入）已经可以忽略不计，这时人们为了投机需要而持有的任何数量的现金，将无法转化为投资和消费。由此凯恩斯论证，供给无法创造与自身等量的需求。如果政府不干预，经济必将陷入周期性的"繁荣—危机—萧条—复苏"的循环而大起大落，社会财富和公众福利也将大受其害。

马克思从资本主义生产关系的角度研究了供给与需求的关系。从供给的角度来看，马克思认为，进入资本主义时代以后，工业的发展极大地发展和解放了生产力，社会化大生产可以源源不断地生产出数量极多的产品。

从需求的角度看，由于资本主义社会的两个特征，即资本有机构成提高造成的人口相对过剩（造成持续的失业），和工人只能获得资本家支付的劳动力价值（工资），而剩余价值则被资本家占有这种对抗性的分配方式，造成工人有支付能力的需求持续下降，资本主义经济危机的爆发就不可避免。简而言之，资本主义生产方式本身导致了供给的迅猛扩张和需求的相对萎缩，用马克思自己的话来说，就是"一切真正的危机的最根本的原因，总不外乎群众的贫困和他们的有限的消费，资本主义生产却不顾这种情况而力图发展生产力，好像只有社会的绝对的消费能力才是生产力发展的界限"。

萨伊所处的年代，正值拿破仑执政时期，生产力还欠发达，但是当时的社会面临着严重的通货膨胀，过多的货币在追逐着稀缺的商品，产品的销售不成问题，但是货币的价值却朝不保夕，因此萨伊会提出生产者急于摆脱产品，货币持有者急于摆脱货币的论断，古典供给学派"供给创造需求"的观点，其植根在此。

马克思所处的年代，产业革命创造和释放了令人惊叹的生产能力，而缺少社会保障和宏观调控的自由资本主义社会中，劳动者的相对贫困乃至绝对贫困化也是不争的事实，他从生产资料所有权和社会分配的角度来分析供给与需求的关系，有他的历史合理性。

"政府运用财政政策扩大投资，弥补消费不足和投资不足导致的总需求缺口，以熨平经济波动，避免经济危机"的凯恩斯主义在大萧条之后应运而生，这一理论的确拯救了资本主义世界，但凯恩斯主义是一种调节需求的短期经济政策，忽略了财富创造的长期循环。人们都知道凯恩斯的名言，"长期我们都是要死的"，但是技术和产业的进步却在证明，以往需要等待一代人甚至几代人才能出现的新技术、新模式，现在可能在十几年甚至几年内就出现并且更新，由此大大压缩了经济波动的周期，凯恩斯主义单纯的需求侧管理思路，将导致经济走入"滞胀"的困境，这在 20 世纪 70—80 年代的欧美经济中，已经表现得非常明显。

（二）供给在与需求的关系中处于主导地位

那么，新供给主义经济学如何看待供给与需求的关系？

首先，供给在与需求的关系中处于主导地位，在这一点上，新供给主义经济学与萨伊的古典供给主义学派有着相似的观点。其次，新供给主义经济学认为，只有在一定的条件下，供给可以创造与自身等量的需求；当这些条件不具备时，供给将不能创造与自身等量的需求，甚至完全不能创造需求。第三，通过一定的政策措施，可以创造条件，使得供给能够创造需求，或者说，让"新供给创造新需求"。

为什么说供给在与需求的关系中处于主导地位？在一个经济学的案例中，一个没有人穿鞋的非洲国家，在一些人眼中没有鞋子的市场，而在另一些人眼中是商机巨大，结果后者的观点被事实证明是对的。在一个人们都不穿鞋子的国家，应当说是存在着巨大的对鞋子的潜在心理需求，但是由于当地技术的落后，这种潜在的心理需求没有创造出鞋子的供给。只有当制鞋公司把鞋子运到这个没人穿鞋的国家时，鞋子的现实供给就会创造出对鞋子现实的需求。因此，抽象的需求不能创造满足自身的供给，而现实的供给却能创造实实在在的有效需求，这就是为什么供给在与需求的关系中处于主导地位。

回顾人类发展的历史，生活得更丰裕、更方便、更舒适的需求一直存在，但是没有实现可能性的抽象的需求只能说是"欲望"。如果我们从心理学和社会学的角度进行研究，会发现人类的欲望可以说是五花八门，无所不包，而且是螺旋式上升，永远不会满足。从某种角度，我们可以说，不断上升的欲望，驱使人们追求更多的财富，更好的生活。但这与经济学中探讨的供给与需求并不是一回事。经济学研究的是有现实产品支持的供给，和有现实支付能力支持的需求。在这一对矛盾中，只有当新供给出现，新需求才会被创造出来。例如在原始社会，供给只有石质工具、野果、兽皮和兽肉，需求也只能局限在这个范围内。只有当小麦这种农作物被人类驯化，人类才有了面包、馒头这样现实的需求。只有当人类社会的技术不断发展，不断创造出新的产品时，这种新供给（新产品）才创造出了现实的对某项产品的需求。只有当汽车这种新供给出现，人类才会产生对这种金属外壳、四个轮子、内燃机驱动的交通工具的新需求，否则人类只有跑得更快的欲望；只有当 iPhone 这种新供给出现，人类才会产生对这种没有键盘、功能强大、设计精美的新型手机的需求，否则人们也会认为更新的诺基亚、更快的黑莓手机，就是未来的需求。应当这样说，在短期内，需求是财富价值实现的条件，制约或者调节着供给的增减，但是从长期来看，需求是由供给创造，并受供给制约的。

新供给主义经济学认为，人类的生存和发展离不开各种各样的物质财富和精神财富，供给最原始的含义就是财富的生产。而需求的原始含义是欲望，经济学只不过又加上了支付能力的约束。如果我们深入探讨这一对矛盾的范畴，我们自然会发现，财富的生产，也就是供给是这对范畴中处于主导方面的一方，需求是由供给创造，并且受供给的约束的。

从经济学思想史的角度看，无论是亚当·斯密的《国富论》(《国民财富性质和原因的研究》)、马克思的《资本论》、熊彼特的《经济发展理论》，还是库兹涅茨的《国民收入和资本形成》，实际上都在从供给侧研究财富的生产、流动、分配规律，在几百年的经济学历史上，供给从来都是处于主导地位，无论是经济均衡的恢复，还是增长潜力的恢复，长期必然是供给调整来完成。

（三）供给不能创造自身等量的需求

新供给主义经济学认为，供给不能自发地创造自身的需求，只有在一定的条件下，供给才能创造与自身等量的需求。

首先，从宏观的角度看，在供给结构老化的情况下，供给不能创造自身等量的需求。

从收入的角度研究整个经济的总量，劳动、土地和资本获得的收入，应当等于整个社会的收入总和，即：总收入＝工资＋租金＋利润；但实际上，当经济处在供给老化阶段时，存在总体的产能过剩，这个公式就现实转化为：总产出＝工资＋租金＋利润＋存货。

也就是说，在供给结构老化阶段，从总体上看有一部分产出是无法转化为要素收入的，也就无法转化为新的消费和投资，在这种情况下，总供给无法创造与自身等量的总需求，经济也就会陷入减速和衰退。在一个经济体中的大多数产业都处于供给成熟或者供给老化阶段时，我们称为宏观经济处于供给结构老化的状态，这时总体的产能过剩就会成为阻碍经济实现均衡的障碍，也将会使得总供给无法创造与自身等量的总需求。

其次，从收入分配的角度看，严重的分配不公也会造成供给不能创造自身的需求。

如果一个社会的分配制度不够合理，造成收入在各要素之间的分配失衡，就有可能出现某些要素获取的收入过高，而其他要素获取的收入过低的现象，这将导致某些家庭消费不足，或者某些部门的投资出现困难，在这种情况下，供给也不能创造与自身等量的需求。

例如，在存在行政性垄断的情况下，垄断企业的丰厚收入实际上来自于对其他行业和居民收入的二次分配，在这种情况下，那些收入被不合理占据的居民和企业，不能得到其要素的应得报酬，必将导致消费和投资不足，使得供给也不能创造与自身等量的需求。

例如，在某些情况下，出现了比较严重的地产泡沫或金融泡沫，这时参与投机的土地和资金获得了畸高的收入，而其他制造业的要素则收入分配不足，也会造成整个经济的消费和投资不足，在这种情况下供给也不能创造自身等量的需求。

在发展经济学的研究中也发现，有些第三世界国家由于存在严重的腐败现象，当权者或权力阶层在整个经济中占据了收入的很大比重，这部分收入要么用于奢侈品消费，要么转移到其他国家沉淀下来，在这种情况下供给也不能创造自身的需求。

第三，从产业的角度看，处在供给老化阶段的产业供给不能创造自身等量的需求。

按照新供给主义经济学的理论，1 个单位的供给，在供给扩张阶段，能够创造 N 倍的超量需求；在新供给形成和供给成熟阶段，能够创造 1 个单位的等量需求；但是在供给老化阶段，供给不能创造等量的需求，而只能创造出 1/N 倍缩量需求。即在供给老化阶段，每投入 1 个单位的资源无法转化为 1 个单位的要素收入，过剩供给在短期难以消化，要素在老化供给中沉淀不能退出，进而出现过剩产能。

在供给老化阶段，整个社会对其产品的需求基本饱和，基本不可能开发出新的市场；技术进步基本停滞，基本不可能创造出新的、更有吸引力的产品。因此，在供给端的投入，都在重复生产过时、过剩的产品，这些产品基本无法进入流通环节，大部分都会以存货的形式沉淀在生产环节，价值循环因此而停止，供给端投入的要素无法实现其价值，也就无法转化为进一步的消费、投资等新需求。

第四，从要素收入转化的角度看，"供给漏出"导致供给不能创造自身的需求。

供给漏出，是指因为制度性的原因，要素收入未能全部转化为新的消费和投资，而以高税负、高利息、高社保等形式漏出了经济体系，成为沉淀资源。例如，税收、社保是政府对要素收入的二次分配，如果税率和社保征缴的比例适当，这部分收入也会正常转化为消费和投资，不会影响供给创造收入的机制。但是现实中的情况往往是税率和社保征缴的比率过高，过高的税负从家庭和厂商手中切走的"蛋糕"过多，就会导致两个结果：一方面当期收入不能全部转化为消费和投资，导致供给不能创造与自身等量的需求；另一方面，高税负使得"多劳不能多得"、"多付出不能实现多回报"，成为一种"负激励"，进一步抑制了供给创造需求的进程。

而利息原本是资金的要素收入，正常的利息收入不会形成供给漏出。现实的情况是，由于对通胀的过度担忧，或者长期实行需求侧管理导致银行体系过度收紧银根，或者由于金融体系存在垄断而效率太低，导致融资成本过高。从供给创造需求的角度看，过高的融资成本与过高的税负和社保征缴的效果一样，都会导致要素收入不能转化为充足的投资和消费，形成一种供给漏出。

第五，从要素的使用和流动的角度看，供给抑制使得供给不能创造自身的需求。

要素能够自由流动，充分使用，是新供给产生并且创造自身需求的最根本条件。如果在要素的流动和使用中存在制度性抑制，导致要素不能自由流动和充分使用，就是新供给主义经济学中所说的"供给抑制"现象。

例如，户籍管理政策使得人口的流动受到抑制，金融管制政策使得资金的流动受到抑制，不合理的科研管理体制使得科研人员的积极性受到抑制，土地产权不清、土地无法流转造成土地供给不足，等等，都是供给抑制造成供给无法创造有效需求的例子。供给抑制一方面使得新供给无法充分涌现，另一方面，即使出现了新供给，也会因为得不到及时充分的要素支持而面临夭折的危险。

（四）供给侧改革的经济学逻辑——恢复供给自动创造需求的条件

在理论目标上，新供给主义经济学短期致力于恢复经济均衡，长期致力于实现经济增长。一个经济体，只要满足了供给创造需求的条件，短期将恢复均衡，同时，也将具备长期增长的能力。

首先，在整个经济体的供给结构处于老化阶段时，如何实现供给结构的更新？新供给主义经济学认为，宏观经济的失衡大部分情况是因为供给结构的老化造成总供给不能创造与自身等量的总需求。因此恢复经济均衡的关键在于更新供给结构。而更新供给结构的关键，又在于鼓励和培育更多的新供给出现。首要举措是通过鼓励创新等措施，引导社会生产要素向新供给形成和供给扩张领域转移，促进新供给，创造新需求，实现供给结构的更新；同时，要用市场化办法去产能，防止采用为供给老化行业输血的办法来维持其生命，让不能创造与自身等量需求的老化供给自然消亡，从而释放出更多的沉淀生产要素，转移到新供给形成和供给扩张阶段的经济部门，只有这样，才能实现供给结构的顺利更新，恢复宏观经济均衡。

同时，新供给主义经济学并不完全排斥需求侧管理手段，通过对民生短板、基础设施、偏远地区开发等项目，以及国防军事、基础科研等领域的适当投资，也可以消化部分过剩的供给，促使宏观经济尽快恢复均衡。

其次，合理完善的收入分配机制，也是保证供给创造需求的必要条件。

一是，在分配中过于强调某一要素的重要性，如单纯强调"按劳分配"，与过于强调"按资分配"一样，都将导致分配体系的扭曲，进而造成消费和投资动力不足，使供给不能创造需求。新供给主义经济学提出，应当建立和完善以"供给要素贡献和边际报酬"为核心的收入分配机制，让市场完成收入分配，谁创造的财富多，谁获取的报酬就多。二是，垄断，尤其是行政垄断，造成了特权行业或特权企业对其他部门的利益的侵害，实际上也是一种分配不公，同样会导致要素无法得到自身的全部回报，自然会阻碍供给创造需求的机制，因此尽可能地打破垄断，放松管制，消除特权行业和特权企业，也是创造条件，让供给能够创造自身需求。三是，公共权力直接参与财富分配，或者利用公共资源过度获取个体收入，实际上就是腐败的根源。这两种"灰色分配"不仅成为一道隐形的税收，扭曲了财富分配的结果，阻碍着供给创造需求的机制，也作为负激励压制了创新的动力，压制了新供给的形成。因此，必须遏制公共权力直接或间接参与财富分配，控制利用公共资源过度获取个体收入的现象。

第三，在宏观供给结构没有老化，但是某个行业已经进入供给老化阶段时，应当及时从供给侧的角度发现和解决问题，避免误用总需求管理手段。

以往当某个行业出现产能过剩时，无论是宏观经济管理部门还是行业内人士，都容易从需求侧出发，认为是周期性原因导致需求不足，认为通过补贴等方式可以弥补需求缺口，度过行业困难时期，迎来新的发展周期。殊不知如果从供给侧的角度观察，很多行业的产能过剩是因为这个行业已经进入了供给老化阶段，已经不能创造与自身等量的需求，无论怎么刺激、补贴，都只能加重行业供给老化的程度，造成更多的过剩产能。

新供给主义经济学认为，任何一项社会主流技术和主流产业早晚都会进入供给成熟和供给老化阶段，因此，在观察和研究产业发展时，要学会从供给端，用新供给主义经济学的眼光看待产业的发展趋势和发展阶段，对于进入供给成熟和供给老化阶段的产业，要因势利导，一方面可以采取在供给成熟产业上附加软价值，帮助形成新业态、新产品、新供给；另一方面，对于彻底老化的供给，要尽快促使其中沉淀的生产要素流动起来，向新供给形成和供给扩张领域转移，只有这样，才是解决供给老化产业的正确方法。

第四，新供给主义经济学认为，消除供给漏出，使要素能够充分获取，并自由支配自身收入，是"供给创造等量需求"的必要条件。由于高税负、高融资成本、高社保征缴等供给漏出，使得原本会转化为新消费、新投资等新需求的要素收入，流出了经济体的正常循环，配置到低效的领域，或者成为沉淀资源，阻碍了供给创造需求的机制。

因此政府应当从培育新供给形成，推动供给创造需求的角度出发，通过降息降准、金融改革等措施降低资金成本，通过减税和适当降低社保征缴比例，为企业减轻负担，使企业恢复活力，增强经济体系自身的造血功能。从中长期来看，这样不但不会减少居民的收入和政府的税收，相反，随着经济的繁荣，居民的收入自然会不断增长，同时，税基扩大了，整体的税收收入也会增加。通过消除供给漏出，经济可以在短期内恢复增长动力。

第五，消除供给抑制，促进要素实现充分自由流动，是实现新供给创造新需求的充分条件。

新供给主义经济学认为，经济的长期潜在增长取决于五大财富源泉：第一个财富源泉是人口和劳动力；第二个财富源泉是土地以及附着其上的资源；第三个财富源泉是资本和金融；第四个财富源泉是技术和创新；第五个财富源泉是制度和管理。如果这些财富源泉的流动（或者自由组合）受到了阻碍，我们就将这种状况称为供给抑制，供给抑制是创新最大的障碍。解除供给抑制，要素实现充分自由流动，将使得企业家能够获得低成本自由组合生产要素的机会，新供给将源源不断地涌现出来。

总之，新供给主义经济学认为，尽管供给在与需求的关系中处于主导地位，但是现实经济的很多条件，都可能造成供给不能创造自身的需求，从而让经济偏离均衡，让经济增长低于潜在增速。新供给经济学的任务就是改变这些条件，让供给能创造自身的需求，让经济恢复均衡，恢复增长的内在动力。

四、要素市场改革是供给侧改革的重要领域

摘要：要素市场改革是供给侧结构性改革的重要领域。我国的主要生产要素领域计划与市场并存的"双轨制"仍十分严重，要素价格不但无法灵活反映供求关系和资源稀缺程度，而且出现普遍上涨趋势，造成资源配置效率降低，寻租活动猖獗，抑制了生产要素的活力，在很大程度上降低了中国经济的国际竞争力，这是中国经济增长放缓的深层原因。

现代市场体系，必须建立在高度发达的生产要素市场基础上，西方古典经济学早已认识到生产要素对经济增长的贡献。在现代经济学中，生产要素已成为一个基本范畴，覆盖了社会生产经营活动所需的各种资源，一般认为其包括劳动力、土地、资本、企业家才能四种要素。随着时代的进步，技术、信息、管理等也被纳入了生产要素。

传统的计划经济体制，从根本上否认劳动力、土地、资本等生产要素的商品属性，并把它们纳入严格的计划管理。那时的共识是，生产要素公有制是社会主义经济制度的根本特征之一，生产要素私有制则是资本主义经济制度的根本特征之一。

进入 20 世纪 90 年代，中国居民消费品基本实现了市场化，生产要素市

---

[1] 本文作者为国务院研究室综合司巡视员。

场化开始提上日程。但是，承认劳动力是商品，是不是否定了劳动者的主人翁地位？承认土地、资本等生产要素是商品，是不是否定了生产资料的公有制？这些争论，一度成为生产要素市场化的桎梏。1993 年召开的十四届三中全会，在构建社会主义市场经济体制框架时，明确肯定了土地、劳动力、资本等生产要素的商品属性。这一重大决断成为解放生产力的关键步骤。

但时至今日，中国要素市场改革仍然滞后，已影响到经济发展全局。最近几年，我国经济增速出现放缓，大部分研究者习惯性地从需求层面，即从投资、消费、净出口去分析原因、寻找对策。如果换个角度，从供给层面去分析，就会发现主要生产要素领域计划与市场并存的"双轨制"仍十分严重，要素价格不但不能灵活反映供求关系和资源稀缺程度，而且出现普遍上涨的趋势，造成资源配置效率降低，寻租活动猖獗，抑制了生产要素的活力，在很大程度上降低了中国经济的国际竞争力——这正是中国经济增速放缓的深层原因所在。

一是土地。1989 年全国"两会"上通过的宪法修正案，将土地的所有权与经营权分开，使土地使用权具有商品属性。2007 年通过的《物权法》，又明确了土地用益物权。但是，中国土地并没有实现完全的市场化。政府仍完全控制土地一级市场，并对房地产开发用地、商业用地、工业用地执行不同的价格。招商引资中低价出让土地，房地产开发时又竞相抬高地价。在建设用地供应上，从 2004 年至今，国家加大了计划管理的力度。虽然每年供地计划数量不小，但由于计划供地与市场实际需求不匹配，连续多年完不成供地计划，再次验证了"计划管理造成短缺"这一经济规律。而越是短缺，越会造成部分地价上涨，进而推动房地产价格上涨。土地作为生产要素，其价格已严重扭曲。

二是自然资源。我国宪法规定，矿藏、水流、森林、山岭、草原、荒地、滩涂等自然资源，都属国家所有。资源使用者需要从国家手中获得初始使用权，但这种使用权不是公开竞价获得，而是由政府授权分配使用，事实上没有形成市场价格。而对自然资源的垄断经营和国家定价，使其价格不能反映资源稀缺性和供求关系。譬如，油气区块是几大国有企业以申请在先方式获得。在能源的下游领域，除煤炭市场化程度相对较高外，发电企业的发电量和价格仍由政府制定，电网成为电力收购和销售的唯一企业；油气管网运输、流通、进出口权，仅归个别国有企业拥有。这种情况下，中国能源价格居高不下在所难免。北美页岩气革命后，美国能源价格下降，制造业出现复苏，这对依靠低成本优势发展制造业的中国而言，无疑形成了巨大压力。

三是劳动力。中国户籍制度阻碍了劳动力跨地区、跨行业、跨部门的流动。政府对不同户籍提供的教育、医疗、社保、价格补贴等公共物品是不平等的。一些城市通过出台歧视外来务工人员的规定，加强对本地方劳动力市场的保护。同样的劳动力付出同样的劳动，在不同地区、不同部门、不同所有制企业有着不同的价格。这些制度安排，都降低了劳动力要素配置的效率。近年来，随着某些法规的实施，劳动力成本大幅上升。我国的社保费率（"五险一金"）已超过40%。假如一个职工税前工资是1万元，企业要为他支出1.4万元。此外，还有最低工资定期增长等规定。保护劳动者的合法权益是必要的，但必须考虑经济发展阶段和企业的实际承受能力。目前的中国劳动力成本上升，不是随着劳动生产率提高而形成的自然上涨。

四是资本。国有企业对国有银行仍存在刚性依赖，民间借贷成本远远高于国家银行的贷款利率。不同所有制企业获取信贷资本的难易程度不同，导致了资本价格严重扭曲。我国金融体系还存在大量抑制资本市场和金融市场的管制措施，如利率管制、信贷规模控制、存贷比考核、限制民营企业创办银行、股票发行行政审批、个股涨跌停板限制等等。对资本市场不恰当的管制，同样扭曲了资本价格。中国作为外汇储备和国内储蓄最高的国家，利率却是世界上比较高的。

此外，在科技创新方面，尚未形成科技成果转化为现实生产力的有效机制；促进民间投资、非公经济发展的政策出了很多，但仍然存在"玻璃门"、"弹簧门"、"旋转门",抑制了企业家的创新精神和民营经济、中小企业的发展势头。

由此观之,几乎所有能够带动经济增长的生产要素,都存在严重的体制问题,并且主要集中在市场化改革不到位这一点上。这些问题的出现,从根本上说还是由于政府在行政管理中,没有分清与市场活动的界限。国家对微观经济活动干预过多,出现了宏观管理"微观化"和"以批代管"的现象。加上一些部门职责交叉、机构设置不合理、行政效率不高,极大地抑制了各类生产要素对经济增长的贡献。

要建立要素自由流动、平等交换的现代市场体系,必须进一步简政放权,最大限度减少政府对微观事务的管理。近年来,我国大幅度取消和下放行政审批事项,在上海自由贸易试验区实行了负面清单制度,这在一定程度上有利于放松对生产要素市场的管制,降低交易成本。

下一步,对凡是市场机制能够调节的经济活动,政府都应当一律取消审批。同时,公开现有审批事项的"总清单",逐步从"精简"审批事项过渡到"精选"审批事项。同时,要深化生产要素领域的改革。

在土地市场,应当建立城乡统一的建设用地市场,允许农村集体建设用地在一定条件下与国有土地同等入市,增加建设用地的供给。允许农村对宅基地使用权、土地承包经营权、林权等"三权"开展抵押、担保等活动,建立农村产权流转交易市场,盘活土地资源。

在自然资源市场,应当建立以竞价出让为主的国有资源出让方式。目前,页岩气开发开始尝试区块招标出让方式,与传统油气资源登记出让方式相比是一个进步。中央出台了电力体制改革方案,有关部门制定了六个配套文件。下一步,应当建立以竞价出让为主的国有资源出让方式。对国有资本控股的自然垄断行业,应当实行主辅分离、网运分开、公益性业务与竞争性业务分开的改革。特别是水、石油、天然气、交通、电信等领域,应当加快改革步伐,放开竞争性环节的价格。

在资本市场,国家已经取消了金融机构贷款利率下限,一批民营银行即将获得牌照。紧接着，应当加快推进利率市场化，健全多层次资本市场体系，推进股票发行制度的改革。

生产要素领域的市场化改革，有利于大幅度减少政府对资源的直接配置，会推动资源配置遵循市场规律，实现效益和效率的最大化。同时，生产要素领域的充分竞争总体上有利于降低要素成本，提高要素供给能力，进而提高各产业的国际竞争力。一旦这方面改革的"红利"彻底释放出来，中国经济仍可保持较高的增长速度，发展潜力无可限量。

五、"供给侧改革"势在必行

李佐军[①]

2015 年 11 月 23 日召开的中央财经领导小组第十一次会议提出，在适度扩大总需求的同时，着力加强供给侧结构性改革。"供给侧结构性改革"、"结构性改革"、"供给侧改革"等词很快就成为社会广泛关注的焦点。那么，如何理解供给侧改革？为何要推进供给侧改革？有何理论依据？如何避免推进中的误区？本文拟对此进行探讨。

（一）正确理解供给侧改革

所谓"供给侧改革"是指从供给侧入手的改革。所谓"结构性改革"是指针对结构性问题而推进的改革。所谓"供给侧结构性改革"是指从供给侧入手，针对经济结构性问题而推进的改革。所谓"供给管理"是指针对供给侧问题而开展的管理。本文并不严格区分以上四者，下面主要使用供给侧改革这个词。

供给、需求乃经济学最重要的概念，现代经济学的理论大厦就建立在这些概念基础之上。需求是指有支付能力的需求，总需求由消费、投资和净出口"三驾马车"组成。狭义供给是指生产者在某一时期某价格水平上

---

① 本文作者为国务院发展研究中心资源与环境政策研究所副所长。

愿意并且能够提供的商品或劳务；广义供给是指所有能对经济发展和经济效率提高起作用的"供给侧"（supply-side）因素或供给侧力量，包括经济活动主体（如企业和个人等）、生产要素（如劳动、资本、土地等资源、企业家管理、政府管理等）、要素升级（如技术进步、人力资本提升、知识增长、信息化等）、结构变动（如工业化、城市化、区域经济一体化、国际化等）、制度变革（减管制、减垄断、减税收等）等。

中国目前的结构性问题主要包括产业结构、区域结构、要素投入结构、排放结构、经济增长动力结构和收入分配结构等六个方面的结构问题。其中，产业结构问题表现在低附加值产业、高消耗、高污染、高排放产业的比重偏高；区域结构问题表现在人口的区域分布不合理，户籍人口城镇化率偏低，区域发展不平衡、不协调、不公平；要素投入结构问题表现在资源能源、劳动力、资金等一般因素投入比重偏高，人才、技术、知识、信息等高级要素投入比重偏低；排放结构问题表现在废水、废气、废渣、二氧化碳等的排放比重偏高；经济增长动力结构问题表现在过多依赖投资、消费、出口"三驾马车"特别是投资来拉动经济增长；收入分配结构问题表现在城乡收入差距、行业收入差距、不同群体收入差距较大。这六个方面的结构性问题既相对独立、又相互叠加，需要通过供给侧结构性改革有针对性地加以解决。

与需求管理政策相比，供给侧改革（或供给管理政策）具有如下三个特点：一是供给侧改革强调发挥企业和创业者作为市场主体的作用，而需求管理政策主要强调政府宏观调控的作用；二是供给侧改革强调解决中长期健康和可持续发展问题，而需求管理政策更多强调解决短期经济波动问题；三是供给侧改革强调制度的变革与完善，而需求管理政策主要强调短期的政策调整。

供给侧改革的实质就是要：一则形成新主体，既要发挥市场在资源配置中的决定性作用，发挥企业、企业家、创业者等在经济发展的主导作用，同时要简政放权，转变政府职能，约束政府的"有形之手"，正确发挥政府的作用；二则培育新动力，即通过全面改革培育新的增长动力，通过全面创新形成新的经济增长点，通过提高全要素生产率来实现经济可持续发展；三则发展新产业，即一方面要尊重和顺应经济规律、市场规律，及时淘汰产能过剩和僵尸企业等，让市场及时出清，避免资源浪费，及时化解经济泡沫，避免系统性风险，另一方面要大力发展新产业、新技术、新业态等。

（二）为何要推进供给侧改革

理由之一：需求管理政策的边际效益在递减。2008 年国际经济危机爆发后，为了保增长或稳增长，我们采取了一系列需求管理政策，如积极的财政政策、稳健的货币政策和政府投资政策等。这些政策确实取得了一定的保增长效果，特别是在初期取得了明显的效果，如四万亿投资推出后 GDP 增速自 2009 年一季度的 6.5% 快速上升到 2010 年一季度的 12.1%。但此后需求管理政策的边际效应在递减，虽然连续多次采取了稳增长措施，但 GDP 增速自 2010 年一季度达到 12.1% 的高度之后，一直在震荡下行，直至 2015 年三季度的 6.9%，而且尚未扭转下行趋势。同时，出口从 2008 年以前的动辄增长 20% 以上，变成 2014 年的增长 6.1%，再到 2015 年前 10 个月的 –2.5%；投资增速也逐年下降，自 2008 年前的 20% 以上变成 2014 年的 15.7%，再到 2015 年前 10 个月的 10.2%；消费增速从 2008 年的 22.7%，变成 2014 年的 12%，再到 2015 年前 10 个月的 10.6%。这就使得我们不得不重新思考：为什么需求管理政策达不到预期效果？其核心原因恐怕是没有完全找对病根，没有对症下药。中国经济当前的主要问题是结构性问题，而非周期性问题。针对结构性问题，不能用解决周期性波动的需求管理政策去应对，而要采取供给侧结构性改革去化解。

理由之二：需求管理政策的副作用和后遗症越来越大。由于需求管理政策主要是通过政府投资和释放流动性等手段，拉动“三驾马车”来实现经济增长，属于短期刺激政策，故在带来经济增长的同时，也造成了产能过剩、高房价或资产价格泡沫、地方债务压力加大、企业效益下降、影子银行、银行不良资产率上升等副作用和后遗症。钢铁、电解铝、水泥、建材、造船等行业的产能利用率已下降到70%左右，许多城市的房价已大大超过多数居民的承受力，2014年中国债务占GDP的比重达到了235.7%，个别银行的不良贷款率已超过2%的警戒线。这促使我们必须寻找新的出路。

理由之三：推进供给侧改革与推进全面改革是吻合的。从供给侧入手、针对结构性问题而推进的改革几乎包括所有重要的改革，如行政管理制度改革、产权制度改革、土地制度改革、国有企业改革、财税制度改革、金融制度改革、价格制度改革、社会福利制度改革、生态制度改革等。可以说，从"需求侧"转向"供给侧"相当于从"政府调控侧"转向"全面改革侧"。而十八届三中全会确定的全面改革也正是要推进这些改革，故推进供给侧改革也就是落实三中全会精神，推进各个领域的改革。

理由之四：推进供给侧改革是实现可持续发展的需要。我们要追求的发展是综合考虑资源和环境承载力、兼顾当代人和后代人权益的可持续发展。可持续发展要求尽可能少地消耗资源能源、保护环境，而在推进工业化城镇化过程中要做到少消耗资源能源、保护好环境，根本的出路是提高全要素生产率，即以较少的资源能源投入获得较高的产出。提高全要素生产率的基本途径是发动"三大发动机"，即推进制度变革、结构优化和要素升级。而推进供给侧改革正是要培育"三大发动机"，提高全要素生产率，实现经济的健康可持续发展。故推进供给侧改革可以达到实现可持续发展的目的。

理由之五：供给与需求相互依存，但国内有效需求最终决定于各主体的供给能力。多年来，我们在扩大内需中主要采取了通过积极的财政货币政策增加政府的投资需求、通过提高工资或收入增加个人的消费需求、通过消费信贷和消费刺激政策扩大企业和个人的消费需求、通过建立健全社会保障制度提高人们的消费预期等措施。所有这些措施确实是直接扩大国内有效需求的有效措施，但企业和个人有效需求的扩大最终是由其供给能力决定的。原因在于：虽然需求对供给有重大影响，但各种主体(个人、企业等)的各种有效需求都取决于其支付能力或购买能力，而支付能力或购买能力取决于其收入水平，而收入水平又取决于其生产率，而生产率又取决于其供给能力。因此，扩大内需的根本措施，是通过减税而不是提高税率，不断提高企业和个人的有效供给能力或竞争力。

理由之六：在开放经济条件下供给能力决定一国的竞争力。在开放经济条件下，提高一国国内企业和个人的供给能力更为重要，因为：如果一国国内企业和个人的供给能力提高了，即使国内需求没有扩大，也会保持经济增长，因为供给能力提高的企业和个人会开拓外需市场，满足国外市场的需求，赚外国人的钱。反之，如果一国国内企业和个人的供给能力没有提高，即使国内需求扩大了，也不一定带来经济增长，因为在国内企业和个人的供给能力没有提高的情况下，扩大了的内需市场很可能会被国外的企业所占领。在经济全球化的新形势下，主要不是内需，而是面向全球市场的供给能力，才是决定一国竞争力的主要因素。内需不足可以开拓外需，外需总量一般不存在不足，只存在国内供给竞争力不够和供给不适销对路。若某种产品出现外需不足，则证明这种产品必须尽快淘汰。生产能力过剩，不能归咎于需求不足，而应归咎于生产能力没有适应新的市场需要和对结构变化的不适应。

（三）供给侧改革的理论依据

供给侧改革的相关理论与经济学历史一样源远流长，绝非始于供给学派，只不过供给学派提出了较鲜明的供给管理政策而已。

从经济思想史和经济史来看，供给管理政策而非需求管理政策在历史上居于主导地位。古典经济学大师斯密全面系统地抨击了重商主义的需求管理政策，强调劳动和资本等"供给侧"因素在经济发展中的作用，强调了提高劳动生产率的作用，强调市场这只"看不见的手"的关键作用，强调政府只能发挥"守夜人"的作用。法国经济学家萨伊（1803）提出了著名的"萨伊定律"，认为供给会创造它自己的需求，将供给管理思想发挥到了极致。20世纪30年代经济大危机后，凯恩斯全面批判了萨伊思想，认为经济危机是由"三大心理规律"导致有效需求不足造成的，自由竞争市场不能自动实现充分就业，必须通过政府干预，实行需求政策，才能消除失业和经济危机。罗斯福治理经济大萧条的主要措施就是实行以需求管理为核心的"新政"，但20世纪70年代初的"滞胀"宣告了凯恩斯需求管理政策的失灵。于是，反对政府干预、强调供给管理政策的供给学派等相关理论开始兴起。必须强调的是，发展经济学、新制度经济学以及笔者提出的人本发展理论等都是主要研究"供给侧"问题的理论，如发展经济学研究的人口变迁、资本累积、人力资本、技术进步、知识增长、工业化、城市化、劳动力转移等都是供给侧问题。

供给学派因使用了供给这个词而成为最鲜明的供给侧经济学理论。其代表人物有：芒德尔、拉弗、万尼斯基、吉尔德、肯普、罗伯茨、费尔德斯坦、埃文斯等。其主要观点有：提高税率虽然从短期看可以提高税收收入，但由于抑制了纳税者的生产经营积极性，从中长期看反而导致税收收入下降；在资源稀缺世界中，所谓商品过剩只是适销不对路的"劣等货"过剩，其根源并非需求不足，而是能引致新需求的"创造性供给"不足；企业并不只是被动适应市场需求而提供商品的生产单位，而是在创造需求方面发挥着能动性作用；经济增长源自供给者的创造能力和生产率的提高，二战后美国等国经济的快速发展，与其说是由凯恩斯需求政策所带来的，不如说是由于凯恩斯政策"阴差阳错"带来的实际供给效应以及技术创新机制所带来的。因此，供给学派主张"四减四促"，其中"四减"是指减税（含减支，特别是降低边际税率）、减管制、减垄断、减货币发行或控制通胀（甚至主张恢复金本位制），旨在调动积极性，促进生产供给；"四促"是指促进私有化、促进市场竞争、促进企业家精神的发挥、促进技术创新和智力资本投资。

供给学派关于减税不增加财政赤字、不必忧虑减税导致贫富差距拉大、恢复金本位制等也引起了广泛的争论和质疑。同时，缺乏严谨的理论逻辑框架也为一些学者所诟病。

在实践中，供给学派理论和政策主张因被美国总统里根、英国首相撒切尔夫人所运用，并产生了较好的效果而声名远播。

（四）中国当前推进供给侧改革的特殊背景

与过去三十多年的供给侧改革相比，当前的供给侧改革除了有共性的一面外，也有如下特殊性。

一是经济发展阶段不同。中国持续三十多年的 9.8% 左右的高速增长阶段已经结束，现已进入到经济增速换挡期，换挡后很可能进入到年均 GDP 增速 6%—7% 左右的中高速增长阶段。工业化进入到中后期阶段，即中期向后期过渡的阶段，主要表现是重化工业阶段进入到下半场，其主要特征是技术或知识密集型重化工业与生产性服务业相交融发展。城镇化进入到加速发展阶段的下半场，据国际经验，城镇化水平处于 30%—70% 时属于加速阶段，其中 30%—50% 属于加速阶段上半场，50%—70% 属于下半场，2014 年中国城镇化率达到 54.77%，说明已进入下半场，下半场的主要特征是在提高城镇化水平的同时更强调提高城镇化的质量。收入水平已进入到中等收入阶段，面临"中等收入陷阱"的挑战。在新阶段推进供给侧改革任务更重，压力更大。

二是国际环境不同。以往当中国经济总量排在相对靠后位置时，国际社会是敞开怀抱欢迎中国加入国际大家庭，当时推进供给侧改革更易得到国际社会的支持，更易分享国际化或经济全球化的红利。但当中国经济总量成为世界第二且开始紧追美国后，中国面临的国际环境日趋复杂，针对中国的贸易保护主义等问题越来越严重。在这种新的国际环境中，我们推进供给侧改革就必须更多地依靠国内的力量。

三是人口、资源和环境约束不同。自 2012 年开始，15—64 岁之间的生产性人口占总人口的比重开始下降，"人口红利"消失，人口老龄化提前到来，"刘易斯拐点"也已于 2008 年前后到来。同时，在连续三十多年的经济高速增长后，资源日益短缺，环境污染压力加大，雾霾等问题成为不可承受之重。这些新的约束条件，使得供给侧改革不能再像过去三十多年那样主要依靠大规模要素投入来推动，而必须主要依靠提高全要素生产率来推动。

四是技术背景不同。尽管自 20 世纪 90 年代以来，信息化就一直在取得进展，但与当前这一轮以信息化、数据化、智能化、低碳化为内容的新技术革命相比，还是明显不在一个层次。可以说，新一轮全球科技革命和产业革命正在蓄势待发，与蒸汽机革命、电力革命相匹配的第三次全球科技革命正在到来。这为新阶段的供给侧改革提供了历史性机遇和有力支撑。

五是部分内容不同。过去三十多年的供给侧改革主要是解决经济增量问题。而新阶段的这次供给侧改革，除了要解决经济增量问题外，还要先解决累积多年的存量问题，特别是实体经济产能过剩、房地产高库存、基础设施超前超大超量建设、地方政府高债务、银行不良资产较多等存量问题。存量问题的解决容易引发风险，更具挑战性，这次的供给侧改革必须在化解存量问题中寻找新出路。

（五）推进供给侧改革的七大着力点

一是培育新主体。即形成和培育新主体、提高主体的素质和能力、激发主体的积极性和创造性等。具体措施包括提高企业的竞争力，增强企业的活力；培育创客和专业人才，激发其积极性和创造性；培育创新型区域，提高区域竞争力；提高科研院所、高等院校和各种社会中介组织的综合能力，激发其活力；建立一些国家创新平台或组织，提高其运行效率；建立服务型、创新型政府，提高政府管理和服务效率。

二是增加要素的有效供给。供给侧的要素投入不能只强调要素投入量的增加，还要强调要素的有效投入（指有需求、有回报的投入），否则会造成要素过度投入，引发资源浪费和产能过剩等。增加要素的有效供给包括增加劳动的有效供给、资本的有效供给、资源的有效供给、好环境的有效供给、企业家管理的有效供给、政府管理的有效供给等。

三是推进制度变革，提高全要素生产率。制度变革是经济发展"三大发动机"（制度变革、结构优化和要素升级）中的根源性发动机，是提高全要素生产率的最重要途径。推进制度变革包括十八届三中全会提到的各项改革，从供给侧来说，关键是要采取减管制、减垄断、减税收、减货币超发等行动。

四是推进结构优化，提高全要素生产率。结构优化可以促进资源的优化配置，提高资源配置效率，提高全要素生产率。推进结构优化包括推进新型工业化、推进新型城镇化、促进区域经济一体化、促进国际化等。

五是推进要素升级，提高全要素生产率。要素升级不同于要素投入，要素升级代表了生产要素"质的提高"，可以直接促进全要素生产率的提高。推进要素升级包括促进技术进步、提升人力资本、促进知识增长、推进信息化等。

六是调整存量。在当前形势下，如果不能将存量问题解决，则增量也难以培育起来，故要加快推进存量调整。调整存量包括"六去"，即"去产能"、"去库存"、"去超建"（指基础设施超前超大超量建设）、"去僵尸"、"去成本"（或降成本）、"去风险"（或控风险）等。

七是培育增量。培育增量主要是寻找新的动力，发展新的产业，开拓新的空间，形成新的模式。具体包括开发新技术、发展新产业、培育新业态、开发新区域、塑造新品牌、形成新模式等。

（六）推进供给侧改革应避免的六个误区

供给侧改革本是非常好的改革思路，但由于概念比较晦涩，各种脱离其本意的解读较多，也要谨防出现如下误区：

一是将供给侧改革理解为从未有过的新生事物。供给侧改革或供给侧结构性改革确实是一个新出现的词，但与此相关的供给政策或供给管理、相关理论和实践则早已有之。支持供给侧改革的理论可以追溯到经济学的源头。改革开放以来几乎所有的改革理论都是从供给侧考虑的，而不是从需求侧考虑的。推进供给侧改革的实践也并非始自今日，事实上20世纪80年代的家庭联产承包责任制改革、发展乡镇企业，90年代中期的经济体制总体改革，90年代后期的国有经济战略性改组，十八届三中全会的全面改革等，都是供给侧改革。只要稍微梳理一下历史就不难发现，推进供给侧改革并非标新立异，而是回归常识。

二是简单用西方供给学派的观点来理解中国的供给侧改革。西方供给学派的政策主张——"四减四促"（减税、减管制、减垄断、减货币发行，促私有化、促市场竞争、促企业家精神发挥、促技术创新），其中多数的确也是中国供给侧改革要考虑的重要内容。但由于中国体制具有特殊性，我们一定要认识到：一方面，其中有些政策主张在中国是不适用的；另一方面，中国的供给侧改革需要考虑和解决的问题比西方的要丰富得多。

三是以政府计划思维推进供给侧改革。供给侧改革本是为解决政府过度干预或过度宏观调控问题而提出的改革思路，但现实中很容易被人误解为通过政府计划或政府主导来确定供给结构，提供供给要素，增加产品供给，提高供给速度。这就有可能走到供给侧改革的反面，不仅达不到提高全要素生产率的效果，反而带来了与过度需求管理政策同样甚至更严重的问题。如政府主导选择产业、产品、项目和技术路线，就会带来适得其反的结果。

四是将供给侧与需求侧对立起来。从经济学基本原理看，供过于求会导致产能过剩，供不应求会导致市场短缺，而供求均衡是较理想的状态。但有的人将供给侧和需求侧对立起来，以为供给侧改革是对需求侧的否定。其实，供给侧与需求侧是一个硬币的两面，或一只手的手心和手背，缺一不可，而且二者要尽可能对称和平衡，经济才能健康可持续发展。过去多年来我们过于强调从需求侧进行政府宏观调控以实现经济高速增长，现在强调供给侧改革只是对其进行"纠偏"，而不是过于偏向供给侧而忽视了需求侧，从一个极端走向另一个极端。

五是将供给侧改革简单理解为增加商品或劳务供给。广义的供给侧力量不仅包括商品或劳务供给，而且包括供给主体培育、要素投入、全要素生产率提升、存量调整、增量形成等。若单纯强调增加商品或劳务供给，在产能过剩形势下，则只会带来进一步的产能过剩。若广义理解供给侧力量，则会通过改革等，主要依靠企业和市场的作用，有针对性地解决结构性问题：一方面淘汰落后产能，让市场出清；另一方面推进产业转型升级，培育新兴产业和新的经济增长点。

六是将供给侧的生产要素与效率提高决定因素简单平行放在一起。如有的学者将供给侧因素理解为人口或劳动力、资本、土地、创新、制度等。其实，这五种因素并非同一层面因素，劳动力、资本和土地是生产要素，创新和制度是影响全要素生产率的因素。而且，生产要素投入量的增加与生产要素质的提升是不同的，劳动力、资本、土地等要素不是通过提高生产率来实现经济增长，而是通过投入量的增加来实现经济增长，而技术进步、人力资本提升、知识增长等要素升级属于要素质的提升，是通过提高生产率来实现经济增长。除了要素升级外，制度变革、结构优化也是通过提高生产率来实现经济增长。区分不同性质的供给侧因素很重要，因为制度变革、结构优化、要素升级这"三大发动机"是更为重要的供给侧因素。其中，制度变革尤为重要，推进供给侧改革就是要抓住制度改革这个"牛鼻子"，同时通过结构优化和要素升级，来提高全要素生产率，促进经济健康可持续发展。

六、推进供给侧改革　政府应避免"父爱主义"

方晋[①]

　　诺贝尔经济学奖得主道格拉斯·诺斯将经济增长定义为人均收入的长期增长。经济增长来自于两个方面，一个是人均生产要素（土地、劳动、资本）的实际数量的增长，即要素投入的增加；另一个是一种或几种生产要素的效率的增长，如生产要素质量的改进（劳动力教育水平提高，资本运用新技术），不确定性和信息成本造成的市场缺陷的减少，或者由于组织的变革使市场的不完善得以消除。

　　诺斯认为，有效率的经济组织是经济增长的关键，西方的崛起正是因为那里出现了有效率的经济组织，在制度上做出安排和确立所有权以便造成刺激，将个人的经济努力变成私人收益率接近社会收益率的活动。如果一个社会没有经济增长，那是因为没有为经济创新提供刺激。中国在改革开放前经济增长是非常缓慢的，原因就在于计划经济体制是一种非常低效率的组织，资源严重错配，企业和个人完全没有动力。改革开放以后，市场经济体制逐步建立，企业和个人的积极性被调动起来，有限的资源可以流向更有效率、回报更高的地方，经济增长就出现了。因此，正确理解中国经济增长的根本来源非常重要，只有不断进行市场化改革，优化资源配置，提升生产要素效率，经济才会出现增长。中国目前增长的放缓，很大

---

　　① 本文作者为中国发展研究基金会副秘书长。

程度上也是因为改革在相当长的一段时期内停滞了。十八届三中全会重启了改革进程，随着一系列改革措施的落实，中国经济增长速度还会再上去。

因此，经济增长从来都是来自于供给侧的，而且经济增长是一个长期现象，也是一个长期问题。而需求侧管理是一个短期概念，是伴随着宏观经济学理论出现而产生的。当20世纪30年代的大萧条造成巨大的供给过剩时，凯恩斯提出，政府通过扩张性财政政策刺激消费和投资需求，可以提升就业和增长。不过凯恩斯强调，他只考虑短期问题，因为"在长期，我们都死了"（In the long run, we are all dead）。在经过了罗斯福新政和二战的检验之后，凯恩斯主义关于政府通过实施扩张性财政政策扩大总需求以实现充分就业的政策主张及其必要性和有效性成为经济学家和政策制定者的共识。再加上20世纪50—60年代全球经济迎来了增长的黄金时期，西方的政府和学者志得意满，认为已经掌握了经济增长的诀窍。连凯恩斯主义的坚定的反对者、货币主义大师米尔顿·弗里德曼那时候也不得不说："我们现在都是凯恩斯主义者（We are all Keynesians now）。"

与宏观经济学同步出现的，是对国民经济活动的统计，特别是国内生产总值（GDP）概念的发明。GDP有三种度量方法，生产法、收入法和支出法。其中支出法是按照总需求的概念来定义的，包括消费、投资、净出口三个部分，也就是所谓的"三驾马车"。由于从统计上来说支出法比收入法更可靠，人们主要将其作为经济增长的度量指标。问题在于，我们往往用指标代替了目标。英文有句谚语：我们度量什么，我们就成为什么（we become what we measure）。人们把总需求管理这一短期手段当作推动长期经济增长的工具，造成了唯GDP论，短期内可能实现了GDP的高增长，但长期内则损害了经济增长。

尽管如此，政府天然都喜欢需求侧管理，因为需求侧管理主要是靠政府直接干预，特别是通过刺激投资需求实现的，有立竿见影的效果。即使同样是使用扩张性财政政策刺激总需求，政府也更倾向于用增加开支的政策，而不是减税。这是因为，增加的开支百分之百可以花掉，而减税给居民带来的部分收入会被储蓄起来，削弱了乘数效应。而且，开支政策掌握在政府官员手中，他们可以决定怎么用，给谁用，但减税会将消费和投资决策交给个人和企业。相比之下，供给侧的改变是长期的，制度变迁是有成本的，改革的受损者会反对，政府不一定能够从中得利。即使改革成功，效果往往也很难跟政府政绩挂钩。

西方国家长期搞需求侧管理的结果就是造成了 20 世纪 70 年代的"滞涨"，失业率和通货膨胀率同时上升，靠需求侧管理已无法解决，供给经济学的理论才大行其道。其中"胀"是通过紧缩货币解决的，而"滞"是通过减税、放松管制、减少政府干预等手段来扩大总供给解决的。在中国，当时的计划经济是典型的"短缺经济"，因此改革开放就是要解决供给侧的问题。而进入新世纪以后相当长一段时期内，我们放慢了改革步伐，转而频繁使用总需求管理来维持增长速度，带来了一系列不利的后果。现在中国提出供给侧改革，是非常及时和必要的，这是对过去一段时期内过度使用需求侧管理政策手段的反思，也是对改革精神的回归。有意思的是，今天中国的情况某种程度上可以说是"滞缩"，而不是滞胀，那么供给经济学的药方还管用吗？

中央提出供给侧改革，而不是简单地采用供给经济学提出的扩大总供给这一药方，是有大智慧的，是充分地了解和分析了中国特有的问题之后提出的政策主张。中国特有的问题是什么？是产能过剩和有效供给不足同时存在：有些行业产能严重过剩，甚至拖累整个经济进入通缩状态；有些行业有效供给不足，满足不了市场需求，逼得中国消费者满世界去购物。在一个市场机制比较完善的经济体内，局部的产能过剩或是不足完全可以通过市场调节来解决。如果因为短期冲击造成比较严重的全面不足或过剩，可以用总需求管理手段来平滑。但中国是一个市场机制还不完善的国家，政府对经济的干预和管制还非常多。在相当一部分行业，许多企业不是完全的市场经济主体，不按照市场经济原则来运作，盲目追求数量和规模的扩张，而不是追求利润和效益的增长。在经济总体向好的环境下，这些企业大肆扩张而且得到了政府的支持，一旦经济向下就陷入了困境，但政府又不允许这些企业倒闭，即使亏本也继续生产，导致产能过剩且无法化解。还有很多行业，政府设立了严格的准入门槛，或是各种规章制度，提升了企业的开办和经营成本，即使需求很旺盛，但有效供给却不足。在这种情况下，一味刺激总需求对这两种情况都没有用。因此中央才提出供给侧改革，对过剩部门要压缩供给，对不足部门要扩大供给。

解决产能过剩，需要标本兼治、长短结合。一是要加快推进国有企业改革，让企业成为自主决策、自负盈亏，对价格、成本、供需状况敏感的市场主体，经营不善的该倒闭的就倒闭，对于向产能过剩行业和僵尸企业不计代价输血的国有金融机构同样如此。二是明确划分政府和市场的界限，政府不再干预产业发展等微观层面的决策，企业投资也不需要经过政府审批。这些举措是治本的，需要较长时间才能有明显效果。既然产能过剩绝大部分是政府行政审批批出来的，要想短期内化解产能过剩也要靠行政手段。就像 1998 年那样，国企改革、金融改革与"压锭"同步进行。僵尸企业和过剩产能带来的 GDP 不是真实的经济增长，维系其存在得不偿失。而由此造成的失业问题应一分为二对待。首先，大部分过剩产能行业属于资本密集型，职工数量相对有限。其次，大部分国企都建立了现代企业制度，职工是以市场化的原则聘用的，经营不善导致失业很正常，许多处于过剩产能行业的大型民营企业也都关门倒闭了。第三，对失业职工的权益应严格按照法律规定予以保障。考虑到过剩产能的出现很大程度上是政府干预造成的，如果压缩过剩产能导致大面积失业，政府应出台特殊政策予以兜底。

另一方面，通过改革土地制度、户籍制度、计划生育制度、教育体制、科技体制、金融体制、社会保障体系等，通过减税、简政放权、降低企业负担、扫清一切不利于创业、就业、创新的制度性障碍，可以有效扩大土地、劳动、资本、技术、创新等生产要素的供给并提升其使用效率，使企业和个人的聪明才智和创造力得以充分发挥，供给侧的问题自然就解决了。

至于生产什么，怎样生产，应由市场决定，政府切忌越俎代庖。任何国家参与国际竞争都需要遵循比较优势，我们不可能生产所有的产品，进口我们不具备比较优势的产品和服务并不意味着我们的供给有问题（当然比较优势是会不断发生变化的）。再者，在不同的发展阶段转换的过程中，一个经济体的主导产业和消费结构都会发生巨大变化，供需结构出现暂时的错配是有可能的。中国经济无疑处于发展阶段的转变之中，当这种阶段的转变稳定之后，这种错配会通过市场的力量得以消除。

因此，基于中国这样一个市场化改革尚未完成、市场经济体系尚不完善的经济体而言，用供给侧改革，而不是照搬西方供给经济学的概念和主张是非常正确的。但是，一定不要把供给侧改革变成供给侧管理甚至供给侧计划，让一群坐在办公桌后面的官员替中国 13 亿老百姓以及数千万家企业和个体工商户决定我们应该生产什么、生产多少、用什么样的技术生产、谁有资格来生产。我们的政府有时候真的是为企业和老百姓操碎了心，这是计划体制之下长期形成的"父爱主义"的体现。借用微信流行的一句话就是："有一种冷叫作你妈觉得你冷。"据说 20 世纪 80 年代的时候，国务院曾经开会讨论月饼的生产和供应问题，生怕老百姓中秋节吃不上月饼。这是一个供给方面的问题，而这个问题现在早已解决。谁解决的呢？市场解决的。如果今天国务院还要为月饼生产开会，那也就别干别的了。

政府需要做的就是扫清一切障碍，建立好的有利于提升经济效率的制度，做好基本公共服务，在遇到严重的经济波动的时候采用总需求管理政策应对，然后把一些微观层面的决定留给企业和消费者自己。现在的问题是，我们的政府一看到国外有新的技术，新的商业模式或消费模式，就着急，就要求我们的部门制定规划，财政拿钱，投到相关领域去，造成盲目的投资，形成新的产能过剩，不但达不到预期的效果，而且这也不是供给侧改革。如果该行业发展条件不成熟，无利可图，政府再鼓励也没用。如果条件成熟且有利可图，企业自己就会进入，无需政府鼓励；如果企业无法进入，这很可能是因为存在体制机制障碍，政府要做的是消除障碍即可。

七、六新供给支持中国经济升级

邵宇①

无论是决策者还是学界，对于中国经济进入新常态的判断，大体上在两点比较一致：第一，GDP从高速增长向中高速增长转变。第二，是经济发展方式从依靠投资驱动的粗放增长转向依靠创新驱动的集约增长转变。第二点，即为最近很热的"供给侧"改革。

供给的核心是一个生产函数，生产函数决定生产可能性边界，以前中国的高速增长主要是靠要素投入，特别是廉价要素投入，包括劳动力、土地、资本、自然资源等。中国正在准备从密集要素投入过渡为要素效率的提升，然后再到创新驱动的新发展模式，然而中国人工、能源、信贷和房地产成本上涨、过度投资、产能过剩、国企效率不高等因素均对生产率提升构成挑战。怎么样实现产业和产能的升级呢？这大概会沿着六个方向，也就是所谓的"六新"供给进展。

（一）新技术和新产品

这两个"新"更多代表的是原创，突破性科技或者说技术革命的出现，某种意义上说是小概率事件，有很高的不确定性。因此需要加强基础研究，

---

① 作者为东方证券首席经济学家兼总裁助理，陆家嘴沙龙理事会秘书长。

强化原始创新、集成创新和引进消化吸收再创新。通过实施一批国家重大科技项目，在重大创新领域组建一批国家实验室，来集中支持事关发展全局的基础研究和共性关键技术研究，在此基础上强化企业创新主体地位和主导作用，形成一批有国际竞争力的创新型领军企业。最终依托企业、高校、科研院所建设一批国家技术创新中心，形成若干具有强大带动力的创新型城市和区域创新中心。

市场经济的发展过程同时也是相对于劳动来说的资本深化不断加快的过程。如果没有新发明和技术革新，则由于资本的不断深化与积累，就会导致收益的递减。在收益率递减的规律作用下，人们的生产积极性就会削弱，私人和企业就不愿再继续增加投资。相反还会削减投资，从而经济就呈现出逐步衰退的趋势。人类几千年的文明史，正是靠几次大的技术革命推动着人类社会向一个又一个新台阶迈进。技术发明提高了资本生产率，否定了利润率下降的规律。在收益递减和技术进步之间展开的竞赛中，技术以数步之遥取得胜利，换句话说，至今为止，历史就是这样前进的。技术创新对经济增长的影响是通过加速效应实现的。根据加速原理，由于技术创新提高了资本—产量比，从而加速度也增加，对经济增长所起的加速效应就会加大。

从生产能力和产业组织方式来看，目前很多传统产业的供给能力大大超出了需求，部分产业已经达到甚至超出资源承载能力，旧模式下的支柱产业房地产的库存压力很大，企业杠杆率偏高也使得投资加杠杆的模式难以为继。而这种产能过剩进而带来增长减速和结构调整同步发生，形成负向循环，进一步加剧了产能过剩。因此，产业结构必须优化升级，企业兼并重组、生产相对集中不可避免，新兴产业、服务业、小微企业作用更加凸显，生产小型化、智能化、专业化将成为产业组织新特征。

（二）新模式，新组织，新业态

这块主要就是围绕着现在最热门的"互联网＋"领域展开，互联网影响传统行业的特点有三点：1、打破信息的不对称性格局，竭尽所能透明一切信息。2、对产生的大数据进行整合利用，使得资源利用最大化。3、互联网的群蜂意志拥有自我调节机制。互联网的出现为人们的生活带来了很多的便利。而随着信息技术的不断变革，互联网也催生出了很多的新兴行业，这些行业不仅为投资者和创业者带来了很多新的机遇，同时也为传统行业带来了不小的冲击与挑战。以众所周知的零售业为例，互联网的出现，使消费者在购买商品的时候可以更加便捷，也能拥有更多的选择。但电商企业在成本、资源等方面的优势，对于传统零售商们造成了不小的打击。一些传统零售企业，也在渐渐地建立自有的电商平台。再比如，传统的制造业都是封闭式生产，由生产商决定生产何种商品。生产者与消费者的角色是割裂的。但是在未来，互联网会瓦解这种状态，未来将会由顾客全程参与到生产环节当中，由用户共同决策来制造他们想要的产品。也就是说，未来时代消费者与生产者的界限会模糊起来，而同时传统的经济理论面临崩溃。这也是注定要诞生的 C2B 全新模式。同时，对于创业者来说，渐渐饱和的传统市场、低廉的创业成本等因素，也令他们将眼光投向了很多新兴的行业。互联网金融、智能电视、OTT……这些时下最流行，也是最新兴的行业，正在对传统行业进行"冲击"。互联网最有价值之处不在自己生产很多新东西，而是对已有行业的潜力再次挖掘，用互联网的思维去重新提升传统行业。

（三）新制度

新制度代表了全面深化改革，十三五期间将按照完善和发展中国特色社会主义制度、推进国家治理体系和治理能力现代化的总目标，健全使市场在资源配置中起决定性作用和更好发挥政府作用的制度体系，以经济体制改革为重点，加快完善各方面体制机制，破除一切不利于科学发展的体制机制障碍，为发展提供持续动力。其中新一轮经济改革的主体框架是：

行政体制改革。行政体制改革是其他改革展开的基础，通过建立有法律效力的"权力清单"、"负面清单"、"责任清单"来确定政府和市场的合理边界，消除不作为和乱作为，为市场伸展打开足够的空间；新一届政府将职能转变作为深化行政体制改革的核心，将深化行政审批制度改革作为转变政府职能的突破口，将激发经济与社会活力作为深化行政审批制度改革的最终落脚点。取消下放行政审批事项，既是起点，又是重点。从这一点入手，可谓切中时弊、有的放矢。进一步简政放权，深化行政审批制度改革，最大限度减少中央政府对微观事务的管理，市场机制能有效调节的经济活动，一律取消审批，对保留的行政审批事项要规范管理、提高效率；直接面向基层、量大面广、由地方管理更方便有效的经济社会事项，一律下放地方和基层管理。转变政府职能必须深化机构改革。优化政府机构设置、职能配置、工作流程，完善决策权、执行权、监督权既相互制约又相互协调的行政运行机制。严格绩效管理，突出责任落实，确保权责一致。

财税、金融和要素价格改革是最小一揽子改革的核心。价格改革的核心是减少政府对价格形成的干预，全面放开竞争性领域商品和服务价格，放开电力、石油、天然气、交通运输、电信等领域竞争性环节价格。从而打破地域分割和行业垄断，加快形成统一开放、竞争有序的市场体系。

财税体制改革将建立全面规范、公开透明的预算制度，让政府财力运行于阳光之下；同时匹配合理的事权和支出，既适度加强中央事权和支出责任，也能调动地方的积极性来扬弃和升级传统的 GDP 锦标赛。财政是国家治理的基础和重要支柱，这意味着一个现代化的公共财政法案有望出现。财政的基础地位和支柱作用体现在对其他重大改革领域的辐射性，本轮财税体制改革着重于以下三个主要方面：一是改革预算管理制度，硬化预算约束。建立权责发生制的政府综合财务报告制度，建立规范合理的中央和地方政府债务管理及风险预警机制；二是适度加强中央事权和支出责任，明确政府间职责分工；三是完善税制，规范非税收收入，进一步理顺政府间收入划分，改进转移支付制度。

金融体制是社会主义市场经济体制的重要组成部分。金融改革行至今日，已摸索涉入"深水区"，可谓拔寨前进，步步为营。《关于 2015 年深化经济体制改革重点工作的意见》中，对推进金融改革再度进行全方面部署，健全金融服务实体经济的体制机制。《意见》指出，围绕服务实体经济推进金融体制改革，进一步扩大金融业对内对外开放，健全多层次资本市场，促进资源优化配置，推动解决融资难、融资贵问题。从《意见》行文中也可以看出，近期金融改革的四个重点已经圈定：一是制定完善金融市场体系实施方案；二是包括利率市场化改革、资本项目可兑换在内的金融对内对外开放取得新突破；三是多层次资本市场体系进一步完善；四是保险市场保障作用得到充分发挥。

金融体制改革的终极目的要提高服务实体经济效率。通过商业性金融、开发性金融、政策性金融、合作性金融分工合理、相互补充的机构门类来优化现有的主银行金融体系；同时积极培育公开透明、健康发展的资本市场，推进股票和债券发行交易制度改革，提高直接融资比重，为创新创业提供充分的支持。

广义的生产要素包括劳动力、资本、土地、资源环境等。我国要素价格存在不同程度的制度性和政策性扭曲，其结果必然是引发各种非效率的资源配置，生产过程的高资源消耗强度以及相应而来的浪费和污染，造成经济结构、产业结构与分配结构扭曲，成为经济持续健康发展的障碍。我国资源性产品价格改革目标是"建立健全能够灵活反映市场供求关系、资源稀缺程度和环境损害成本的资源性产品价格形成机制"。

土地和户籍改革是进一步释放关键生产要素动力和活力的关键。户籍制度改革应该促进有能力在城镇稳定就业和生活的农业转移人口举家进城落户，并与城镇居民有同等权利和义务。通过实施居住证制度，努力实现基本公共服务常住人口全覆盖。这将确保中国的人口结构和质量红利有效释放。土地改革则应当一方面稳固农村土地承包关系，完善土地所有权、承包权、经营权分置办法，推进土地经营权有序流转，另外一方面维护进城落户农民土地承包权、宅基地使用权、集体收益分配权，支持引导其依法自愿有偿转让上述权益。再配合财政转移支付同农业转移人口市民化挂钩机制，城镇建设用地增加规模同吸纳农业转移人口落户数量挂钩机制来有效进行城乡一体化建设和资源有效利用。让土地成为资本市场上可交易的生产要素，是此轮土地改革的大方向。因此本次土改的核心应该是释放农村土地的资本属性和流转属性，给广大农民带来财富增值是最终目的，有利于根本改变城乡收入差距不断扩大趋势，而且将成为中国经济长期稳定发展的新增长点。

户籍制度的改革是破除城乡二元结构和城乡经济统筹发展的结果。从我们对户籍改革对经济影响的测算结果看，户籍制度改革可以明显缓解劳动力紧张问题，改革将从非农劳动倾向、平均工作时间，以及工作效率提升几个方面拉长人口红利。首先户籍制度的改革将影响农村劳动力的非农劳动倾向。根据我们对整体就业倾向的分析看，户籍改革能够提升未来整体非农劳动就业倾向，在一定程度上缓冲劳动力储备下降带来的负面影响。假设劳动参与率不变的话，我们预测在 2020 年，农民工总数将达到 3.05 亿。其次，户籍制度改革有助于从工作时间长度弥补劳动力不足的问题，从每年的工作时间长度来看，统计局统计的数据是农民工平均工作时间为 9.8 个月，在城市定居的农民工每年在城市工作的时间将会延长至 12 个月，从平均在城市的打工年数上看，平均为 8-9 年，而一旦解决户籍和社保瓶颈，则有非常大的提升空间。

2014-2020 年户籍改革红利对 GDP 增速的拉动作用在平均每年 1% 左右，户籍改革红利对 GDP 总体的贡献率将达到 5%。过去中国的城镇化主要体现在投资的迅猛增长，但我们认为，未来的城镇化将更多地体现在消费和服务的增加上——即城市发展水平的提升、公共服务的均等化、社会发展的再平衡。未来五年中农民工市民化可能是库兹涅茨效应的最后释放窗口。

全面放开二胎提供新的人口红利。当前全社会的抚养比达到 36.2% 且有进一步上升趋势。根据联合国的预测数据，2050 年中国抚养比将达到 63%。其中，老年抚养比将从当前 13% 提高至 2050 年的 39%。人口红利的消失不仅意味着劳动力资源的比较优势丧失，更预示中国社会未来养老的负担将加大，而劳动年龄人口减少是抑制需求的重要因素，人口结构的变动将对我国经济产生深远影响。放开"全面二孩"后，未来每年平均新增的小孩规模预计将在 200 万左右，每年将带来新增的消费将超过 700 亿。此外，随着新生人口的增加，三房换四房，五座换七座，教育、医疗、住房等领域的需求势必将会增加。新一波的人口红利也将随之会到来。

国企改革则事关公平市场环境建立，进而决定全社会资源市场化配置的最终实现。预期十三五期间将分类推进国有企业改革，以管资本为主加强国有资产监管，健全国有资本合理流动机制，推进国有资本布局战略性调整，同时鼓励民营企业依法进入更多领域，引入非国有资本参与国有企业改革，更好激发非公有制经济活力和创造力，提升中国资本的总体产出效率。

国有企业的传统监管与经营模式已越来越无法适应中国经济的发展速度。国企的问题是历史性的，也是政策性的。虽然相比二十年前国企效率和经营思路已进步巨大，但现在的经济环境也与以往有着大大的不同。随着其他所有制企业，尤其是民营企业的快速发展和市场化程度的不断加强，国企的衰退速度只会越来越快，这就是以优胜劣汰适者生存为基础的市场经济规律。然而，中国的社会主义体制决定了政府不可能放弃国有企业的主导地位；不管是国有资产的产权改革还是国有资产的市场化经营改革，完全退出和大规模私有化都不太可能成为主旋律，新一轮国企改革正是在如此背景下展开的。

本轮国资改革重点是推进资本化管理，强化国有资本的保值增值以及国资的战略掌控力、社会公益保障性等，推进混合所有制发展。国企改革重点是推进市场化，激发竞争活力，产权多元化，完善公司治理水平，推行职业经理人制度等。自 2015 年下半年，国企改革进入政策密集发布期，特别是 9 月以来，包括顶层设计在内的五大重磅政策相继下发，央企动作频频，新一轮国企改革大幕蓄势待发。目前，国企改革已由设计图走向施工图，年底乃至 2016 年上半年 N 个配套意见将陆续出台，随着国企改革的不断深化，资本市场也将迎来新一轮的红利。

从世界经济改革发展规律看，在多领域改革同时推进之际，难免出现所谓改革效果期限错配问题。就是说，旧有增长点受到抑制的同时，新的增长点没有及时形成，导致"青黄不接"现象。这说明改革不是无痛的。改革与增长不是简单的正相关。改革会牺牲短期增长，调整增长模式，造成不同行业冷热不均、分野加剧，导致相关经济指标放缓。这不是坏事，反而说明调结构有决心，有实效。总体而言，改革是发展的强大动力，上述这些改革都会使得结合生产要素，例如劳动力、土地和资本的成本有明显的下降，这不仅使得的生产函数中的有效要素供给总量和质量都会上升，全要素生产率也会因此变得更高，从而整个经济的结构和内涵也会变得更具弹性和可持续性。

八、中国经济下行的基础判断与复苏战略

黄志凌 [1]

2012 年以来，投资需求、消费需求与净出口需求的增速持续下滑，其疲弱态势不断拖累经济下行。然而，深入观察分析以后我们发现，需求疲弱现象的背后，掩盖着供需结构不匹配的深层次矛盾。2012 年以来，我国需求结构与档次已经发生了重大变化，基本上接近于发达国家水平，但供给结构和供给方式调整升级缓慢，不能适应迅速变化的需求升级，出现了供给制约需求实现的特殊矛盾。面对"结构性减速"，简单地增加货币供给、刺激总量需求并不能解决经济中长期稳定增长问题。因此，适应经济发展变化和需求升级要求，全面启动装备制造业技术改造，实施主动的供给结构调整，推进供给方式的商业革命，提升供给能力，有效满足现实需求并激活潜在需求，从供给端发力解决经济发展问题，将成为未来政策调控的着力点。

（一）理论分析与实际数据显示：需求总量约束并不成立

宏观经济上，总需求由消费需求、资本形成需求、净出口三大部分构成，资本形成需求一般也称为投资需求。从三大需求要素支撑及货币扩张

---

① 本文作者为中国建设银行首席经济学家，中国首席经济学家论坛理事。

支付能力来看，我国并不存在需求约束这一命题。

1. 居民消费水平和消费能力不断提升，提高生活质量的愿望迫切，消费需求旺盛

我国人口数量超过 13.5 亿，人均 GDP 于 2008 年越过 3000 美元后，2014 年突破 7500 美元，增长居全球前列。随着国民收入分配向居民倾斜，近年来，居民收入增长快于 GDP 增长，居民收入结构也发生巨大变化。2004 年城镇最高收入户（10%）的人均收入为 27506 元，是最低收入户（10%，3084 元）的 8.9 倍，2014 年降到 7 倍以下。中低收入群体的收入增速高于高收入群体，农村居民收入增速快于城镇居民，基尼系数从高峰时期的近 0.5 下降到目前的不到 0.47，居民边际消费倾向扩大。社会保障水平不断提高，2010 年人均社会保障支出 1781 元，2014 年增长到 2411 元，社会保障水平比 2010 年提高 0.12 个百分点。随着住房、医疗和养老的不确定性降低，居民储蓄倾向逐渐降低，消费需求倾向在增加。

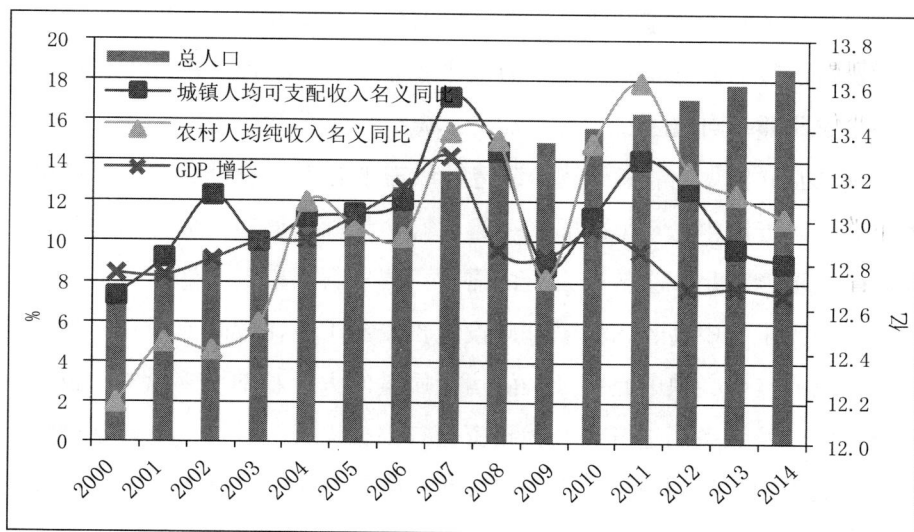

图 1　我国人口、人均收入及 GDP 增速

数据来源：国家统计局。

财富积累预期效应也对消费支出产生重要支撑。2010 年以来，股市市值、房产价格和理财余额都出现一定程度攀升，居民财富积累速度较快，尤其是城镇中高收入群体通过理财积累了较大的财富余额。截至 2014 年末，全国银行理财资金余额已超过 15 万亿元，在过去的 10 年以平均每年 40% 以上的速度增长；2012 年末，沪深股市总市值还在 23 万亿元左右，而到 2015 年上半年末超过 62 万亿元。

随着收入和财富以及财富增长预期效应的增加，居民提高生活质量的愿望迫切，例如住房（扩大居住面积和提高品质的改善性住房、第二套住房等）、汽车（人均拥有量增长速度、轿车置换速度、家庭第二辆车等）、智能家电、绿色有机食品、基础教育与职业培训、旅游、医疗、养老等，消费升级换代的需求较大。因此，无论是从消费水平和消费能力，还是从消费欲望角度，我国都不存在消费需求约束。

2. 投资需求空间广阔，潜力巨大

随着经济发展转型升级，企业升级改造的必要性和欲望都很高，潜在的投资需求较大，尤其是一千多万家中小企业，投融资需求并没有得到满足；东中西部不同地区发展水平差异、城乡基础设施仍严重不足、工业 4.0 战略和"互联网 +"带来的技术改造升级需求等因素使投资需求总量也较大；政府改善民生、环境的需求还远没有达到社会期望，提供的公共产品和服务还不能满足社会快速发展的需要；国外新兴市场经济发展带来的投资和商品需求、中高收入国家基础设施投资需求也比较旺盛，我国投资需求不是没有空间，缺的是提升经济运行质量的大量基础设施投资、技术改造类投资以及装备制造升级换代投资等。根据麦肯锡预计，全球基础设施投资在未来 18 年间要达到 57 万亿美元，中国仍将是全球最大的基础设施投资国。可见，投资需求也不构成约束。

3. 全球经济及贸易增长对我国出口需求未形成根本上的约束

从全球经济增长来看，虽然发展前景仍存在不确定性，但 2012 年以来企稳态势不断确立，2012 年至 2014 年经济增长稳定在 3.4% 左右，总体上呈现缓慢复苏上行之势。全球贸易逐步恢复，2007 年，全球商品和服务贸易进出口总额为 34.7 万亿美元，2009 年跌到 31.8 万亿美元，2011 年以来明显复苏，2014 年增长到 47.5 万亿美元以上。未来 10 年左右的时间我国同"一带一路"沿线国家的年贸易额将突破 2.5 万亿美元，对出口需求更是形成有力支撑。

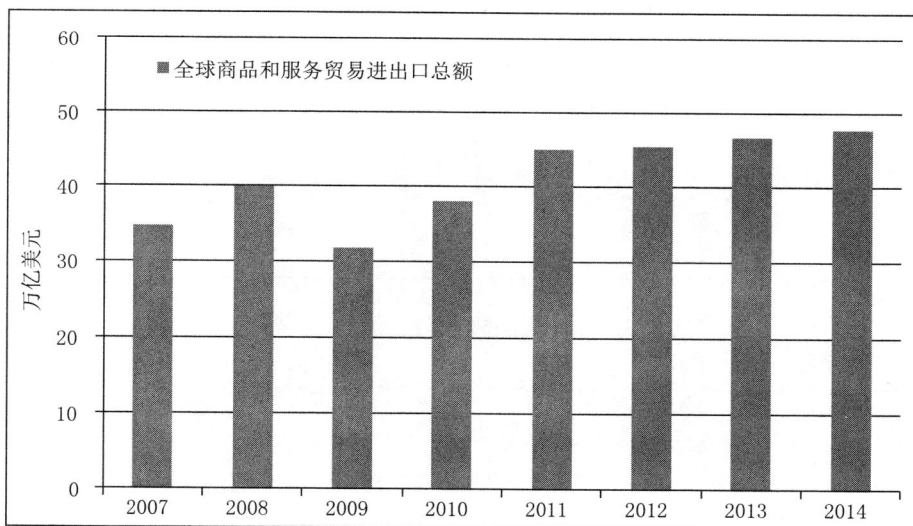

图2　全球商品和服务贸易增长状况

数据来源：WTO。

4. 以货币表现的支付能力扩张，不构成制约总需求的"天花板"效应

近年来，我国货币供应基本上保持了平稳增长，2012 年至 2015 年上半年末，M2 同比增速只回落 2 个百分点，低于同期投资、消费、进出口增速回落。2015 年 6 月末，M2 达到 133.34 万亿元，货币供应量扩张幅度远超同期 GDP 增幅。与此同时，作为现实货币支付的替代品，票据总额居高不下，在一定程度上构成了超额货币供应。2014 年企业累计签发商业汇票 22.1 万

亿元，同比增长 8.9%，商业汇票未到期金额 9.9 万亿元，同比增长 9.3%，金融机构票据融资余额达 2.9 万亿元，同比增长 48.9%。考虑到中国高达 92 万多亿元的"不活跃货币"（以企业定期存款和居民储蓄为主），相当一部分处于睡眠待唤醒状态，转化为现实消费需求的弹性较大，以货币表现的支付能力扩张，并未形成制约总需求的"天花板"效应。

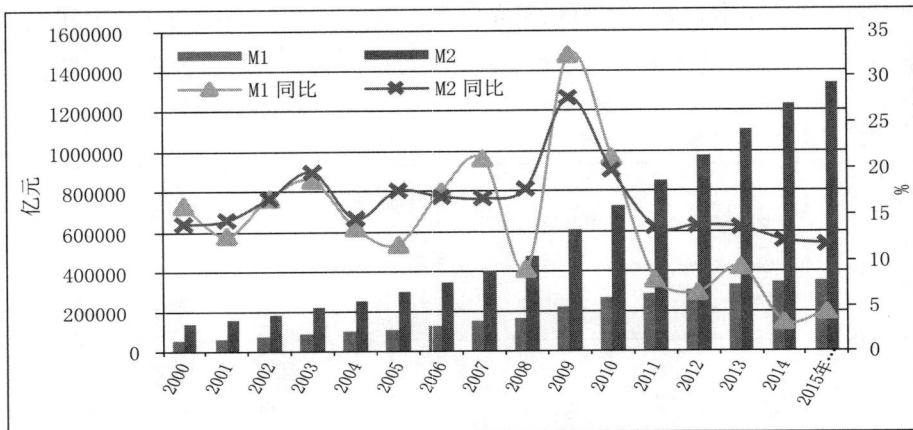

图3　货币供应增长状况

数据来源：中国人民银行。

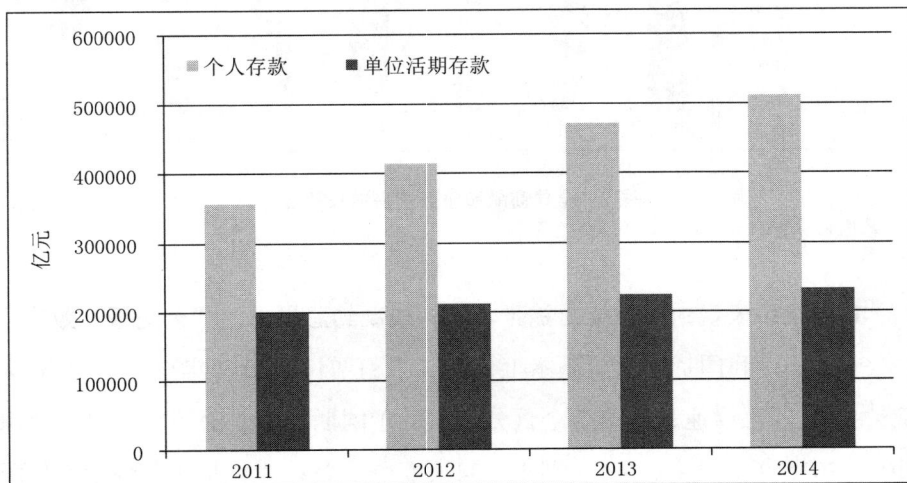

图4　单位活期存款和个人存款变化状况

数据来源：中国人民银行。

由于现实经济生活存在着广义货币过多和实际需求疲弱的矛盾，宏观经济政策往往陷入两难选择困境，宽松的货币无法通过刺激需求曲线向右移动进而带动产出水平上升。

（二）三大需求数据疲弱都有供给抑制的影子，背后的根源都是供需结构性矛盾

三大需求数据"疲弱"与巨大潜在需求得不到实现的背后，存在着大量供给方面的因素，产能过剩、市场交易数据下滑只是表象，供需结构不匹配，供给结构和供给方式不适应需求的快速升级，成为制约经济长期发展的关键性问题。

1. 供给结构升级缓慢、创新能力不足等问题抑制居民现实消费需求

联合国根据恩格尔系数的大小，对世界各国的生活水平有一个划分标准，即一个国家平均家庭恩格尔系数大于 60% 为贫穷；50%—60% 为温饱；40%—50% 为小康；30%—40% 属于相对富裕；20%—30% 为富足；20% 以下为极其富裕。我国居民家庭恩格尔系数已降至 30%—40% 之间。国际经验也表明，当人均 GDP 超过 3000 美元后，人们的消费开始由"小康型"向"享受型"转变，超过 6000 美元后，将由"享受型"向"休闲型"转变。当前我国已跃升到由"享受型"向"休闲型"转变阶段，居民消费需求结构与档次已基本接近发达国家水平。年均收入 10 万元以上的富裕家庭快速增长，资产 1000 万元的富人阶层不断涌现。

从供给角度来看，我国已经是制造业大国，产品供应总量上处于过剩状态，但由于产业结构调整迟缓，创新能力欠缺，存在着大量的低水平过剩产能，难以满足居民消费结构升级的内在要求，许多现实消费所需求的产品和服务无法获得，或者由于品质安全等原因而不敢消费，导致现实消费需求被严重抑制。

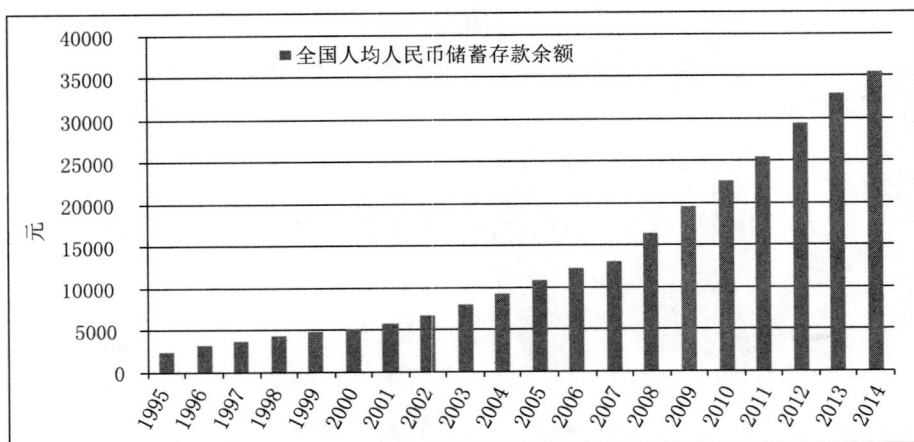

图5　我国人均人民币储蓄存款余额

数据来源：国家统计局、中国人民银行。

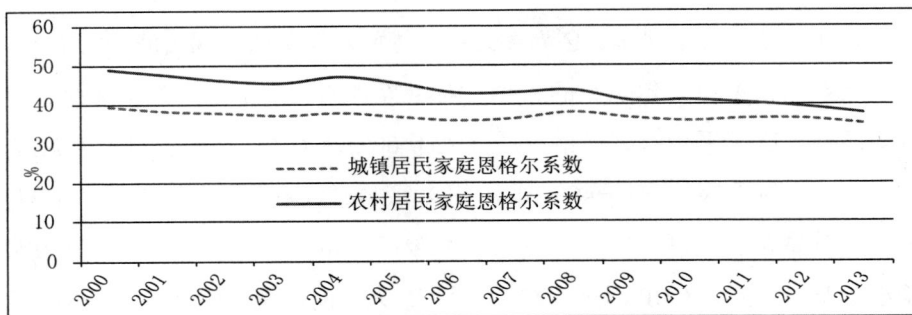

图6　我国城乡居民家庭恩格尔系数变化

数据来源：国家统计局。

　　有效供给能力不足的结果是，本来旺盛的现实消费，要么"储币待购"，要么通过境外购买来满足，产生"需求外溢"。比如，近年来在农业科技进步引领下我国粮棉油糖、肉蛋奶、果蔬茶、水产品等主要农产品产量连年快速增长，但农产品品种、品质结构与居民消费快速升级不相适应矛盾却日益凸显，农产品生产供给结构与消费需求结构之间存在较大差距。

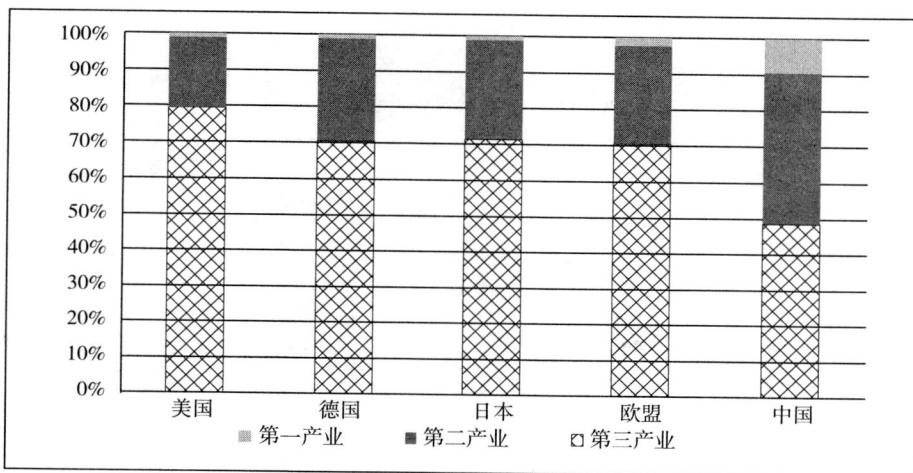

图7　2014年全球主要经济体三次产业结构占比
数据来源：Wind。

　　再以牛奶行业为例，一方面是国内生产过剩，但品质不高，安全问题频发，严重抑制现实消费需求，如三鹿奶粉事件之后，乳品行业出现严重信任危机，奶类制品大量积压；另一方面是高品质的国外奶制品进口量节节攀升，澳大利亚、新西兰、欧洲等地奶粉受中国购买需求影响供不应求，德国甚至限制中国人购买奶粉。2008年至2014年，我国进口奶粉数量年均增长45%，2008年进口奶粉只有9.8万吨，2014年增长至90万吨。目前，国内市场从日常消费品到其他投资品以及医疗教育等均存在与牛奶行业类似的问题，如引发国人购买狂潮的日本马桶盖；大量进口的钢铁制品；大量境外求学、就医等。根据有关统计，2014年，我国在境外包括购物、交通、旅游等消费在5000亿美元左右，占到整个社会消费总额的10%以上。

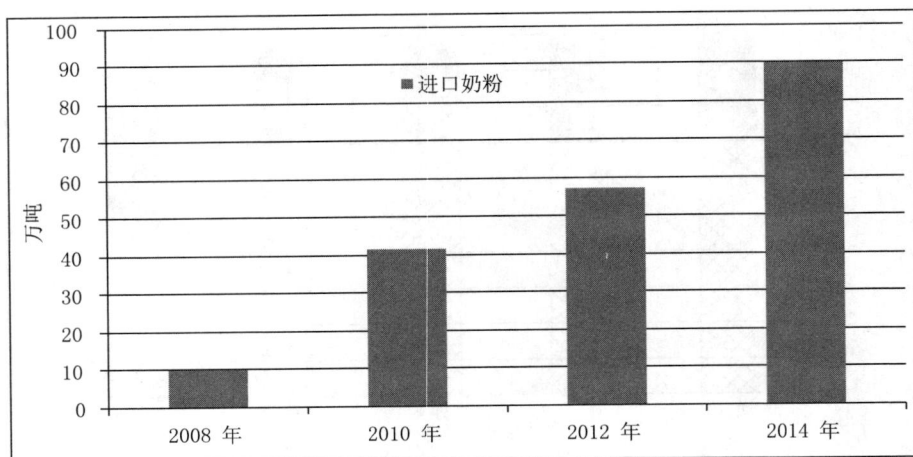

图8　近年来我国奶粉进口状况

数据来源：海关总署。

2. 供给方式有待进一步改善优化、供需信息不对称导致潜在消费需求难以转换为有效需求

近年来，我国供给方式有了很大改善，电子商务、便民服务快速发展，但仍以传统商业模式主导，在广大的农村地区尤其如此。传统商业模式不仅存在流通环节多、效率低、成本高等经济学困惑，而且完全依靠实体网点的零售模式存在经营时间与空间限制，即使是最大购物中心陈列商品也是有限的，消费者无法及时得到全部商品信息、无法比较同一类商品的质量、功能与价格，商家找不到顾客，消费者不知道在哪里能买到心仪的商品，大量的潜在消费需求无法转变为现实消费需求。市场供给方式跟不上需求升级，供需信息不对称，导致了大量的潜在消费需求处于睡眠状态。

3. 公共产品与服务供给不足也制约了消费需求增长

国际一般经验，人均 GDP 在 3000—10000 美元阶段，政府提供公共产品与服务支出占支出比重会显著上升，促进居民消费逐步从耐用品向服务消费升级，拉动消费快速增长。近年来通过持续加大投入，我国政府公共服务支出有所改善，但公共产品和服务供给总体水平仍然偏低，不仅抑制了公共消费需求，也抑制了居民相关消费需求。

实际上，在我国总供给结构中，政府提供的各类公共产品和服务一直处于短缺状态。例如，现阶段包括农田水利、电网、交通、网络建设、城市供水、排污等地下管道建设、环境治理等在内的城乡基础设施类公共产品，供给缺口仍较大。尤其是，公共产品和服务供给不足对消费的抑制在农村更为明显。水、电、交通、通讯等基础设施严重不足，导致农村家电、汽车、网络信息等相关消费需求未能完全释放。同时，制度类公共产品与服务有效供给明显不足，消费者权益得不到有效保障，欺诈、伪劣、侵权等不法市场行为频发，不仅导致居民消费心理发生变化，也强化了居民被动性储蓄行为，阻碍居民消费。

再如，医疗领域看病难、看病贵问题长期以来难以解决，根源还在于城乡资源分布失衡、供给结构不合理；教育领域，职业技术教育一直是个短板，供需结构失衡也很严重；养老领域，每千名老人拥有养老床位不到25张，养老服务和产品供给缺口巨大；政府采购领域，科研创新能力不足导致许多公共产品供给短缺，如军工产品、国防产品等公共产品和服务，即使政府想采购，也不能采购到心仪的产品和服务，或者根本就采购不到，拖累公共消费支出增长。

4. 净出口疲弱虽有西方市场需求减少和人民币汇率升值的因素，但最根本原因还是出口商品自身的竞争力低下

金融危机以来，我国净出口对 GDP 的贡献总体上为负。一般认为是国际市场需求减少、人民币升值所致。但深入分析以后发现，国际市场需求总量并不足以导致净出口对 GDP 的贡献为负；汇率因素对进出口会产生影响，但不是根本性的。如 2012 年以来，日元对美元汇率贬值 50%，但 2014年日本对外贸易逆差比 2012 年还扩大了近 1 倍；欧元对美元汇率贬值 7%，但对欧元区外贸和经济增长并没有带来实质性的贡献；而美元指数上升了

25%，美国对外贸易逆差反而从 2012 年到 2014 年下降了 6.5%。如果产品竞争力很强，即使价格高，也有市场，如果产品竞争力弱，价格水平低也不会有多大的市场。美国出口的饮料、手机、电影产品等，皆是这方面典型的例子。因此，真正影响进出口的还是产品本身的因素。从我国出口商品结构现状及变动态势来看，当前出口疲弱，根本上还是供给因素造成的。

一是低端产品出口被不断替代。劳动密集型、高耗能的低端产品技术含量较低，生产供给的替代性很强。目前我国大量对外贸易生产仍处于全球产业链的低端，纺织品、服装、鞋类、玩具、塑料制品等七大类劳动密集型低端产品出口占到我国出口总额的 20% 以上，但利润微薄，仅 3%—5%。近年来，东南亚、非洲等地区依靠资源、劳动力等比较优势，大力发展加工制造业，以更低的劳动力成本承接劳动密集型产业的转移，与我国传统出口产业形成了激烈的同质竞争。跨国资本也直接到新兴国家投资设厂，甚至将在中国的工厂迁至其他新兴国家，我国低端产品生产供给面临市场需求的"低端分流"、"低端替代"严重挤压。缅甸、老挝、柬埔寨等东盟国家甚至将可能取代中国，成为新的"世界工厂"。

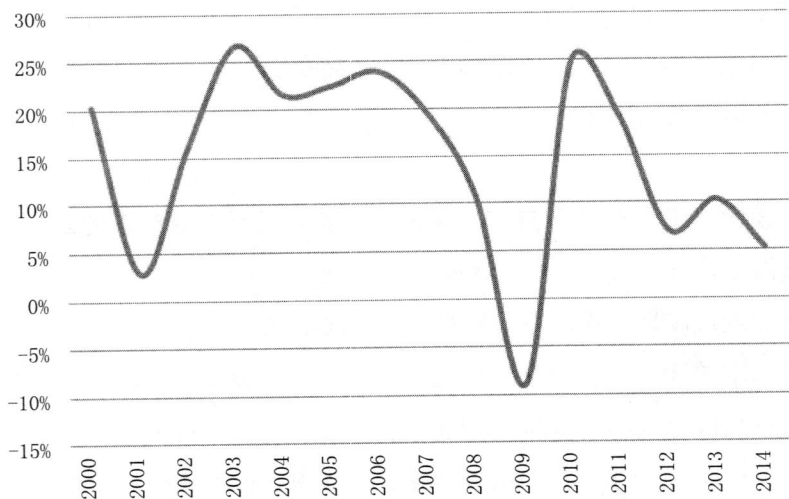

图9　我国纺织服装等低端产品出口增速

数据来源：海关总署。

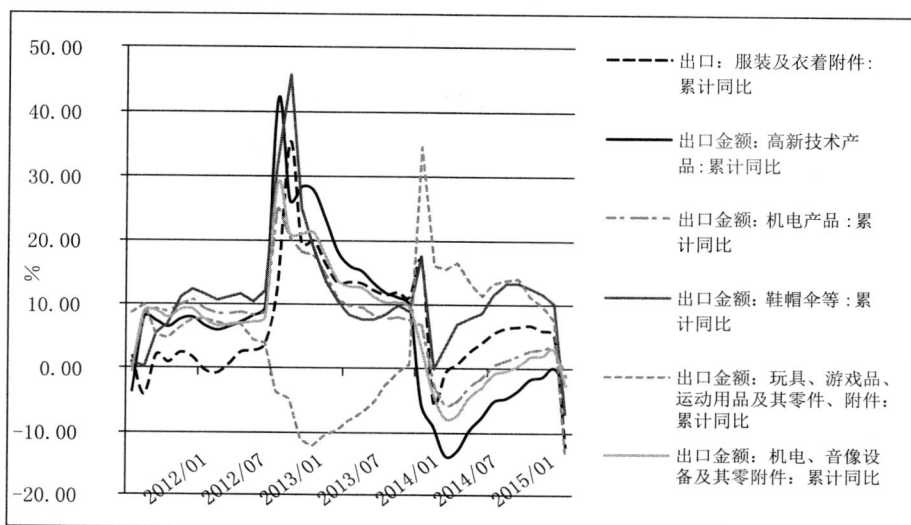

图10　近年来我国部分重点产品出口增长情况

数据来源：海关总署，Wind。

　　二是高端产品出口总体上缺乏竞争实力。虽然近年来我国出口产品开始由低端向中高端升级迈进，但也只有少数高端产品走向了国际市场，而且有些产品是不是居于全球制高点，也有很大的争议。即使是一些实现了出口到新兴市场甚至中欧地区的高端装备制造产品，也有许多核心技术掌握在跨国公司手中。如我国出口的机电产品和高新技术产品中，60%以上是通过加工贸易方式生产出口的，产品制造核心技术掌握在外方手中。全球金融危机之后，发达国家纷纷重振高端制造业并不断扩大竞争优势，我国高端产品出口面临着发达国家"高端制造业回流"的强烈挤压。

　　三是中端产品出口面临着强烈的贸易保护摩擦，产品优势地位并不明显。近年来，我国对外出口产品中，机械设备、电器及电子产品、仪器仪表、运输设备等技术含量较高的中端产品出口不断增加，占出口比重上升，成为我国出口的中坚力量。但是在中端产品的出口领域，针对于我国的贸易摩擦也在不断增加，我国对外贸易摩擦也主要是集中在中端产品出口领域。我国中端出口产品并没有绝对的竞争优势，同时产品出口的自我保护能力还很弱，尚不能熟练运用国际贸易规则进行保护，在很大程度上影响到我国出口增长。

5. 资本形成需求疲弱也有供给方面的原因

目前我国成套设备、精密机床、高档发电机等高端产品 50％以上都需要进口，一些中间产品、重要原材料国内也没有形成有效供给能力。轿车、家电、计算机、移动通讯产品的关键部件芯片等重要零部件仍主要依靠进口；作为世界钢铁生产大国，各类特殊板材如冷轧薄板、冷轧带钢、冷轧硅钢、不锈钢薄板等技术含量高、附加值高的生产用材严重短缺，每年进口都在 1400 万吨以上；虽跃居乙烯生产大国之列，但高档乙烯至今仍需依赖进口；作为传统的纺织品服装大国，所需高级面料也需要大量进口。资本形成需求由于缺乏相应的技术设备和原材料难以满足，面临着供给方面的硬性制约。

（三）提升供给能力，增加有效供给的宏观调控思路越来越清晰

基于对需求疲弱的供给端因素分析，仅仅靠刺激需求，简单平衡过剩产能，并不能解决经济发展面临的深层次矛盾问题。必须从供给端着手，构建新的内在稳定增长机制。政府和企业两个层面要主动适应市场需求变化。

1. 国家越来越重视并积极着手从供给端施策经济管理

经济新常态下，实现提质增效升级的经济增长目标，其核心在于提升供给能力。国家越来越开始从制度和政策层面，发力供给端，施策经济管理。

新一届政府多次公开表示，"增加有效供给，释放潜在需求，沉着应对市场短期波动，保障经济运行不滑出合理区间，让市场吃'定心丸'，成为

经济稳中向好的关键一招";要"着力增加有效供给,不断满足新增需求";要着眼于保持中高速增长和迈向中高端水平"双中高"发展目标,打造大众创业、万众创新和增加公共产品、公共服务的"双引擎"。

"中国版工业4.0"的《中国制造2025》、"互联网+"等国家重大发展战略的推出,正是从供给端着力,以改变粗放、低端的增长方式,积极推动"中国制造"向"中国创造"转变。

2. 政府部门采取积极行动提升供给能力

各部委、各省区也将解决经济问题的视角从需求端转向供给端。国家发改委在"十二五"规划实施评估报告中,将"供给管理"提升到与"需求管理"并重的地位,方针政策制定侧重供给端调整,为微观经济主体创造条件。工信部出台《钢铁工业转型升级计划(2015—2025)》等传统产业优化升级政策措施,推动传统行业与战略性新兴产业的融合,实施重大技术改造,推行固定资产加速折旧,引导和支持中小企业参与产业链、创新链,提高产品质量和协作配套能力。商务部、相关金融部门等积极推动移动互联网、云计算、大数据、物联网等与现代制造业结合,引导提升供给能力。

各省(市、区)层面,不仅广东、上海、江苏等东部经济发达地区加强经济结构调整,加快促进本地区经济升级,重庆、湖南等中西部地区也在积极出台产业升级规划,重视供给能力的提升。

3. 数据显示经济运行愈来愈朝供给能力提升的方向发展

2013年,我国高技术制造业增加值增长比全部工业增加值增速快4.2个百分点,2014年快5.3个百分点。当前,高端装备制造业产值占装备制造业产值的比重已经超过10%,比2010年提高2个百分点。进出口中的机电产品、高新技术产品进出口增速也保持在较高水平。2012年,机电产品、高新技术产品出口增速分别比整体出口增速高0.78、1.68个百分点,2013年,高新技术产品出口增速比整体出口增速高 1.98 个百分点。2015 年上半年，机电产品、高新技术产品出口同比增长分别比上年同期加快 4.6、8.4 个百分点。

2013 年，我国电子商务交易总额超过 10 万亿元，其中网络零售交易额 1.85 万亿元，超过美国成为全球最大的网络零售大国。2014 年，我国电子商务交易总额达到 16.4 万亿元，网络零售保持高速增长。商务部监测的 5000 家重点零售企业中，网络零售增长 33.2%，比上年加快 1.3 个百分点，而传统零售如专业店、超市、百货店、购物中心分别只增长 5.8%、5.5%、4.1% 和 7.7%，比上年分别回落 1.7、2.8、6.2 和 4.5 个百分点。2015 年上半年，网络零售同比增长进一步加快至 39.1%。

2014 年，我国在联合国世界知识产权组织《专利合作条约》（PCT）框架下，共提交 25539 件国际专利申请，比上年增长 18.7%，占到全球申请总量的 11.9%，在申请总量的国家和地区排名中名列第三，是全球唯一实现两位数增长的国家，显示"中国智造"力度的加大。

（四）需要进一步深化的几点认识

从我国当前及未来相当长一段时间来看，调整经济结构，转变发展方式，优化供给，经济也还需要保持一定的增速。重视从经济总量上提升供给能力，更要重视经济的技术含量。财政货币等宏观调控政策要更多地从总量调控转向结构性调控。要全面深刻地认识到商业革命对经济运行质量提升所带来的深远影响和巨大作用。

1. 优化供给与保持一定的经济增长速度并不矛盾，保持一定的增速并不是要回到粗放型增长老路上去

改革开放三十多年来，我国经济增速保持了年均近两位数高速增长，与此同时，也出现了资源能源消耗大、污染严重等问题。因此，有分析认

为，要通过降低增速来调整经济结构，转变发展方式，迫使上述问题解决，否则经济结构和经济发展方式不能调整，产能过剩、环境污染问题难以解决，民众生活质量难以提高。其实，这种思路并不符合经济发展规律和我国的实际情况。

正如增速快了可能会带来上述这些问题，简单地把增速降下来也并不能自动解决这些问题。比如，把过剩产能简单地去掉，并不能促进产业结构优化升级；把工厂都关了而不是从技术改造升级着手，从加强环保的执法监督着手，也并不能从根本上解决污染问题。

解决我国经济发展过程中面临的问题，还有另外一种思路，即在加强结构调整、转变发展方式的状况下，我国仍需要而且也能保持一定的经济增速。这种思路无疑更加积极主动。从我国现实情况来看，国内市场远未饱和，新一轮改革开放全面启动，改革红利不断被释放，我国经济增长获得了一系列基础性支撑。特别是在技术改造投资力度加大的状况下，我国经济运行与过去粗放型增长也会完全不一样。

如果对比那些成功跨越中等收入陷阱的国家，不难发现经济增长放缓一般都出现在成为高收入国家之后，因而我国目前的发展水平还不能成为下调经济增长预期的理由。而且国际经验还表明，在跨越中等收入陷阱时期，如果经济增速快速下滑或大幅波动，会破坏市场信心，造成悲观预期，投资、消费趋于犹豫，失业问题、财政问题、社会问题可能接踵而至，改革空间被大大挤压，形成经济发展"陷阱"。在这方面，日本、韩国、拉美、东南亚等国家和地区有一系列的经验教训。日本在 20 世纪 50 年代中后期进入中等收入阶段后，在随后的 20 年间，经济增长不仅没有减速，相反还在提速，直至进入到高等收入国家行列。韩国亦是如此，甚至韩国在进入高收入国家行列，经济仍维持了一段时间 8% 左右的高速增长。相反，拉美、东南亚国家和地区进入中等收入国家行列后，经济增长过早地出现"刹车"，导致长时期陷入"中等收入陷阱"而难以自拔，拉美国家尤其如此。

中国人口老龄化问题，也是跨越"中等收入陷阱"的一大障碍。大量研究表明，人口老龄化对社会、经济和政治的影响是全面的，包括支出结构和收入分配格局改变、青年劳动力供给减少、社会流动性下降等。换句话说，"未富先老"的我们，在遇到"中等收入陷阱"之前，很可能会被老龄化拖住中国经济发展的后腿。因此，保持适度的经济增长，建立一个适合老龄化社会的分配结构和社会保障体系，让大家不会过多地进行私人储蓄来"防老"，多增加当期的消费和投资，让社会经济发展进入良性循环，是非常重要的。

总之，当前我国经济出现高度一致性看淡预期，这对促进供给能力提升，解决去库存化、化解当前较为严峻的产能过剩矛盾问题，进而对经济复苏增长，实现提质增效升级等，都将产生极为不利影响。如果任由高度一致性看淡经济预期持续下去，则将产生经济陷入快速收缩的恶性循环，我国经济也有可能落入"中等收入陷阱"。因此，需要密切关注并高度重视、积极着手解决当前经济预期高度一致性看淡问题，从供给端发力促进经济增长。

2. 经济在全球上的竞争力，不仅取决于经济总量的大小，更取决于经济的技术含量

我国已成为全球第二大经济体，第一大商品出口国，是名副其实的经济大国和贸易大国。

但是也应该看到，受制于供给能力约束，我国产品全球竞争力整体水平并不高，世界主要名牌产品、奢侈品牌，我国基本上处于空白，绝大部分为发达国家所垄断，极大影响到我国的生产品质和经济发展水平。我国单位GDP能耗是世界平均水平的2倍，美国的3倍，日本的6倍，还高于巴西、墨西哥等发展中国家水平。如果我国单位GDP能耗达到世界平均水平，GDP总量在现在基础上可提高36%，如果达到美国能效水平，可提高70%，达到日本能效水平，可提高170%。因此，提升我国经济在全球的竞

争力，由经济大国、贸易大国转变为经济强国、贸易强国，必须提升供给能力，提高生产的技术水平和技术含量。

3. 宏观调控政策要更多地从总量调控转向结构性调控，注重发挥积极财政政策作用

在我国产能过剩已较为严重状况下，货币政策调控并不是简单的松紧银根、收放流动性问题，要通过产业信贷政策调整匹配现代产业政策，引导利率水平下行，吸引民间资本加入等，切实增加有效供给能力。近年来，央行通过加强精准调控、定向调控等，对产业结构调整和发展方式转变起到了很好的支持作用。相比而言，财政政策的结构调整作用更为显著。要进一步通过加大税收增减、财政补贴等方式，促进生产质量、供给能力的提升。

在我国经济下行压力仍很大，需要加大稳增长力度的境况下，要进一步发挥积极财政政策作用。在这方面美国的做法值得借鉴。作为全球最大的经济体，美国历次经济危机后能较快率先恢复，与政府适时适度干预市场，积极发挥财政政策作用是分不开的。2007 年次贷危机爆发后，为对冲危机产生的不利影响，美国财政政策可以用"果断、迅速、力度大、针对性强"来形容。2008 年，美国联邦财政赤字从 2007 年的 1607 亿美元激增至 4590 亿美元，2009 年进一步大幅扩增到 14127 亿美元，占 GDP 比例从 2007 年的 1.12% 上升至 9.8%。由于危机仍在演绎，经济未能得到好转，美国财政刺激经济力度在随后的三年仍较大，联邦财政赤字占 GDP 比例维持在较高水平。在经济复苏态势逐步确立，私人投资和消费开始有力拉动经济增长后，出于平衡财政赤字的考虑，美国政府投资与消费逐年缩减，联邦财政赤字及占 GDP 比例显著下降。可见，美国经济不仅依靠私人消费和投资要素带动，也非常注重发挥积极财政政策的作用。

12 ————— 16000

联邦财政赤字　　　联邦财政赤字 /GDP　　　GDP 增长率

10

8

6

4

2

0

-2

-4

%　　　　　亿美元

14000
12000
10000
8000
6000
4000
2000
0

1970年 1975年 1980年 1985年 1990年 1995年 2000年 2005年 2006年 2007年 2008年 2009年 2010年 2011年 2012年 2013年 2014年

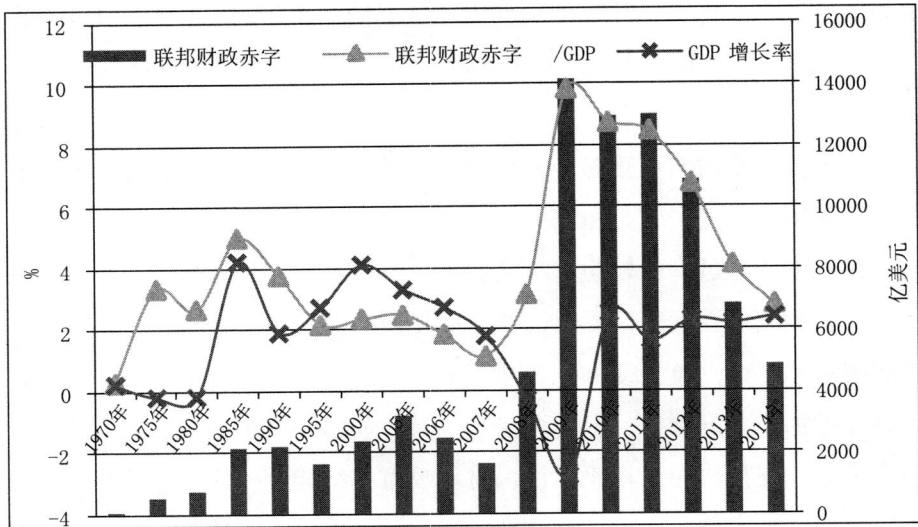

图 11　美国财政赤字与 GDP 增长状况

数据来源：美国经济分析局、美国国会预算办公室。

与此对应的，则是 20 世纪 80 年代拉美和 2008 年希腊等应对危机举措不当，经济长时间陷入衰退萧条，复苏艰难的景象。20 世纪 80 年代拉美和 2008 年希腊等爆发债务危机后，迫于国内外的压力，在经济明显处于下行状况下，政府不但未能采取扩张措施刺激经济发展，相反还采取紧缩政策，从而使得经济更加雪上加霜。如希腊在经济衰退加剧境况下，财政赤字占 GDP 的比例还从 2009 年的 15.6% 下降到 2012 年的 8.9%，政府干预不当产生严重后果。

借鉴他国经验教训，促进我国经济平稳增长，加强结构调整，防范通货紧缩，此时更需要大力发挥积极财政政策的作用，去杠杆化要把握好力度，稳妥推进。

4. 全面深刻地认识商业模式革命对优化供给，促进消费，提升经济运行效率等所带来的深远影响和作用

提升供给能力，增加有效供给，不仅取决于技术和装备水平，还有一

个商业模式的问题。从现在发展趋势来看，互联网商业已经显示出未来的一个方向，我国在这方面已经有了一个很好的起步，走在了世界的前列。

但当前社会还主要是从搞活市场这个角度来看待商业模式革命，这种对商业模式革命重要性的认识远远不够。商业模式革命不仅对唤醒实现潜在消费需求，提升供给能力具有重要作用，对整个经济运行效率的提升也意义重大。我国与西方发达国家的经济发展差距，其中很重要体现在经济运行效率方面，但近年来这方面的差距明显缩小。仅从物流运行效率方面来看，2014 年，我国社会物流总费用与 GDP 的比例从 2011—2013 年间的18% 左右下降到 15.2%，与美国、日本、德国等的差距在 1—2 年间缩小近4 个百分点。按照这一趋势发展下去，我国物流运行效率将很快赶上甚至超过发达国家水平，商业模式革命无疑起到了重要作用。

当前，我国网络零售交易额市场占比还较低，2013 年，网络零售交易额占社会消费品零售总额比重为 7.78%，2014 年增长至 9.39%。因而，继续推进商业模式变革，保持商业革命全球领先势头，对我国经济社会发展极为必要。

九、以全面减税为起点，新供给改革开启经济增长新周期

滕泰[①]

经历了近五年的经济下行之后，伴随着一系列稳增长措施效果逐渐显现，中国经济的部分宏观领先指标已经有企稳迹象。然而，由于新供给形成和扩张动力不足，整个经济缺乏向上反弹复苏的动力。如果不采取更强有力的政策措施，即便阶段性触底，也可能出现"L"型走势，带来一系列与通货紧缩、局部衰退相伴随的潜在风险。为了确保中国经济健康稳定运行，尽早触底复苏，当前最有效的措施是下决心扩大减税力度，并用发行国债弥补财政缺口，既刺激企业投资和居民消费，又可以提高社会闲置资金的使用效率，从而开启中国经济增长新周期。

（一）宏观税负过重，八成企业盼减税

有关统计表明，2013 年我国全部政府收入为 20.87 万亿元，占 GDP 的比重达到 36.7%；2014 年为 23.67 万亿元，占 GDP 的比重达到 37.2%。上述宏观税负略微超过发达国家水平，平均比发展中国家水平高近 10 个百分点。而综合考虑税收、政府性基金、各项收费和社保金等项目后，我国企业的税费负担高达 40% 左右，超过 OECD 国家的平均水平。

[①] 本文作者为万博新经济研究院院长。

在经历了连续 60 多个月的经济持续下行之后，原本就过高的税费负担，连同近几年持续上升的人工成本、融资成本、地租成本等，大幅侵蚀着企业的利润，不仅严重影响了创业的积极性，并且正在把成百万家企业逼到亏损的境地或挣扎在盈亏平衡线的边缘。

近两年，中央政府在减轻企业负担方面，已经做了大量的工作，如出台一系列针对小微企业的税收优惠政策，以"营改增"为代表的结构性减税措施，等等。官方数据显示，截至 2014 年底，中国共对小微企业减免税款 612 亿元；因"营改增"带来减税合计达到 1918 亿元。但是，相对于 2014 年 23.67 万亿的政府收入而言，上述减税力度，显然只是"毛毛雨"，不仅无法刺激企业投资、无法激发"大众创业、万重创新"，对整个宏观经济的影响几乎可以忽略不计，甚至对个别服务业还变成结构性增税。

某项对企业家的抽样调查显示，中国企业在各项稳增长期望措施中，选择减税的呼声最高，选择该项诉求的企业比例达到 80%。

（二）低赤字的发债条件，中国有实力扩大减税

要使中国企业真正感受到负担减轻，使中国居民感受到税后收入的增加，从而刺激投资、提高消费，必须放弃在边缘税种上小打小闹。尽早选择企业所得税、增值税、营业税、个人所得税等主要税种，全面大幅下调税率。

2014 年，我国全部政府收入为 23.67 万亿元，全国一般公共财政收入为 14.04 万亿元，税收收入为 10.38 万亿元。2014 年，我国企业和居民主要负担的几项税收是：企业所得税 2.46 万亿元，增值税 3.09 万亿元，营业税 1.78 万亿元，个人所得税收入 0.738 万亿元。

如果我们能够在一年的时间内，减税 3 万亿元，即减少企业所得税 1 万亿元，减少增值税 1 万亿元，减少营业税和个人所得税各 0.5 万亿元，将大幅减轻企业和居民的税收负担。

从对财政收入的影响来看，3 万亿元的减税相当于减少全部政府收入的 12.67%，减少税收 28.90%。如果将减税计划分摊在两年执行，相当于每年减税 15%。

更重要的是，由此所造成的财政缺口，完全可以通过发行等量的国债予以弥补。从当前中国较低的赤字率来看，增加发行 3 万亿左右规模的国债，完全是可行的。

当前中国政府的财政赤字率不过 2.4%，远远低于西方发达国家的水平；年末债务占当年 GDP 的比重为 56%，也远低于美国 100%、日本 250% 的负债率水平。部分媒体在夸大中国隐形地方债务的时候，也没有考虑中国"资产负债率"的资产端——哪个国家像我国一样拥有庞大的土地、资源和国有企业资产？与 2014 年末我国国债余额实际数 9.57 万亿元、地方政府债务余额 15.4 万亿元相比，中国仅国有企业资产总额就高达 117.11 万亿元，所有者权益为 39.43 万亿元。

因此，在经济低迷的时刻，为了切实降低企业负担，为了实实在在地增加居民收入，减税 3 万亿、同时增发 3 万亿国债来弥补大规模减税所带来的财政缺口，是完全可行的。

（三）减税发债，借力未来，一箭三雕

首先，大规模减税可以极大地刺激投资和消费增长，激发经济恢复可持续增长的动力。近代历史上减税力度最大的是里根政府，他不仅把美国的个人所得税率在 33 个月内减少了 23%，而且还把利息、红利税率都下调了 20%，大幅下调企业所得税、缩短固定资产折旧年限，经过上述减税刺激后，美国经济从 1982 年的负增长迅速上升到 1983 年全年增长了 6.5%，其中个别季度经济增长水平高达 8%。如此迅速地恢复增长活力，在近几十年的经济史上都是十分罕见的，能够达到这样经济效果的灵丹妙药只有减税！企业减轻税负后，投资意愿将重新焕发，根据投资乘数理论，当总投

资增加时，国民收入和就业的增加将达到投资增量的数倍。居民的税负减轻之后，消费支出也会增加，一笔初始消费基金的支出，可以带动整个消费链增加若干倍于此的消费增量，经济也将进入良性循环。

其次，在经济低迷时减税，在未来经济过热、有通货膨胀风险时偿还，把未来经济景气或过热阶段的资源提前到目前经济低迷阶段使用，不仅有利于当前经济企稳回升，也有利于避免下一轮经济过热的发生，是熨平经济波动的有效手段。对于政府而言，在减税刺激下经济恢复增长以后，在降低的税率下政府可以获得更多的财政收入——60 年代面对一轮新的经济衰退，美国总统肯尼迪也曾实施过大规模的减税计划，根据美国财政部在改革前的预测，由于减税，五年内财政收入可能会大幅减少，但实际上反而有所增加。

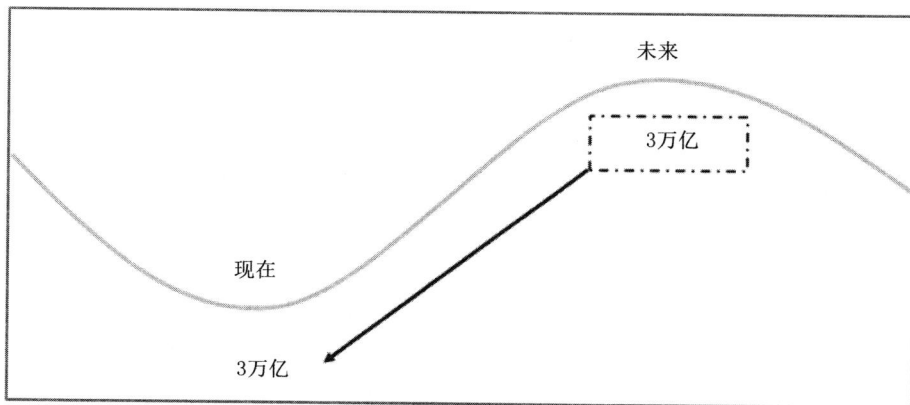

图1 减税发债借力未来

第三，在当前资产配置荒的金融市场背景下发行些国债，还可以有效吸纳社会限制资金，避免金融泡沫，进一步提高整个经济的运行效率。

总之，对于处于连续五年下行底部的中国经济而言，数百万家企业正挣扎在盈亏平衡线，大量中小企业挣扎在倒闭的边缘，全国平均税收成本每下降一个百分点，就会有几十万、上百万家企业扭亏为盈，避免倒闭，甚至从此焕发出勃勃生机。此时中国应抓住有力时机，下决心扩大减税力度，并且进一步从供给侧深化改革，提高金融供给效率，降低资金成本；提高土地供给效率，降低资源成本；提高劳动供给效率，降低人工成本；提高制度效率，降低管理成本；提高创新效率，降低技术成本，以全面减税为起点的新供给改革，将推动中国经济开启新一轮上升周期。

土地与资源篇

十、加快能源供给结构性改革

范必[①]

中国虽然能源消费总量达到世界第一，但人均能源消费量仅与世界平均水平相当，与发达国家相差甚远。油气等优质能源的消费水平甚至低于很多低收入国家。近几年，美国的页岩气革命促进了其能源独立，能源价格出现下降，油价、工商业电价已低于中国，极大地提高了其制造业竞争力。这对于长期靠低成本优势发展制造业的中国来说，无疑是巨大的压力。我们作为一个发展中大国，要在 2020 年实现全面小康，离不开优质、经济、清洁、安全的能源供给。

（一）能源领域突出问题：诸多矛盾源于市场化改革滞后

改革开放以来，中国能源工业迅速壮大，能源自给率超过 90%，有力支撑了经济快速发展。但存在的问题也很明显，如能源结构不合理、能源利用方式粗放、煤电矛盾加剧、用能成本上升等。这些问题主要不是资源禀赋不足或生产能力不够造成的，而是因为现有能源体制脱胎于传统计划经济，能源政策还不能完全适应市场经济和经济全球化的要求。在党的十八大上，提出了"推动能源生产和消费革命"，成为解决中国能源问题

---

① 本文作者为国务院研究室综合司巡视员。

的重要指导思想。所谓革命，不仅指能源技术上的进步，也包括能源结构、能源体制、能源安全观念上的重大变化。

能源是我国计划经济时期严格实行计划管理的产品，这成为能源供应长期短缺、利用效率较低的重要原因。随着中国确立市场化改革方向，国家首先放开了煤炭价格，又在电力行业实行厂网分开。通过引入竞争机制，煤炭、电力的供给能力明显增加，效率大幅提高。

但是，能源市场化改革的步伐是缓慢的。至今为止，生产计划、电量计划、运输计划、项目审批、国家定价仍普遍存在。一些国有能源企业仍在代行政府职能。各种行政审批数量众多，耗费大量时间和金钱，提高了交易成本。可以说，能源领域普遍存在着计划与市场并存的双轨制，价格机制对能源供求关系的自动调节受到了抑制。

能源是否要进行市场化改革，各方面认识并不统一。拖延能源市场化改革的观点包括："特殊论"，煤炭、电力、油气是特殊商品，是市场失灵的领域；"安全论"，改革会影响社会稳定和生产安全；"控制论"，这些领域是国民经济命脉，必须垄断经营，等等。其实不仅仅是能源，很多领域在面临市场化改革时都会有人举出这几面旗帜作为挡箭牌。发达市场经济国家的历史则表明，能源领域完全可以市场化。

关于能源是否是商品，是一般商品还是特殊商品的争论，不同的结论在处理政府与市场关系上会有截然不同的做法。如果承认能源是商品，那么就应当放松管制，由市场配置能源。如果认为能源不是商品或者认为是特殊商品，是市场失灵的领域，那么就要由政府出面配置资源。事实上，希望把能源确立为市场失灵领域的声音和力量并不弱。所幸的是，中央已经明确要"还原能源商品属性"[①]。既然是商品，就要按照十八届三中全会的要求，"使市场在资源配置中起决定性作用"[②]。能源界应当把思想统一到这

---

① 新华网．习近平：积极推动我国能源生产和消费革命 [EB/OL].[2014-6-13].http://news.xinhuanet.com/politics/2014-06/13/c_1111139161.htm.

② 新华网．中共中央关于全面深化改革若干重大问题的决定 [EB/OL].[2013-11-15].http://cpc.people.com.cn/n/2013/1115/c64094-23559163.htm.

一重大判断上来。而树立新的能源安全观和公正对待各类所有制准入，还有待于在进一步解放思想中逐步得到转变。

（二）能源体制基本判断：多重体制亚型复合体

能源是传统计划经济时期管制最严格的领域之一。至今为止，没有全面完成向市场经济体制的转型。今天我们很难把能源领域概括为计划经济体制、市场经济体制，能源领域的企业行为具有非典型性特征。比如电力企业中国的比重比较高，这些企业的股权结构往往是多种所有制构成，大都有董事会，有的还是上市公司；电力企业与电网企业之间是买卖关系，国家不能无偿调拨企业的电力；电力企业的建设要经过招投标，这些都符合市场经济条件下企业的一般特征。但电力企业很多地方又不像是市场经济下的企业，电价是国家制定，发电小时数由地方有关部门分配，在哪里建、建多大规模由政府审批。一个企业生产什么产品，生产产品的量和价都由国家制定，这个体制看上去很像计划体制。一般来说，市场经济下的企业把追求股东回报放在第一位，当负债率上升、现金流不足时，往往会出售资产；当融资成本上升时会压缩投资规模，融资成本下降时扩大投资规模。而国有电力企业不是把股东回报，而是把规模扩张放在第一位。

从这些现象看，国有电力企业兼有计划经济下的企业和市场经济下企业的特征，但又无法用计划体制和市场体制对他们进行概括，属于一种非典型特征。如果一个领域的体制特征无法定位，我们就很难对它进行改革。为了解决这个问题，这里我引入一个新的概念——体制亚型。传统计划经济体制的亚型包括直接计划和间接计划两种类型。市场经济体制的亚型包括完全竞争、垄断、垄断竞争、寡头垄断四种类型。这两种体制及其亚型在计划经济学和新古典经济学中都有全面的研究，这里不再赘述。当代经济学界也把计划与市场体制并存的体制称为双重体制，一般认为，这是从计划体制向市场体制过渡的一个类型。但我认为，双重体制在中国已经成为一个单独的体制类型，它的亚型我初步认为包括以下四种：影子计划、垄断计划、外生计划、差别管理。

影子计划——政府对国有企业的干预、考核。虽然没有直接下达指令性计划，也不下达指导性计划，但这些考核相当于计划目标。企业之间虽然不同于传统计划经济时期产品靠调拨，而是按照市场原则与其他企业交易。但交易的目的不是股东权益的最大化，而是为满足上级确定的考核指标。如国有电力企业。

垄断计划——有些行业是传统计划经济中实行指令性计划管理的领域，改革后在形式上转变为企业，但其运行机制并未得到根本改革。这一体制兼具市场经济中垄断行业和计划体制下计划管理的特征，但并没有形成类似发达市场经济国家政府对垄断行业的有效监管。如电网企业、"三桶油"。

外生计划——传统的计划手段，不论是指令性计划还是指导性计划，都是对价格、产量、效益等经济指标作出安排。近年来，在经济指标之外，又对企业增加了环境、节能、减碳等方面的指标要求。这些指标同指令性计划指标一样层层分解下达，对企业的经济行为形成约束。但由于这些指标不是对经济指标的控制，因此我们称之为外生计划。如节能环保减碳指标。

差别管理——对产业中不同企业或不同产品实施不同的管理方式。这种差别有的体现在所有制上，有的体现在政府确定的方向和先进性上。体现在价格上即价格双轨制。如，差别电价。

能源体制已经是计划体制、市场体制、双重体制的多重体制亚型的复合体，这也正是改革的复杂性所在。

（三）能源体制改革方法论："链式改革"代替"点式改革"

从 1993 年开始，中国从增量改革、局部改革进入到全面深化经济体制改革阶段。但各项改革仍是以"条条"（行业、行政隶属关系）或"块块"

（区域）为单位提出方案，可以看作是"点式改革"。"点"与"点"之间没有形成一种有效的改革步调协调机制。近年来，国家很难为解决某个经济领域中的突出矛盾，形成跨部门、跨行业、跨地区、跨所有制的改革方案。局部改革与全局改革缺少统筹协调。现代产业的竞争已经从单个企业的竞争扩展到了产业链的竞争。从产业链的角度研究改革思路，有利于克服条块分割带来的难题。从全产业链角度来提出改革方案，我们称为之"链式改革"。

产业链按市场化程度可以分为完全市场产业链和不完全市场产业链。能源领域的几个产业链基本上是不完全市场产业链。能源领域中出现的问题，往往不能从一个点来研究解决方案，而是要结合上下游的改革再统筹考虑解决方案，也就是要从"点式改革"走向"链式改革"。这里以煤电矛盾与煤运电产业链改革为例分析全产业链市场化改革。

煤电矛盾表现为，电煤价格大幅上涨时，电价调整滞后，发电企业亏损严重。近一年多，电煤价格出现大幅下降，传统意义上的煤电矛盾似乎得到了缓解。但实际上又出现了新的煤电矛盾，就是电煤价格下降的收益主要集中在发电企业，作为终端用户电价仍然居高不下。广大公民和企业并没有享受到电煤降价带来的好处。为解决煤电矛盾，已经采取的政策包括煤电联动、对电煤进行限价、煤电联营等。这些方案具有浓厚的计划经济色彩，有的考虑了发电企业的利益，有的损害了下游用电企业的利益，有的损害了煤炭企业的利益，不能满足全产业链利益的最大化的要求，没有从根本上解决煤电矛盾。

对煤运电产业链的体制类型分析表明，煤炭由于采用双轨制，属于双重体制下差别管理亚型；铁路运力属于计划体制下的直接计划亚型；电力属于双重体制下的垄断计划亚型，其中电力行业又可作进一步细分，电网是垄断计划亚型，发电企业是影子计划和差别管理体制亚型。

煤运电全产业链市场化改革的目标是：电煤实行计划内与计划外并轨，成为充分竞争的市场体制；铁路运力实行网运分开、放开竞争性业务的改革；运输业务完全市场化；路网保持自然垄断，由国家专业部门监管。深化电力体制改革，实行输配分开，电网退出交易主体地位，实现发电与用户多买多卖的直接交易；电网保持自然垄断，电力调度或交易结算独立，电网接受政府部门监管。

（四）能源体制改革难点：如何将国企与改革相衔接

近期，党中央国务院连续出台了电力、国企、价格改革意见，油气改革也在酝酿之中。我国能源行业产业集中度高、国有企业比重大，推进电力、油气改革无法回避国有企业改革，国企改革也不能回避能源改革。如何将能源行业改革与国企改革统筹考虑，这是当前面临的突出问题。

1. 国有能源企业如何分类

这一轮国企改革的重点之一，是将国企按商业类和公益类进行分类改革。国有能源企业属于哪一类？

能源是商品，应当由市场对能源资源配置起决定性作用，从这个意义上讲能源企业属于商业类。但现在部分国有能源企业又负有普遍服务职能，如满足弱势群体用能需求、为农业生产提供低价电低价油等，这些业务具有一定的公益性。电网企业和油气企业将商业性业务与公益性业务混在一起，内部形成了交叉补贴，无论将他们归为哪一类都不够准确。

解决这个难题，关键还在于划清政府和企业的职能。即政府为公民和企业提供基本公共服务，包括对困难群体用电用油提供补贴；能源企业则要按供求关系定价，按商业原则经营；工商企业和居民用能则按市场价格付费。

在明确政企职能的前提下，可以将本应由政府承担的公共服务职能从能源企业中剥离出来。尽管政府满足特殊群体能源基本服务需求的职能仍然要由能源企业完成，但政府与能源企业的关系是政府购买服务，而不是通过能源企业内部的交叉补贴来解决。在能源企业剥离公共服务职能后，能源企业才能真正成为商业类企业。

2. 交叉补贴落谁家

国有能源企业中发生的交叉补贴，一般理解为企业以低于边际成本的价格向公益性业务提供商品或服务，这部分补贴需要由企业商业性业务的盈利来承担。从理论上讲，剥离企业承担的公共服务职能后，这部分交叉补贴支出责任应当转由政府公共预算承担，这势必增加财政支出。在当前经济增长放缓的形势下，财政的收支矛盾已十分突出，能否推进这项改革需要作认真的测算。

长期以来，国有能源企业反映交叉补贴数量很大，但究竟大到什么程度，一直没有准确的数据。财政支出都要有预算，哪些可以纳入预算，哪些不能纳入预算有严格的规定。很多在能源企业内部认为是公益服务的支出事项，按照财政的标准是不应支出的，一旦将交叉补贴的支出责任转到财政，数量会受到严格控制。

比如，工商企业用电用气价格高，城市居民价格低，能源企业用工商业电价气价补贴居民消费，这在交叉补贴中占了很大一部分。一般来说，城市中越是收入高的家庭用能越多，享受的交叉补贴就越多，这是不公平的，也违反了交叉补贴的初衷。真正的困难群体家庭实际用电用气量比较少，政府已经为他们建立了最低生活保障和各种救济制度，不必由能源企业进行补贴。因此，将企业交叉补贴的支出责任交给政府，政府的实际支出不会增长太多，而补贴也会更为公平合理。

3. 网络监管不可少

在最近出台的几个改革意见中都明确了网运分开、放开竞争性业务的改革方向。电网、油气管网都是网络型行业，这意味着今后有可能在这些领域进行企业资产和业务重组，这是国企改革与能源体制改革的重要结合点。

对网络型行业而言，加强政府监管是改革的应有之义。重点要监管几个方面：一是政府对网络输配业务单独定价、单独监管；二是网络向第三方无歧视开放；三是网络建设投资向各类投资主体开放。

政府作为监管主体应当加强监管力量建设，在制度安排上要解决政监合一还是政监分开，统一监管还是分段监管，垂直监管还是分级监管等问题。这些问题目前尚无具体的解决方案，还有待提上改革日程。

4. 向管资本为主转变

现行的国家对国有能源企业管理方式与其他国资无异，主要是管人管事管资产，股东回报在其中处次要地位。过多的直接管理极大地制约了企业的自主权，不利于企业参与市场竞争。

国资监管转到以管资本为主，体现了国家在国有资产经营目标上的重大转变。具体到能源企业，首先可以通过资本运营实现转型升级。现在大量的国有能源企业是按能源品种建立的，有关部门也是按资产量对能源企业进行排位，如发电企业看装机容量、油气和煤炭企业看资源储量。管资本为主后，应当允许能源企业根据世界能源格局的变化和我国能源代际更替的需要，更灵活地处置资产，从事投资回报更高的能源业务。

其次，国有能源企业可以出让部分股权解决历史遗留问题。这对很多目前陷入困境的煤炭企业、老工业基地企业有很强的现实意义。

三是提高能源国有企业国有资本经营预算规模。与能源国企动辄上万亿的资产相比，其上缴的国有资本预算规模偏低，而且大量的预算又用于国有能源企业，有的还在享受国家补贴，这种情况必须改变。今后国家应当将能源企业国有资本股东回报的多少，作为衡量企业业绩和社会责任的主要标志。

（五）能源结构调整方向：构建优质经济清洁安全的供应体系

1. 加快能源代际更替步伐

中国能源结构面临重大调整，需要早日走出煤炭时代，进入油气时代。人类对能源的使用，大致经过了薪柴时代、煤炭时代和油气时代。能源发展的历程，基本上体现了能源优质化过程。全球一次能源消费结构中，油气占56%，煤炭占30%。OECD国家早已进入了油气时代。中国油气消费占一次能源的23%，煤炭则占到66%，仍然处于煤炭时代[①]。煤炭的大量使用，给我们带来了生态环境恶化、运输压力加大、安全事故频发、温室气体排放增加等一系列问题。中国煤炭的高效清洁利用在世界上已达到较高水平，受水资源和经济性的制约，进一步可挖掘的潜力已经非常有限。中国要成为一个现代化的大国，不论从提高用能效率来说，还是从建设生态文明的角度来看，都不能停留在煤炭时代，理应同发达国家一样，普遍用上优质、清洁、方便的油气能源，实现能源利用的代际更替。

要实现能源的代际更替，离不开能源安全观念的转变。当中国准备从煤炭时代进入油气时代，一个普遍的担心是，石油对外依存度提高会危及能源安全。事实上，中国一次能源的自给率高达90%。石油进口量和进口依存度与能源安全不存在简单的对应关系，国际上也没有通行的标准可循。中国从改革开放之初就对国际格局作出了判断：和平与发展是当代世界的主题，世界大战打不起来。随着冷战的结束，担心中国与某大国爆发全面冲突从而中断外部石油供应的假设，在可预见的未来很难成立。

当前和今后一个时期，欧佩克对石油供应的控制力会继续减弱，美国走向能源独立，世界石油产能总体供大于求，石油供应方出现多中心格局，这为中国扩大石油进口创造了有利的外部条件。当然，油价大幅波动、能源通道的安全风险仍然存在。面对这些问题，靠一个国家单独解决是十分

---

① BP世界能源统计年鉴 [R].2015。

困难的，需要我们将维护石油安全的思路从个体安全转向集体安全。只有通过参与全球治理，有效维护全球和地区石油安全，才能从根本上维护本国的能源安全。

2. 大力发展可再生能源

大规模发展风能、太阳能发电可以减少温室气体排放，这是发达国家普遍鼓励其发展的重要原因。中国现在已经是世界第一排放大国，在联合国气候变化谈判中受到很大压力。中国承诺："计划 2030 年左右达到二氧化碳排放峰值，到 2030 年非化石能源占一次能源消费比重提高到 20% 左右"。中国大力发展可再生能源很大程度上是为了履行这两项承诺。现在看来，完成这两个指标仍然有不小难度。

发展可再生能源对调整能源结构具有重要意义，但对发展思路存在不小的争议，需要慎重决策。中国太阳能、光伏发电走的是"大规模、高度集中度开发，远距离、高电压输送"的发展道路。风电、太阳能发电都有随机性、间歇性的特点。在一个电网里，集中开发的风能、太阳能发电规模太大，会为电网调度增加困难。而以分散方式、较低电压等级接入系统的风电、光伏发电，对电网的影响较小。

现在，西部地区大规模开发的风电、光伏发电远离消费地，面临送出困难，甚至出现大量弃风限电的现象。在研究解决办法时，有关方面寄希望于特高压远距离输电。由于输电投入巨大而可再生能源电量较少，会大幅提高消费地用电成本，不是经济可行的办法。因此，中国应当尽快调整开发方针，大力发展"小规模、低电压、近消纳、直接接入配电网系统"的分布式可再生能源，不宜再在西部大规模开发风能、太阳能发电项目。

3. 安全高效发展核电

2003 年召开的全国核电建设工作会议提出，核电要统一组织领导、统一技术路线，引进国外先进技术，加快自主化建设。经过"十一五"和

"十二五"期间规模化发展，我国核电产业的研发设计、建安施工、装备制造、运营管理等方面能力显著提升。AP1000 项目在国内已经批量开工。2015 年 10 月，经国家核安全局评审，多年困扰 AP1000 的主泵技术问题已经解决，为新上 AP1000 项目扫清了障碍。我国自主研发的"华龙一号"签订了两个出口合同，五个合作框架协议。CAP1400 得到南非、土耳其等国家的高度认可，谈判取得实质性进展。核电"走出去"已经有了良好的开端。

中国要在国际核电市场占有一席之地，必须在本国的应用开发上达到较高水平，并保持相对稳定的建设节奏。一是推进已批准的"华龙一号"项目建设，进一步夯实自主技术基础，为"走出去"创造条件。二是坚持 AP1000 技术路线，加快后续项目审批。据初步统计，"十三五"具备开工条件的 AP1000 厂址有 10 个，共 32 台，总装机容量达 4000 万千瓦。这些机组可以考虑按每年 5—8 台的速度开工。在"十三五"期间再批准一批 AP1000 项目开展前期工作，为"十四五"核电建设作好准备。三是尽快核准具有自主知识产权的 CAP1400 示范项目，并在"十三五"期间批量建设，同时成为"走出去"的主力机型之一。四是有序推动湖北咸宁、湖南桃花江、江西彭泽等内陆核电项目，"十三五"期间可考虑内陆核电项目零的突破。

当前，世界能源格局正在发生深刻变化，结构性改革在我国提上了日程。古往今来的历史表明，一个伟大的民族，不一定赢在出发的起点，但一定要赢在变革的拐点。能源的结构性改革，既包括体制改革，也包括能源结构的调整，能源工作者应当抓住当前难得的机遇有所作为。

十一、建立竞争性油气供应体系

范必[①] 等

摘要：我国油气使用成本偏高，源于市场化改革滞后，不但油气企业自身效益下降，而且影响了我国经济的全球竞争力。本报告认为，我国应当建立竞争性油气供应体系，提出了"一条主线、三个维度、多个环节"的改革思路。即改革以产业链为主线，从政府、市场、企业三个维度出发，对油气产业上下游各主要环节，包括矿权出让、勘探开发、管网运输、流通、炼化等进行全产业链市场化改革，从而建立起公平竞争、开放有序、市场对资源配置起决定性作用的现代油气市场体系。

（一）全球油气格局与中国面临的问题

20世纪50年代以来，油气逐步取代煤炭成为世界一次能源中的主体能源，发达国家大都完成了从煤炭时代到油气时代的转变。进入新世纪，世界能源版图发生深刻变化。随着北美页岩气革命的成功，加上勘探开发技术的进步，全球油气储量大幅增加，出现了多点供应、供大于求、价格持续走低的局面。在可预见的未来，油气在世界能源消费结构中仍将占据主要地位。

---

① 本文作者为国务院研究室综合司巡视员。

新中国石油化工产业得到长足发展，为社会主义现代化建设提供了有力保障。但是放眼世界，我国油气产业从规模到水平、到效益与发达国家相比仍有很大差距。主要表现在，油气生产和使用成本偏高，一定程度上削弱了中国经济在国际上的竞争力；油气占一次能源消费的比重偏低，尚未完成从煤炭时代向油气时代的跨越；国内资源勘探开发投入不足，国产油气保障程度逐年下降；国有大型油气企业大而不优、大而不活，近年来经营效益大幅滑落，人均产出远低于国外同类企业；油气收益分配内部化，国有资本收益低，油气资源国家所有者权益体现不多，油气财富没有彰显全民共享。油气行业的现状不利于我国经济的稳定增长和产业结构的优化升级。

（二）制约油气行业健康发展的体制原因

中国油气产业经几次改革选择了上下游一体化的国家公司经营模式，对迅速提高油气企业规模发挥了积极作用。但少数企业的上下游一体化经营也扭曲了市场价格和供求关系，成为油气供求矛盾加剧和价格居高不下的主要原因。油气是传统计划经济时期管制最严格的领域之一，即使中石油、中石化、中海油（下简称"三大油气企业"）已在美、港等地上市成为国际公司，但至今为止仍没有完成向市场经济体制的转型。油气体制既有计划经济特征，也有市场经济特征，是典型的双重体制。油气产业链是多重体制亚型复合体构成的不完全市场产业链。

矿权：少数企业无偿获得油气区块，大量矿区占而不采。目前国际上普遍采用招标方式出让油气矿权，对矿业权人规定了严格的权利义务。我国长期实行"申请在先"的矿权出让方式，三大油气企业无偿取得了国内大部分油气区块的探矿权。油气矿权持有成本低，企业对大量矿区既不投入也不开采，制约了国内油气供给能力的提高，未能充分体现国家对资源的所有者权益和企业有偿使用矿权的原则。实行油气勘探开发专营权制度和对外合作专营权制度，除少数国有油气企业外，不允许其他各类市场主体进入勘探开发领域，限制了油气领域的对外开放，制约了上游市场的发展。

管网：建设运营不向第三方开放，缺少有效监管。20世纪80年代以来，大部分发达国家对网络型行业进行了网运分开、放松管制的改革。我国油气管网设施的建设和运营仍集中于少数大型央企，实行纵向一体化的经营。不同公司的管网之间互不联通，有的地方交叉重复、空置浪费，有的地方建设不足、运行饱和。企业利用市场支配地位，不向第三方开放，不让社会资本进入，消费者缺少选择权。国家对管网运输的价格、建设、运营缺乏有效监管。城市供气管网一般也是由一家公司经营，与国家油气管网存在同样的问题。随着油气上、下游市场主体逐步走向多元化，相关市场主体对于油气管网改革的需求日益凸显。

流通：个别国企专营，形成市场壁垒。原油是目前世界上交易规模最大的自由贸易商品，但在我国仍是由少数企业特许经营。在进口环节，我国对原油仍实行国营贸易管理，同时允许一定数量的非国营贸易。中石油、中石化、中海油、珠海振戎公司和中化集团，这5家国营企业原油进口总量占整个原油进口的90%以上。原油国营贸易配额只能用于中石油和中石化的炼厂加工。没有国企的炼化生产计划文件，民企进口的原油不能通关、铁路不能安排相应运力。这种制度安排客观上限制了其他市场主体的进入。天然气进口方面，国家尽管没有明确的禁止性法规，但限于进口基础设施的排他性，民营企业很难实现从国外进口天然气，一般是通过三大油气企业代为进口。

在批发零售环节，国家赋予了中石化和中石油在成品油批发和零售环节的专营权。全国各炼油厂生产的成品油全部交由两大集团的批发企业经营，各炼油厂一律不得自销成品油；新建加油站统一由两大集团全资或控股建设。尽管近年来有所放松，延长油气进入零售行业，中石油、中石化、中海油（以下简称"三大油气企业"）开始与民企合作，但仍在批发零售环节占绝大部分份额，其他市场主体难以自由进入。

炼化：靠项目审批控制规模，形成逆向调节。炼化工业主要集中在三大油气企业，各地也有一些地方炼化企业。对炼化项目的审批高度集中于国家有关部门，大型炼化项目往往多年得不到批准。炼化是资本密集型产业，拿不到国家的批件，银行不给贷款，地方不给批地，而市场对成品油需求旺盛，于是小炼化企业在各地遍地开花。对炼化项目的"严格"审批不但不能抑制过剩产能，相反形成逆向调节，加剧了低水平的产能过剩。

企业："大而全小而全"，现代企业制度不健全。三大油气企业开展的业务覆盖了上下游全产业链，从生产经营到后勤服务、三产多经，包袱沉重，一应俱全。企业吃国家的大锅饭，职工吃企业的"大锅饭"，企业办社会问题仍很严重。国家有关部门对油气企业管人、管事、管资产，企业经营自主权出现下降趋势。油气企业以满足国家考核作为主要经营目标，将提高国有资产投资回报处于次要地位。虽然三大油气企业进入世界500强，但大量业务来自关联交易，内部交叉补贴严重，经营管理成本高昂，赢利很大程度上依赖国家给予的价格保护和补贴。

价格：国家定价为主，价格调整滞后国际市场波动。尽管我国已经明确了原油和成品油与国际接轨的定价原则，但定价机制仍不健全。国内原油价格被动跟踪国际油价，不能准确反映国内市场中真实的供求关系和成本变化，无法发挥价格杠杆调节供求关系的作用。成品油定价机制存在滞后性，国内油气消费者没有分享到国际油气价格走低带来的"红利"。国有油气企业不能参与国际期货市场交易，既不利于我国参与国际石油定价，也无法对冲油价波动的风险。

财税：税费功能界限不够清晰，各方经济利益亟待平衡。在现有税费政策下，油气企业除一般企业均需缴纳的企业所得税、增值税、消费税和营业税外，还须缴纳矿业权（探矿权、采矿权）使用费、矿业权价款（实际未征收）、资源税、矿产资源补偿费（矿区使用费）和石油特别收益金。这些税费基本上延续了计划经济下按生产环节收取的形式，经济内涵与边界比较模糊，没有反映出国家与企业的权利义务关系。在分配中，中央和地方利益不够平衡，没有兼顾到相关利益主体的诉求。

政府：政企不分、政监不分、监管薄弱。油气储量评估、行业标准制定等政府职能仍由企业承担。本应由政府进行的行业监管职能缺位，企业以自我监管为主。政府的油气管理职能分散在多个部门，管理方式基本上是以批代管，缺少事中事后监管。政府部门中没有对油气进行监管的专门机构，对网络运营环节监管缺位。相当数量的法律法规抑制了市场竞争，已经成为油气改革的障碍。

（三）油气体制改革目标思路和基本原则

当前，油气领域已经出台了一些改革措施，但尚未解决存在的突出问题，迫切需要通过顶层设计进行全产业链市场化改革。即未来的改革应当是"链式改革"，而不是"点式改革"。

改革的目标：建立竞争性油气供应体系，推进油气从不完全市场产业链向市场化产业链的根本性转变，形成公平竞争、开放有序、市场对油气资源配置起决定性作用的现代油气市场，不断提高油气保障能力，加快能源代际更替步伐。

为了实现这一目标，改革的总体思路是：围绕"一条主线、三个维度、多个环节"进行"链式改革"。即改革以油气产业链为主线，从企业、市场、政府三个维度出发，对油气产业链的各主要环节，包括矿权出让、勘探开发、管网运输、流通、炼化等进行全方位市场化改革。在企业层面，要实现政企分开、主辅分离、网运分开；在市场层面，油气上中下游市场全面放开准入；在政府层面，要简政放权、政监分离、强化监管。同时，统筹推进行业改革与企业改革，加快油气法规废、改、立进程。

推进油气体制改革应当坚持三个基本原则：

一是坚持解放思想，树立新的能源安全观。中国长期重煤轻油，制约了能源结构调整。将石油作为战略资源，只允许个别企业进行上下游一体化经营，抑制了竞争，扭曲了价格。在全球化条件下，一个国家完全靠本国的能源资源满足发展需要，既不可能也无必要。中国应当树立在开放条件下保障能源安全的观念，充分利用两个市场、两种资源，积极参与全球能源治理，推动建立国际能源集体安全体系，加快能源的代际更替的步伐。

二是坚持市场取向，构建单一市场体制。从党的十一届三中全会提出"计划经济为主、市场调节为辅"，到党的十四大确立社会主义市场经济体制的改革方向，再到党的十八届三中全会明确"市场在资源配置中起决定性作用"，中国走了一条市场化改革的道路。油气在改革开放头 20 年经历了放权让利、政企分开，与全国改革保持了同步。但 1998 年以后，油气领域加强了行业集中，弱化了竞争，市场化改革陷于停滞。未来油气体制改革要坚持市场化方向，建立单一的市场体制，而不是计划与市场并存的双重体制。

三是坚持激励相容，形成各参与方共赢的格局。在市场化改革中，每一个参与者首先关心自身在改革中的收益。油气体制改革涉及多方面的既得利益，在研究制定市场化改革方案时，应当坚持激励相容的原则，对各利益主体的收益预期进行充分评估，尽可能兼顾相关利益方，使改革后各参与方的收益预期大于改革前。

（四）油气体制改革政策建议

第一，以矿权改革为核心放开上游市场。通过矿权改革建立油气上游市场，引入更多市场主体，从而提高国内油气资源的勘探开发和供应能力。

一是放开矿权市场。参照国际一般做法，从"申请在先"方式，改为"竞争性出让"方式，国家通过公开招标有偿出让矿权。

二是松绑勘查资质。将探矿权出让与勘查资质分开，勘查资格证不再作为申请矿权的必要条件。取消上游油气勘探开发的限制准入条款，允许各类市场主体参与油气勘探开采。

三是提高持有成本。提高最低勘查投入标准，不能达到投入标准的企业要退出矿权。允许企业在满足法定条件下转让矿业权或股份，活跃矿权市场。

四是合同约定权利。矿业权竞争性出让已完全改变了现行法律规定的权利义务，在进行监督管理时无法可依。今后国家在出让油气矿业权时，可以采用油气租约形式，制订出一套油气矿业权出让行政合同，与受让方约定权利义务。内容包括，出让的油气矿权的范围和性质、矿权期限、勘探和开发义务、最低义务工作量、环保安全责任义务、争议解决条款等必备条款。对于涉及国家与矿业权人经济关系的，如使用费、价款、权益金等，可以签订经济合同。

五是全面对外开放。取消三大油气企业对外合作专营权，获得矿业权的企业可自主决定对外合作相关事宜。

第二，构建独立多元的油气管网运输体系。改革的总体思路是"网运分开、放开竞争性业务"，给油气生产者和消费者更多的选择权。

一是网运分开、独立运行。将原来属于三大油气企业的管道业务独立出来，通过混合所有制改革或资产出售方式，成立多家管网公司，而不是成立单一的国家管网公司运营。管网公司只参与石油、天然气输送，不参与油气生产、销售，并按照"财务独立—业务独立—产权独立"的步骤，推行"厂网分离""网销分离""储运分离"，渐次推动管网独立。为便于对网络监管和给网络运输定价，应当剥离管网公司辅业。

二是公平准入、多元投资。新的管网公司按非歧视原则向第三方提供运输服务。允许三大油气企业以外的经营主体从事油源、气源业务，包括国外进口和国内煤制气、页岩气、天然气均可进入管网运输。允许各类投资主体以独立法人资格参与管网和 LNG 接收站、储油库、储气库等相关设施的投资经营，逐步在全国形成多个管网公司并存、互联互通的格局。

三是合理回报、有效监管。政府制定管网的输配价格、合理回报水平，对管输企业向第三方公平开放、价格、合理回报进行监管。

第三，建立竞争性油气流通市场。这是油气回归商品属性的关键。一是取消原油进口资质条件。放开原油进口权，取消国营贸易企业对原油进口的特许经营，任何企业均可从事原油进口和国内贸易。配合进口权开放，取消排产计划，国内炼化企业均可公平地进行原油交易。

二是取消成品油批发零售环节特许经营权。撤销国务院 1999 年和 2001年出台的《关于清理整顿小炼油厂和规范原油成品油流通秩序的意见》《关于进一步清理整顿和规范成品油市场秩序的意见》《关于民营成品油企业经营有关问题的通知》，不再授予个别企业在成品油批发零售环节的特许经营权。

三是放开下游零售市场。放开加油站业务的市场准入。允许中石油和中石化对其全资或控股拥有的加油站企业进行混合所有制改造或剥离，逐步实现加油站行业多元主体经营。

四是发展石油期货市场。放开石油期货交易参与主体的限制，允许国有油气企业参与交易，允许各类企业能够实现实物交割。同时，增加上海石油期货交易所的交易品种，扩大交易规模。

第四，深化油气企业改革。进行"主辅分离、做强主业，产权明晰、完善配套"的改革，进一步完善现代企业制度，国家对油气企业从管人、管事、管资产转变为管资本为主。一是资本运营。将三大油气企业改组为国有资本投资公司，由国务院授权经营，并继续保持对原上市公司的控股地位。二是做强主业。进一步增强上市公司实力。三是剥离辅业。将三大油气企业的"三产"、"多经"、油田服务等辅业剥离，三大油气企业上市部分人员压缩至目前的 10%—20%。剥离后的辅业主要有两个出路：（1）组成若干独立经营的企业，由三大油气企业控股或参股经营；（2）将资产整体出售，或者下放地方政府管理。

三大油气企业中规模较小油田、闲置的低品位资源和部分炼油化工、油品销售的子公司、分公司可以划转给省级地方政府，使其成为由地方政府授权经营的独立法人。医疗和教育单位按国家规定实行属地化管理。油气企业离退休人员实行社会化管理。

在改革中大量剥离、下放的企业，要进行股份制改造，建立规范的现代企业制度、公司治理结构，具备条件的可单独上市。考虑到改革中安置分流人员上要付出一定的代价，建议将出售资产获得的资金专项用于人员安置和解决历史遗留问题。

第五，逐步放开油气价格。油气企业放开准入、放开进出口和流通领域资质限制、管网独立后，国家不再对油气的批发零售定价，交由市场竞争调节。但是政府要继续保留对管道运输价格的定价权，并严格监管。

第六，构建多方利益平衡的财税关系。油气资源税费制度改革的思路是：理清利益关系，落实有偿取权，稳定所有者权益，促进资源开发，兼顾各方利益，构建新型资源税费体系。

一是改革油气税收体制。按照竞争性进入、高风险持有、收益合理共享的原则，体现国家资源所有者的权益。油气资源税费体系包括：（1）矿业权使用费（rental），体现矿租内涵，按土地面积定额收取。取代原有的探矿权使用费、采矿权使用费和矿区使用费，简化税赋，增加持有成本，促进资源的有效开发。（2）探矿权采矿权价款（bonus），是资源开发超额利润的预付款，即现金红利，采取竞争或者评估谈判产生价款。（3）权益金（royalty），是资源所有者权益分成，在开发者毛利润中定率收取，也可以在矿业权竞争性出让时对权益金率报价产生。长远看来，权益金应取代原有的资源税、资源补偿费和特别收益金。在目前低油价环境、国内油价成本过高情况下，可适当保留资源税（tax）进行过渡。

二是理顺中央与地方的财权分配关系。按照实际管辖权限和经济功能，对矿业权使用费、资源税、价款、权益金可与地方进行适当形式的分成。

三是提高国有资本经营预算。增加国有资本收益上缴公共财政比例。

四是建立石油基金，保障公益事业。权益金收入的管理方式可借鉴挪威模式，建立作为主权财富基金的石油基金，用于保护环境及其他公共事业。

第七，改革政府管理体制。建立"政监相对独立、分段分级监管、部门分工明确、监管权责清晰"的现代管理体制。

一是统一规划，分级实施。国家发改委和国家能源局是油气（能源）行业的政府主管部门，可赋予其更全面完整的管理权限。地方发改委、地方能源局的职责主要是落实国家油气发展的战略规划和政策措施。

二是构建"分段分级监管"油气监管体系。国家能源局、国土资源部、商务部、国家质量监督检验检疫总局、环境保护部、国家安监总局分别承担不同的监管职能。特别是要加强对油气管道环节公平开放和输配价格、油气矿权公平出让等方面的监管。

三是简政放权、放管结合。各主管部门不再干预微观主体的经营活动，并尽快拿出权力清单、责任清单和负面清单。大幅度减少对油气项目的审批。对确需审批的项目，改串联审批为并联审批。取消对油气运营的调配权。取消国家发改委对下游炼化项目的审批。

第八，加快油气法规的废改立。为保证改革的顺利进行，首先要停止执行若干与市场化改革相悖的法规条款，在此基础上，再逐步制定新法。能源法规不再搞部门立法。考虑到中国成文法具有滞后性的特点，对尚未充分实践的或拿不准的措施不急于立法，可以先制定暂行条例，随着改革成熟再以法律形式固定。

（五）油气体制改革实施步骤

油气体制改革不应是对原有体制的修修补补，而是要在市场化的方向上迈出重大步伐。对改革的具体组织实施有以下建议：

第一，制定覆盖全产业链的一揽子方案。建议党中央、国务院组织专门班子统筹制定油气全产业链市场化改革方案，各行业主管部门、油田所在地方政府、各企业配合。但不是由各部门和相关企业自行提出改革方案。

第二，分三步走推进改革。第一步，在矿权改革、管网改革、国企改革、财税改革四个关键点上率先突破。第二步，放开进出口和流通准入，放开价格管制。第三步，全面完善政府监管。

这里需要说明的，一是关于改革的关键点。油气改革中放开进出口、流通和价格相对比较容易，但在没有形成矿权市场、管网不独立的情况下，放开进出口、流通和价格后仍然不能形成竞争性市场，改革的成效不明显。所以改革首先要在形成竞争性市场的关键点上有大的突破，即进行矿权、管网和国企改革。二是关于财税改革。由于油气改革涉及调整利益分配关系，财税改革必须在改革之初优先推进，使各参与方明确自己在改革中的收益，这将有利于调动各方面参与改革的积极性。三是关于政府监管。以往改革的经验教训说明，在市场发育不足的情况下，监管部门不易实施有效的监管。在油气改革之初，政府部门应将主要精力放在突破旧的体制。随着全产业链竞争性市场格局逐步形成，政府职能再转向全面完善监管。

第三，抓紧完善配套措施。由于改革会涉及大量的人员分流和社会稳定问题，建议用财税改革后的权益金收入、三大油气企业改革中出让资产收入、部分企业上缴的国有资本金预算共同建立石油基金，主要用于职工安置和解决历史遗留问题。

（六）油气体制改革成效预期

改革涉及的既有利益主体包括：中央、地方、三大油气企业、企业职工、地方炼油企业等。其中三大油气企业的情况比较复杂，既有主业，也有各种三产、多经、油田、油服等。此外涉及的利益主体还包括各类期望进入油气领域的国有企业和多种所有制经济的企业。按照上述改革方案，各利益主体在改革中的收益均会有所增加。

第一，中央和地方政府。在矿权改革中，提高了油气企业对矿区持有的成本，势必造成三大油气企业退出一部分矿区，有利于为竞争出让矿权提供资源基础。对国家来说，将"登记在先"出让方式改为"竞争出让"方式，既可以通过招标出让三大油气企业退出的矿区，也可以出让页岩气、煤层气等非常规油气矿区，吸引各类投资主体参与油气勘查开发。国有企业改革中，三大油气企业出售和调整下放的油田资产，将增强地方经济实力、增加地方税源，从而调动地方参与生产开发、消化分流人员和历史遗留问题的积极性。财税体制改革将使中央、地方更多分享油气改革给企业带来的收益。

第二，三大油气企业。三大油气企业改革后，通过主辅分离，人员大幅度减少，会使主业更强、效益更优，提高资本运行效率。辅业将形成新的油田服务市场，走专业化发展的道路，极大降低三大油气企业主业经营成本。剥离后的辅业形成的新企业经过股份制改造，可以利用近期股市形势向好、注册制改革的机遇上市融资，扩大投资和经营规模。

第三，管网企业。管网独立后，国家将核定管输的合理回报，同时对各类投资主体开放，这对资本市场有较强的吸引力。改革后将促进管网建设获得较快的发展。

第四，地方炼油企业。将获得更多优质油源，不必炼制低质的重油和渣油，有利于生产更多低成本的优质产品，减少炼油造成的环境污染。

第五，三大油气企业员工。不论是保留在三大油气企业上市公司中的职工，还是剥离的各种辅业职工，都将新进入市场竞争。在这方面，多年国企改革已经积累了丰富的经验。对调整和下放到地方的资产和人员，考虑到近些年地方的基本公共服务水平已经普遍高于油田，调整和下放会受到相关油企职工的欢迎。同时，改革后权益金收入、国企出让资产收入、国有资本预算共同建立的石油基金，可以拿出一部分用于职工安置。职工会保持现有的福利或随着企业效益的提高有所改善。

第六，其他各类投资主体。全产业链市场化改革后，各类投资主体可以进入上游，投资传统油气和页岩气、煤层气等非常规油气；进入中游，投资流通和管网运输；进入下游，投资炼化。

　　总的看，通过改革可以增强国内油气资源保障能力，降低油气使用成本，给国家创造更多的利润和税收，打破油气领域所有制壁垒，加快能源结构调整和代际更替步伐，从整体上提高中国制造业产品的国际竞争力。油气体制改革虽然难度很大，但完全能够实现各参与方共赢，打造成经济增长的新亮点。

　　（参加写作的还有：冼良、大伟、王进、张利宾、王越、杨睿、张萌等）

十二、以改革创新持续释放土地红利

董祚继 [1]

改革开放以来，我国坚持和完善社会主义土地公有制，通过实施农村土地承包经营、城镇土地有偿使用、土地确权赋能等一系列改革创新，加快了工业化、城镇化和农业现代化进程，推动了城乡繁荣发展，释放了巨大的土地制度红利。但是，近年来随着土地供需矛盾加大、用地成本上升、"土地财政"趋紧和房地产价格高企，土地管理也面临严峻挑战，特别是经济下行压力加大，现行土地制度的持续性和有效性正经受重大考验。面对新情况、新问题，一些地方积极开展土地管理制度改革探索，积累了新鲜经验。实践表明，支撑我国经济持续较快发展的土地制度优势依然存在，在坚持土地基本制度的前提下，进一步深化改革、着力创新，完全可以释放更多土地红利，在稳增长中发挥更大的作用。

（一）推进土地审批制度改革，保障稳增长项目及时落地

我国将"地根"即用地供应作为宏观调控的政策工具，经历了十多年实践探索的过程。在 2003 年至 2008 年上半年针对经济运行偏热以"控"为主的调控中，通过严格土地审批，从严控制新增建设用地，有效抑制了固

---

① 本文作者为国土资源部调控和监测司巡视员。

定资产投资过快增长；在 2008 年下半年起应对国际金融危机以"保"为主的调控中，通过提高土地审批效率，稳步增加建设用地供应，促进了经济企稳回升。总体来看，"地根"与产业、投资、区域等政策组合运用，调控作用比较直接、易于见效，是我国土地公有制的独特优势和重要体现。

去年以来，在抗击经济下行过程中，国土资源部门结合简政放权，通过简化环节、优化流程、压缩时限、特事特办，土地审批进一步提速。目前符合条件的重大建设项目用地，在 20 个工作日内即完成审查。国家今年拟新开工 60 个铁路项目和 27 个重大水利项目用地预审已全部完成。前三季度全国批准建设用地 26.9 万公顷，同比增加 3.6%，其中交通运输、水利设施和能源等基础设施、基础产业用地占 36.3%，同比增加 57.3%，保证了中央稳增长政策的落实。

在充分肯定改革成效的同时，也要清醒看到，现行土地审批制度仍有改革完善的空间。审批环节仍然偏多。建设项目从选址立项到落地开工，即使不把土地规划计划、占用基本农田等间接审批计算在内，直接审批环节就有建设项目用地预审、耕地占补平衡、先行用地审批、农用地转用审批、土地征收审批、土地供应审批等，相关部门还有城市规划许可、占用林地审批、占用海域审批等。审批层次仍然偏高。除村民建房和乡镇企业、乡村公益设施建设外，其他建设占用土地均需报国务院或省级政府审批，其中涉及占用基本农田、一般耕地超过 35 公顷，其他土地超过 70 公顷的单独选址项目用地，以及土地规划由国务院批准的城市批次用地，需报国务院审批。重复审查仍然偏大。不仅部门之间存在交叉、重复审查，而且用地预审、农转用审批、征地审批、供地审批几乎都涉及审查供地政策、规划计划、用地标准、占补平衡、补偿安置、社会保障等事项。

从根本上解决土地审批问题，涉及自然资源资产产权制度、两种土地公有制权能、空间用途管制制度等，需与相关改革相统筹，并要调整相关法律规范，短期内难以一步到位。可考虑先行整合建设用地预审和农用地转用审批，设立"土地用途转用许可"，主要审核建设用地是否符合规划计划、供地政策、用地标准和补充耕地方案，在项目批准、核准前完成；国务院以及国务院投资主管部门批准、核准的独立选址建设项目用地，土地用途转用由国务院土地行政主管部门许可，其他建设涉及土地用途转用由省级土地行政主管部门许可，许可文件向社会公示。土地征收审批权一律下放省级政府，以取得土地用途转用许可为前提，在项目批准、核准后进行；省级政府定期调整征地补偿标准，报国务院土地行政主管部门备案；具体的征地补偿标准和安置方案，由市县政府根据省级政府的规定，在充分听取被征地农民意见的基础上确定。这一改革设想如果实施，既可大幅提高审批效率，也可加强土地用途管控，并可强化地方政府征地责任，随着信息化监管手段不断加强，已具备实施条件。

（二）创新城乡土地开发利用制度，拓展建设发展空间

我国发展进入新阶段，土地供需矛盾有增无减。一方面，城镇化和新农村建设持续推进，区域发展、民生建设力度空前，用地需求刚性增长难以逆转；另一方面，不少地方资源环境承载力接近极限，严守耕地和生态保护红线导致土地供给刚性约束不断强化。显然，仅靠外延扩张增加建设用地的老路已走不通，必须寻找新途径、新办法。近年来，一些地方统筹经济发展、生态建设和耕地保护，创新城乡土地开发利用制度，为稳增长开辟了新空间，值得总结推广。

规范推进城乡建设用地增减挂钩，向结构优化要空间。城乡建设用地增减挂钩，是对闲置农村建设用地进行整治复垦，在优先满足宅基地需求和农村发展用地的基础上，将节余的用地指标按规划调剂给城镇使用，并将指标增值收益全部返还农村，支持农村改善生产生活条件。目前增减挂钩已扩大到大多数省份，有力推动了农村人居环境整治和城乡统筹发展，在一些地方，如安徽金寨、四川巴中、陕西陕南等，还为扶贫开发、生态移民等提供了重要手段。目前全国村庄用地达 2.5 亿亩，人均达 229 平方米，

可整治土地1亿亩左右。宅基地整治复垦，要充分尊重农民意愿，严格保护传统村落和农村风貌，完善增值收益形成与返还机制。

稳妥推进低丘缓坡土地综合利用，向布局调整要空间。其基本做法是结合产业布局，通过创新用地管理制度，调整城乡用地布局，引导城乡建设尽可能使用低丘缓坡等劣质农用地和未利用地。为防止劈山造地对生态和地质环境的破坏，浙江湖州、杭州一些区县创新利用方式，依托自然地貌和山水资源，实行"点状布局、垂直开发"的"坡地村镇"模式，促进了民宿旅游产业的蓬勃兴起，做到了利用景观资源与保护自然生态的统一，开辟了低丘缓坡土地利用新途径。我国山地、丘陵面积占到陆域国土面积近七成，其中坡度相对平缓、适宜产业利用的土地很多，科学合理开发利用低丘缓坡土地，是全面节约高效利用资源的根本要求，也是协调发展、绿色发展的必由之路。

积极推进工矿废弃地复垦利用，向废弃矿山要空间。针对历史遗留工矿废弃地数量大、治理难，一些地方综合运用矿山地质环境治理恢复、矿业用地方式改革、复垦土地与新增用地相挂钩等政策机制，全面推进复垦利用，显示出良好的经济、社会和生态效益。如浙江省德清县针对长期矿山开采留下的4.5万亩废弃矿地，创新政策机制，因地制宜采取打造产业平台、建设矿地村庄、整治复垦农地、连片垦造水田、实施矿山复绿等五大措施，不仅恢复了青山绿水，也为城乡建设提供了宝贵资源。我国矿山土地复垦率已由"十五"时期不足5%提高到目前的26.7%，但与发达国家80%以上的复垦率相比仍有很大差距，复垦利用潜力巨大。

（三）完善土地有偿使用制度，遏制产业用地成本上升

我国以有偿使用为主要内容的城镇土地市场化配置改革取得了显著成效，但客观而言，市场化配置不足与过度市场化问题同时存在，前者导致土地粗放利用、国有资产流失和企业不公平竞争；后者导致企业用地成本

过快上升，降低产品竞争力，并阻碍产业调整升级。2015 年三季度，全国 105 个主要监测城市建设用地综合地价达到每亩 240 万元，商业、住宅和工业地价分别为每亩 447 万元、361 万元和 50 万元，总体水平已经不低。遏制产业用地成本过快上升已成为稳增长、调结构的紧迫课题。

遏制产业用地成本过快上升，除了多渠道拓展建设用地空间、控制征地拆迁成本不合理上涨外，关键是完善土地供应特别是有偿使用制度。结合近年来各地的探索实践，以及近期国土资源部会同有关部门研究制定的支持新产业新业态发展等用地政策，重点在以下方面推进制度创新。

鼓励盘活利用现有用地。目前城镇用地中工业用地比例偏高，有的达到 40% 以上，这也为产业调整升级提供了大量可直接利用的建设用地。如：闲置划拨土地上的工业厂房、仓库等，经依法批准可用于养老、流通、服务、旅游、文化创意、科技服务等行业发展，在一定时期内继续以划拨方式使用土地；原制造业企业和科研机构整体或部分转型、转制成立独立法人实体，从事研发设计、勘察、科技成果转化转移、信息技术服务和软件研发及知识产权、综合科技、节能环保等经营服务，以及利用存量房产兴办创客空间、创新工场等众创空间的，过渡期内可继续按原用途和土地权利类型使用土地，等等。

加强新产业、新业态用地精细化管理。新产业、新业态处在迅速发展过程中，大都集科研、生产、经营等于一体，土地多种用途混合，通过细化用途并采取不同的供地方式，可有效降低企业用地成本。如：属于研发设计、勘察、检验检测、技术推广、环境评估与监测的，可按科教用途划地；属于水资源循环利用与节水、新能源发电运营维护、通信设施的，可按公用设施用途供地；属于产品加工制造、高端装备修理的，可按工业用途供地。土地用途难以区分的，还可由相关部门论证确定用途，向社会公示后实施。

实行产业用地差别化政策。除新建永久性建筑物、构筑物须依法办理建设用地征收和农转用手续外，对不改变自然地表、生物景观的产业用地，可以区别情况采取租赁、只征不转等方式，降低项目用地成本。如：对利用自然景观和生物资源发展农业、生态、民宿旅游的，可实行只征不转；对光伏、风力发电等项目使用戈壁、荒漠、荒草地，不占压土地、不改变地表形态的用地，可按原地类认定，允许以租赁等方式取得；对新能源汽车充电设施、移动通信基站等用地"点多量小"的新产业配套基础设施，可采取配建方式供地。

改进产业用地供应管理。结合企业投资规模、生存周期等，推行先租后让、租让结合供应方式，降低企业兴办门槛；鼓励开发区、产业集聚区建设多层工业厂房，供中小企业进行研发、设计、生产、经营多功能复合利用，等等。

（四）探索城乡土地整治机制，搭建稳增长、调结构新平台

土地既是重要资源，也是环境本底，还是发展要素。近年来，一些地方创新政策机制，积极开展城镇和农村土地整治，不仅盘活了大量闲置低效用地，也在推进产业转型升级、扩大投资和消费需求、改善城乡基础设施和环境等方面发挥了重要作用，为稳增长、调结构搭建起新的重要平台。

城镇建设用地整治的节地效果及其对扩内需、调结构的乘数效应正日益显现。自2009年起，广东在全省范围内开展了以"三旧"（旧城镇、旧工厂、城中村）改造为主要内容的城镇低效用地再开发试点，在坚持土地出让基本制度的前提下，对存量用地管理实行差别化政策，建立存量用地退出和再开发机制，取得了显著成效。截至今年上半年，广东"三旧"改造累计投入改造资金6032亿元，其中社会投资约占80%；已改造项目中，属于结构调整的占63.8%，引进现代服务业和高新技术产业项目占16.4%。去年以来，浙江、江苏、辽宁等省也相继开展了类似试点。其主要做法和经验是，坚持统筹规划、政府引导、市场运作、公众参与、利益共享的原则，在严格保护历史文化遗产、传统建筑和保持特色风貌的前提下，建立合理

利益分配机制，依法依规、实事求是解决历史遗留用地问题，有序推进城镇更新和低效用地再开发，包括结合城市棚户区改造，采取协商收回、收购储备等方式，实施"旧城镇"改造；依法办理相关手续，推进"旧工厂"改造和产业升级；充分尊重权利人意愿，采取自主开发、联合开发、收购开发等模式，分类推动"城中村"改造。目前我国人均城镇用地 133 平方米、工业用地容积率只有 0.3—0.6，若将人均城镇用地逐步压缩到 100 平方米、工业用地容积率提高到 0.6—1.2，可盘活用地 3000 万亩，为稳增长、调结构提供强大支撑。

农村土地整治对稳增长的作用也毫不逊色。近年来，许多地方以镇、村为单位，以土地整治为平台，统一规划、聚合资金，统筹推进高标准基本农田建设、中低产田改造、农用地整理、新农村建设等，不仅提高了耕地综合生产能力，改善了农村人居环境，也盘活了农村土地资源，激发了农村市场潜能，带动了农村投资和消费，为城乡统筹发展增添了强大动力。以成都市为例，近年来通过"田水路林村"综合整治，不仅新增耕地 42 万余亩，高产稳产农田比率达到整治面积的 80% 以上，还建成 230 个标准化规模化农产品生产基地，建设农民新居 1500 多个，改善了约 60 万农民群众的居住环境和生活条件，并为汶川、芦山地震灾区筹集到重建资金 124 亿元，为城镇建设提供用地约 10 万亩。各地农村土地整治的做法和经验，概括起来就是：夯实产权基础、注重科学规划、强化综合整治、依托产业发展、实行民主管理。当前，农村土地整治正在由单一项目到连片整村、由建设偏好到产村融合、由政府主导到村民自主演进，成为农村经济发展的重要抓手，有望释放出稳增长的巨大潜力。

（五）推进农村土地制度改革，激活农村资源资产

如果说农村经济发展将是中国经济增长的"下一个风口"，那么驱动这一发展的强劲东风毫无疑问就是农村土地制度改革，特别是以"还权赋能"

为指向的农村集体经营性建设用地和农村宅基地制度改革。

农村集体经营性建设用地制度改革的基本思路,是允许规划确定为经营性用途的存量农村集体建设用地,与国有建设用地享有同等权利,在符合规划、用途管制和依法取得的前提下,可以出让、租赁、入股,并完善入市交易规则、服务监管制度和土地增值收益的合理分配机制。2015 年 6月下旬国土资源部批准了 15 个县(市)试点改革方案,从 8 月 24 日到 9 月8 日不到半个月内,即有浙江德清、贵州湄潭、四川郫县的 6 宗地块集中入市,拉开了改革帷幕。首批 6 宗地块入市过程顺利,一些表现超过了预期。一是显化了农村土地资产价值。郫县唐昌镇战旗村地块经过 3 轮竞价,最终成交价每亩 52.5 万元;德清县洛舍镇砂村拍卖地块,起拍价 947 万元,4名竞拍人通过 24 轮举牌,最终以 1150 万元的价格出让,扣除 32% 的增值收益金后,亩均出让收益 39.2 万元,接近同地段国有土地出让价。二是激活了民间资本。德清这次成交的 2 宗地土地使用权获得者都是当地人,据分析全县沉淀了 8 亿元—10 亿元的民间资本,允许集体经营性建设用地入市,将吸引大量民间资本投入当地发展。农行德清分行分析,德清县未来可入市集体建设用地总资产 35 亿元,按照 6 折额度贷款计,可新增 20 亿元贷款规模。三是促进了转型升级。德清两宗入市地块原为废弃工矿用地,环境污染严重,这次出让后将开发旅游酒店项目。郫县入市地块原是村办复合肥厂、预制厂,出让后将打造乡村旅游综合体项目,显著提升产业和城镇品质。四是搭建了城乡统筹发展新平台。首批 6 宗土地入市收取的土地增值收益调节金占成交价的比例为 12%—32% 不等,将统筹用于农村基础设施和公益设施建设,推动城乡基本公共服务的均等化。6 宗入市地块中的两种工业项目都在湄潭,据分析,对于像湄潭这样的中西部农村,集体经营性建设用地入市更利于发挥后发优势,加快就地工业化、城镇化进程。

农村宅基地制度改革的基本思路,是在保障农户依法取得的宅基地用益物权基础上,探索农民住房保障新机制,探索宅基地有偿使用制度和自愿有偿退出机制,探索农民住房财产权抵押、担保、转让的有效途径。宅基地约占农村建设用地的 3/4，潜力远超集体经营性建设用地，但涉及如何处理宅基地福利功能与财产功能、保障功能与要素功能的关系，因此改革更为审慎。国土资源部也于 2015 年 6 月下旬批准了 15 个县（市）宅基地试点改革方案，目前各试点正在扎实开展相关准备。从前期工作看，一是要慎重确定宅基地转让和出租范围，既不能给农村社会结构带来颠覆性破坏，又能有效扩大农民财产性收入渠道，有利于人口流动，促进就地城镇化。二是积极探索农民住房保障的多种实现形式，在农民市民化过程中兼顾当前实际和发展需要，在用地紧缺地区优先落实"户有所居"，同时支持农民住房的改善性需求。三是稳妥推进农村宅基地有偿使用，充分尊重农民意愿，逐步扩大有偿使用范围，推进宅基地节约集约利用，促进城乡要素平等交换。四是同步推进农民住房财产权抵押和农村宅基地使用权抵押，妥善处理宅基地的福利保障功能与金融机构商业化运作之间的关系，探索集体经济组织担保、多户联保、地方政府担保等多种途径，既确保农民基本住房，又化解宅基地抵押权实现风险。五是推进闲置宅基地统筹利用，吸取城乡建设用地增减挂钩和"地票"两种模式的长处，完善和拓展节余用地指标统筹使用范围，建立农民共享开发收益的机制，推动形成城乡统一的建设用地市场。

十三、供给侧改革：土地政策已经发力

唐健[①]

中央提出，"在适度扩大总需求的同时，着力加强供给侧结构性改革，着力提高供给体系质量和效率"。这有别于以往刺激需求端如消费、投资、净出口的三驾马车，强调制度供给、构建发展新体制，以期通过供给端发力破除增长困境，释放增长红利。

所有的经济活动都要依靠土地承载，所以中央的供给侧改革也必然要求在用地政策上得到落实。从土地政策上看，也存在着需求与供给错配的问题，最明显的如房地产用地政策，过去几年一直强调抑制房价过快上涨，加大住房用地供应，导致目前的房地产库存过大，而新业态新产业用地以及养老、医疗、旅游等民生项目用地满足度不高。供给侧结构性改革，就是要调整经济结构和释放经济增长的动力，提高劳动、资本、土地等生产要素的供给效率和产出效率。

从今起出台的土地政策上看，供给侧结构性改革，土地政策已经发力。体现在保障新产业新业态用地给予、盘活低效的存量建设用地和闲置土地、促进房地产用地及房地产去库存、社会资本投资用地支持以及农村土地三项改革释放潜在获利等方面。

---

① 本文作者为中国土地勘测规划院地政中心主任。

（一）配合宏观经济供给侧结构性改革，增加新兴产业新业态用地供给

为落实党中央、国务院关于促进新产业新业态发展、推进大众创业万众创新的重大决策部署，2015 年 9 月，国土资源部联合五部委下发《关于支持新产业新业态发展促进大众创业万众创新用地的意见》（以下简称《意见》）。11 月，中央下发了《关于积极发挥新消费引领作用加快培育形成新供给新动力的指导意见》和《关于加快发展生产性服务业促进消费结构调整升级的指导意见》，要求加大土地政策引导支持，鼓励创新，满足创新用地需求；对生活性服务业设施建设用地，予以优先安排；加大养老、健康、家庭等生活性服务业用地政策落实力度。

具体政策：

1. 增加指标。对新产业、新业态用地，要予以重点保障，新产业发展快、用地集约且需求大的地区，可适度增加年度新增建设用地指标，满足新产业新业态项目落地的需求。

2. 可以多种方式供地。除了以往的一次性出让方式外，还可以采取租赁方式或先租后让、租让结合的方式供应土地，以保证新产业新业态项目在发展初期集中资金投入到研发等生产性支出上，降低其土地取得成本。租赁期满符合条件拟转为出让土地的，可以协议方式办理出让手续。这条规定保证新产业新业态项目单位可以长期持有土地，免去租赁土地期满通过招拍挂方式，不能保证一定能够继续持有土地的后顾之忧。

3. 不改变原地类性质。采取差别化用地政策支持新业态发展，如光伏、风力发电等使用未利用土地的，不改变地表形态的用地部分可按原地类认定。简化了地方用地审查报批的烦琐程序，最大限度地保证了新产业发展。

4. 设立地役权，解决小面积土地需求。新能源汽车充电设施、移动通信基站等用地面积小、需多点分布的新产业配套基础设施用地，除支持采取配建方式落实用地外，还将依法设立地役权作为一种重要的用地方式予以推行。这一政策同样简化了新产业新业态项目在用地上的审批手续，只

需与现有土地使用权人协商即可取得地役权，满足用地需求。

5.增加生产性服务用地面积。新产业的工业、科教用地可兼容建筑面积比例不超过 15% 的生产服务等设施。相比于过去不能超过 7% 的规定，有了很大的提高，更好地满足了企业用于生产性服务业的用地需求。

（二）清理闲置土地，盘活存量土地

1. 清理闲置土地

国务院重大政策措施落实情况督查发现，建设用地闲置现象严重，有的地方 2009—2013 年已供应建设用地中，闲置土地总量占当期年平均供应量的 28.6%，有的地方达 30.5%。由此表明，所谓发展遇到土地瓶颈，并不是土地供应量小，而是因为土地没用好，缺乏土地高效利用的约束机制。在当前稳增长的大环境下，大量的闲置土地释放，一方面可以有效增加土地的供应，保障用地需求，另一方面也可以改变依靠新增的传统用地模式，促进经济发展方式转变。

国土资源部开展了节约集约用地专项督察工作，重点是清理批而未供土地和清理闲置土地。通过地方自查、督察核查等方式，清理处置批而未供和闲置土地，促进土地消化和盘活利用。

2. 盘活存量土地

推动产业转型、创新驱动，盘活现有存量建设用地及房产是重点。工业化的发达阶段，科技研发类为代表的现代工业，并不会产生传统工业的污染、大面积的厂房，不会与其他土地利用方式发生矛盾，工业地产与商业地产的边界变得十分模糊，很难区分写字楼与现代工厂，需要更多的综合土地利用开发模式，土地的复合利用、科学的土地开发利用方式对土地政策提出创新要求。

具体政策：

（1）鼓励土地复合利用。鼓励开发区、产业集聚区规划建设多层工业厂房、国家大学科技园、科技企业孵化器，供中小企业进行生产、研发、设计、经营多功能复合利用，允许工业仓储与商业、办公等功能在同一地块（或同一栋建筑）内混合，其用地可按工业用途和科教用途管理；引导土地用途兼容复合利用，出让兼容用途的土地，按主用途确定供应方式，在现有建设用地上增加兼容的、可以协议方式办理用地手续。

（2）五年过渡期。改变土地用途、对利用城镇现有空闲的厂房、学校、社区用房进行改建和利用的，在一定经营期限内可不增收土地年租金或土地收益差价。土地使用性质也可暂不变更，5 年内可继续按原用途和土地权利类型使用土地，以促进产业结构转型平稳过渡。这条会盘活现有存量土地及房产，让其发挥最大效率，产生最大价值，而不受现行土地政策的制约。

（3）协议出让。上述用地期满或涉及转让的，按新用途、新权利类型、市场价协议办理用地手续。这条的关键在于保证了原土地使用者能够继续使用土地，促进企业长远投入，避免短期行为。

（4）对研发类用地尤其加大保障。对依托国家实验室等现有科研设施构建创新平台的，允许其继续保持土地原用途和权利类型不变。对于科研院所企业化改革，允许其按国有企业改制政策进行土地资产处置。这条政策对促进新技术的研发用地保障是很大支持，只有加大研发投入，才能生产出适合市场需求的产品，才能实现供给引导需求。

（三）促进房地产用地开发及转换用途，消化库存

为抑制房价过快上涨，中央要求地方加大房地产用地供应量，2013 年全国住宅用地供应 13.82 万公顷，同比增加 24.7%，相当于前 5 年平均实际供应量 9.64 万公顷的 143%，为历年最高水平。在经济下行的背景下，当时投入的土地大量闲置，为消化这些突击供应出去的土地，出台了促进房地产

及用地去库存的政策。

具体政策：

1. 允许房地产用地改变用途

房地产供应明显偏多或在建房地产用地规模过大的市、县，可将未开发房地产用地转换用途，引导其用于国家支持的新兴产业、养老产业、文化产业、体育产业等项目用途的开发建设，促进其它产业投资。对按照新用途或者新规划条件开发建设的项目，应重新办理相关用地手续，重新核定相应的土地价款。这条政策标志着房地产用地政策从一味地满足需求端出发，转变到了重视改变用地结构，解决供需错配的矛盾，引导多余的房地产用地转向养老、文化、体育等产业。

2. 促进土地开发

国土资源主管部门要根据市场实际情况，控制好住宅用地供应的规模、布局和节奏，将住房用地年度供应计划落实到具体地块，明确上市时间，定期分批推出，稳定、均衡供应住宅用地。要进一步采取措施，灵活确定地块面积、组合不同用途和面积地块搭配供应。综合运用多种供地方式，完善招拍挂手段，减少流标流拍，避免异常高价地，稳定市场预期。

（四）鼓励市场主体参与土地开发的政策

1. 吸引社会资本投资铁路建设的土地政策

2014 年国务院办公厅印发了《关于支持铁路建设实施土地综合开发的意见》，提出实施铁路用地及站场毗邻区域土地综合开发利用政策，支持铁路建设，促进新型城镇化发展。为了进一步鼓励和扩大社会资本对铁路的投资建设，2015 年 7 月 10 日发改委、财政部、国土部、银监会、国家铁路局联合发布《关于进一步鼓励和扩大社会资本投资建设铁路的实施意见》。

具体政策：

（1）投资铁路建设的社会投资主体同时取得土地综合开发权。新建铁路项目未确定投资主体的，可在项目招标时，将土地综合开发权一并招标，新建铁路项目中标人同时取得土地综合开发权，相应用地可按开发分期约定一次或分期提供，供地价格按出让时的市场价确定。新建铁路项目已确定投资主体但未确定土地综合开发权的，综合开发用地采用招标拍卖挂牌方式供应，并将统一联建的铁路站场、线路工程及相关规划条件、铁路建设要求作为取得土地的前提条件。

（2）支持盘活既有铁路用地，在符合土地利用总体规划的前提下，鼓励新建项目按照一体规划、联动供应、立体开发、统筹建设的原则实施土地综合开发。

（3）社会资本投资铁路，享受国家有关支持铁路建设实施土地综合开发的政策，通过开发铁路用地及站场毗邻区域土地、物业、商业、广告等资源提高收益。

（4）允许地方政府以国有土地入股参与铁路项目建设。社会资本投资的铁路项目用地，在用地政策上与政府投资的铁路项目实行同等政策。

2. 鼓励社会资本参与低效建设用地再开发

社会资本在土地开发权的取得、收益的分配等方面实行优惠政策。允许市场主体收购相邻多宗地块，申请集中开发利用。

（五）土地制度改革释放集体建设用地的潜力，唤醒沉睡的农村土地

中央决定从 2015 至 2017 年在全国 33 个县开展土地征收、集体经营性建设用地入市、宅基地制度三项改革，在试点县暂停土地管理法、房地产管理法相关条款的执行，依法改革。《深化农村改革综合性实施方案》中披露，缩小土地征收范围，建立兼顾国家、集体、个人的土地增值收益分配机制，合理提高个人收益。工矿仓储、商服等经营性用途的存量农村集体建设用地，与国有建设用地享有同等权利，可以出让、租赁、入股。探索

宅基地有偿使用制度和自愿有偿退出机制，探索农民住房财产权抵押、担保、转让的有效途径。

关于集体经营性建设用地，从试点地方情况看，集体经营性建设用地入市市场反应良好，从新闻报道来看，湄潭、德清、郫县都是经过多轮举牌竞拍，远高于底价成交。盘活了闲置低效的集体土地，促进了农村经济发展。

关于宅基地，十八届三中全会提出慎重稳妥推进农民住房财产权抵押、担保、转让的权利，2015 年 8 月启动的农房抵押试点意见中明确，农民住房财产权设立抵押的，须将宅基地使用权与住房所有权一并抵押。宅基地抵押也得到允许。《深化农村改革综合性实施方案》提出探索宅基地的有偿使用制度和自愿有偿退出机制，探索住房财产权抵押、担保、转让的有效途径，相当于又进了一步。2015 年 8 月下发《关于积极开发农业多种功能大力促进休闲农业发展的通知》，在用地政策中明确提出，支持农民发展农家乐，闲置宅基地整理结余的建设用地可用于休闲农业，加快制定乡村居民利用自有住宅或者其他条件依法从事旅游经营的管理办法。上述政策对农民宅基地的改革迈开了一大步，促进了农民住房及宅基地价值的实现。

十四、农村改革和现代农业发展与
供给侧结构性改革关系的几点思考

李国祥[①]

无论是农村改革与发展，还是现代农业建设，都与供给侧结构性改革直接相关，二者相互影响。近年来我国农村土地等要素资源产权改革不断推进，要素市场被明显激活，但是要素配置成本也明显上升，这是供给侧结构性改革的必然，还是有助于或者阻碍供给侧结构性改革？为了回答这些问题，深化供给侧结构性改革与农村改革发展和现代农业建设等关系的认识，具有重要现实意义。

（一）农村土地改革与供给侧结构性改革之间的关系

我们理解，供给侧结构性改革的实质，不仅仅局限于在我国经济发展转型中促进产品供给的结构性调整，最终必然进一步涉及经济要素市场运行机制及其资源配置。降低经济要素成本，至少也要控制经济要素价格上升过快势态，提高要素生产率，需要深化经济要素供给体制改革。供给侧结构性改革的重要任务就是要降低市场经营主体的各项负担和成本，促进创新，为中小企业创办、生存和发展创造有利条件。

---

① 中国社会科学院农村发展研究所研究员。

多年来，我国农村土地等要素不断地流入工业化和城镇化等非农领域，有力地缓解了国家建设必不可少的土地等要素资源稀缺的矛盾。农村土地被低成本地征用为建设用地或者开发用地，为各地工业化和城镇化快速推进带来了极其有利的条件。一些城镇政府热衷于土地储备和土地财政，重要原因是征用农村土地所花代价小，成本低，一旦通过建设用地市场招拍挂，就可以大幅度升值和增殖，利用二者之间差价，积累资本用于城镇基础设施建设，或者将其中一部分用来作为优惠政策招商引资，发展地方经济，形成市场供给能力，尽管有时这种供给能力是落后的，是不值得的。

按照我国农村土地制度改革总体方案，建设用地等将来要能够实现要素的城乡平等交换，允许农村经营性建设用地同等入市，并缩小征地，这意味着建设用地成本可能会上升。健全城乡要素市场，实现城乡要素平等交换，与供给侧结构性改革之间是什么关系？这需要深入分析。

如果征地范围缩小，农村经营性建设用地可以与国有土地一样同等入市，同权同价，那么过去农村非法的以租代征现象是否会消除？这是否会加大企业创办、生存和发展成本？是否会压抑创新？是否会压抑新供给能力的形成？

当然，也有另一种可能，农村经营性建设用地同等入市，建设用地供给增多，那么建设用地市场价格就会下降。如果出现这种情况，则对新供给的产生带来有利的影响。但是，农村经营性建设用地同等入市，是否会重走"村村点火，户户冒烟"乡镇企业老路和带来严重的非农化问题？城乡建设用地市场一体化，是加重还是减轻创业创新的负担？客观地说，农村土地制度改革对新供给的影响并不是唯一确定的，可能存在着很大的不确定性，这还需要进一步研究。

农村土地制度改革除了将对非农领域产生明显影响外，对现代农业发展也会产生显著影响。我国正在深化农村土地制度改革，其中一项重要内容是土地确权登记基础上坚持集体所有权和稳定承包权并放活经营权。从逻辑上看，土地经过确权确地块确到户后，农民将更加放心大胆地流转土地，从而促进规模经营。但是，在现实当中土地确权确地块确到农户家中后，农民反而不愿将地块上的经营权流转，或者流转承包地块索要价格过高，严重地阻碍农村土地流转市场繁荣和农产品竞争力提升。土地确权要付操作成本不说，确权确地块确到户以后，如何应付盲目要价的问题，现实中不好解决。过去集体土地，每亩 50 元的流转租金，但是地块确到农户家后，每亩 50 元的流转租金是不可能的，农民不在乎 50 元。每亩地流转租金上升到 600 元，很多农民都不愿意，更希望流转租金上涨更多一点，比如 1000 元。土地流转租金上升了，对拥有承包地的农户是有利的，而对于真正从事农业生产的农民或者新型农业经营主体未必是有利的，对我国农产品成本价格竞争力的不利影响也是显而易见的。

我国农村深化改革可能会导致要素价格的攀升，并进一步可能会导致要素配置使用成本的上升。农村各地正在开展的土地确权登记颁证可能会大幅度提高土地的交易成本和租金价格。这属于供给侧结构性改革吗？还是与供给侧结构性改革相冲突？我们注意到，一些地方对农村土地确权登记颁证抵触情绪非常大，尤其是发达地区。农村土地确权登记颁证，可能跟我们理解的降低成本、促进供给，或者促进创新不是完全吻合的。

我们课题组曾经到我国宝岛台湾考察过，当地反映现在台湾农业农村发展面临的一个很大难题，和日本相似，就是土地私有化带来了"小地主大佃农"难题。台湾是小农，地主有地，但规模普遍较小，而要发展现代农业必须适度规模经营，这就要求实际从事农业规模化生产的"佃农"必须向小地主租地。目前，我国农村各地确权确地块确到农户，实际从事规模化生产的人必须要向小规模承包户流转土地，这可能遭遇盲目索要流转租金的问题。

农用地征用转为建设用地，也存在类似的问题。比如说，过去政府征用农民的土地，用很低的价格做了很大规模的土地储备。一方面，这确实剥夺了农民的利益，分配不公；另一方面，从供给的角度看，在很多的农村，包括县域经济发展中，这些土地储备都给企业提供了低成本的建设用地。

有的地方说，可以等企业发展起来以后再偿还地价，这的确促进了土地供给的增长。如果一开始的时候让企业去买地，他根本没有投资积极性。现在国土部门清理土地市场，很多地方阳奉阴违，因为不给企业提供免费土地的话，投资者是不去的，尤其是不发达地区的农村。

这带来了一些问题，比如说山区环境很好，如果提供免费的土地，就有可能把污染企业引进去了，都在里面生产。但是如果你不引进，很多企业会生存不下来。当然这跟我们国家的整体发展是不吻合的，这样的问题确实存在。如果现在我们按照确权登记办证的方式，如果是单纯地搞这一项改革，我个人觉得对农业、农村发展，以及国家非农产业发展未必是好事情，跟我们的供给侧改革的目标未必是一致的。我们迫切需要配套的改革，这种配套的改革就是城镇化，必须要让农民能够进城，同时能够放弃承包地等农村权益。如果不设法让进城农民放弃承包地的话，我个人觉得成本只会增加，对土地供给很难说有多大的促进作用。

从人口的角度看，现在我们不能只怪户籍制度改革步伐太慢，问题在于我们现在还是按照老的套路，认为把户口一放开，农民就自动进城，事实上不是这样。现在问农民，没有一个农民愿意把户口从农村迁到城市的，因为如今城乡户口的"含金量"不一样，不是非农户口的"含金量"高于农业户口，而是农业户口的"含金量"高于非农户口。所以说户籍制度改革，将来很可能要和土地制度改革结合起来。如果从供给侧的角度来看，这涉及到政府与农民的关系问题，要看怎么样通过购买的方式，让农民有偿退出作为集体成员的各项权利。如果这个工作不做的话，我们的供给侧改革的成本只会增加不会减少。

（二）农村金融改革创新与供给侧结构性改革之间的关系

如果从农村的资金来看，现在的资金成本确实太高。我们到台湾地区考察过，那儿的资金使用成本非常低，年利率百分之一点多，而大陆农民使用资金成本如果能降到两位数以下，农民就非常高兴。我国农村的正规金融严重缺乏，短期内很难根本解决，鼓励发展合作金融应是重要方向。但是，现在的政策是：谁批准农民合作金融，谁就负有监管的责任，这一政策的结果是基层政府或者主管部门由于担心出现风险而普遍地不作为。农民搞资金互助，无法获准。在这种情况下，农民发展资金合作，要么被作为非法集资，要么就避免不了风险。

目前，我国全社会都比较认同农村要发展合作金融。在农村金融体系中，农村商业性金融和政策性金融在满足农民资金需求和促进现代农业农村发展等方面具有重要作用，但是，能够获得商业性金融和政策性金融机构服务的农民及其组织非常有限，大量可以预期成功的农业农村发展项目因资金不足而"夭折"。国外多数国家经验表明，农村合作金融是满足农村资金需求的最有效途径。

长期以来，由于我国农村合作金融发展严重不足，导致在城镇化加快推进的过程中农村资金通过银行存款等途径大量流失转移到城市，农民发展农业和农村经济及其生活所需要的资金要么无法得到满足，要么利息负担过重，严重压抑农业农村新供给的形成。借鉴国际上的一般做法，人们越来越认识到合作金融是强化普惠金融和缓解农民融资难融资贵的最有效切实途径。农村资金互助等合作金融的发展，对于更好地满足农民金融需求、丰富农村金融服务体系等具有重要的现实意义。

客观来说，现实中我国农村合作金融的发展并不是一帆风顺的。建国后合作化运动、信用合作曾经动员无数农民参与，但最终农村信用合作的发展，让农民无法参与，农民与农村信用合作社的金融关系，和农民与普通的商业金融关系没有太大的差别。在农民心中，对农村信用合作是有所顾忌的。一部分农民对资金互助等合作金融发展有抵触情绪，合作化时期的信用合作，改革后的合作基金会，都曾可能伤害过参与合作金融的农民。我们在农村调查了解到，当前农民积极主动参与发展合作金融的动力严重不足，即使农村有少数"能人"广泛动员农民开展资金互助合作，但响应的农民往往微乎其微。

农村有少数地方起初可能是为了吸引农民将资金集中起来开展互助合作，不惜承诺很高的回报率，结果资金实际收益率无法达到承诺给农民的回报率，互助合作资金规模不但没有呈现出持续扩大态势，反而随着时间推移出现越来越大的缺口，农民存放的资金最终要不回来的也会随之发生。20 世纪 90 年代农村多个地方曾经出现的农村合作基金会，最终被迫倒闭或者被政府清理，给农民心理上都留下了一定的阴影。进入新世纪以后，特别是 2007 年以来，个别农村资金互助合作社的管理者将农民存入的资金卷走并逃之夭夭，不仅严重挫伤农民参与发展合作金融的积极性，而且也让相关部门对农村资金互助合作的外部监管视为"烫手的山芋"，没有政府部门或者金融监管部门愿意承担。

农民对互助合作资金的安全性及其回报水平的顾虑，致使农民对农村合作金融的有效需求低下。外部监管相互推诿，一些地方只有农业行政主管部门的少数非专业干部在名义上对农民开展的资金互助合作进行监管，实际上担负不了专业的金融监管职责。农村资金互助合作的风险，似乎极不可控。

总之，在推进供给侧结构性改革的背景下，一般都会认同和呼吁要发展农村合作金融是事实，但是，农民参与信用合作的积极性不高，金融等监管部门不敢积极承担监管职责也是事实。客观现实出现的反差，似乎反映出发展农村合作金融往往是"叶公好龙"，金融行业监管或者政府监管存在着一定的恐惧心理，而农民更是对资金互助合作的期待不高。

针对农村合作金融发展的现状，必须既要调动农民参与发展资金互助等合作金融的积极性，又要切实控制好农村资金互助等合作金融的风险。农民对参与资金互助等合作金融的积极性不高，多数农村的高利贷普遍存在，表明农民不仅仅是担心资金风险的存在，更主要的是无法从资金互助等合作金融发展中得到应有的实惠。比较而言，农村资金互助等合作金融的风险并不是很高。世界各国农村合作金融凡是规范发展的，没有证据显示风险显著地高于商业化金融或者政策性金融。从某种程度上说，控制农村资金互助等合作金融的风险并不很难。相反地，调动农民广泛参与农村资金互助等合作金融发展倒是比较困难。

遗憾的是，我国一些地方开展的农村资金互助等合作金融试点，由于过分担心风险，采取了过于严格的管制，限定太呆板，基本上没有任何灵活性，估计这对农村资金互助等合作金融发展只能起到抑制的效应。如果仅仅认识到农村资金互助等合作金融的风险，而没有认识到农村资金互助等合作金融的发展必须调动农民参与积极性并让农民从中得到更多的实惠，农村资金互助等合作金融的发展就难有起色。

从发展农村资金互助等合作金融的最终目标来看，我们不能仅仅局限于风险防范，必须在缓解农民贷款难和贷款贵方面发挥更大的积极作用。

吸引农民将资金存放在合作社，又不能单纯地依赖高利率的引诱，否则势必会加大合作社互助资金的运营成本和农民使用资金的成本，起不到缓解农民贷款贵的功效。但是，这不意味着对农民存放在合作社的互助资金没有机会成本的考量。农民也是理性人，如果存放在合作社的互助资金的分红收益率都达不到同期的银行利率，哪个农民愿意将手上更多的钱存放到合作社作为互助资金呢？

据了解，一些地方已经开展了农民专业合作社信用互助业务试点，其中要求农民存放资金时不能限定固定的回报水平，让存放农民自担风险。有些地方干脆将与国家规定的基准利率或者银行利率水平挂钩来吸引农民将资金存放在合作社，等同于变相吸收存款，等同于非法集资，这种处理方式估计会对农民存放资金到合作社产生不利影响。

目前，我国绝大多数农村地区正规金融发展严重不足，但民间金融比较繁荣，农民存放在合作社的资金如果没有最低回报水平保障，就很难吸引农民将更多的闲散资金存放在合作社解决信用互助合作的资金来源问题。因此，可以允许合作社向农民承诺存放在合作社的资金用于信用互助业务，其预期回报率应不低于国家规定的基准利率水平。

规范的农村资金互助等合作金融的发展，必须坚持社员制和封闭性原则，以不对外吸收储蓄存款和向非社员发放贷款为前提，这些原则既有利于保障农民作为合作社成员从发展合作金融中得到实惠，又有助于将农村资金互助等合作金融的风险控制在最低水平。

哪些人能够参与农村资金互助等合作金融的发展？我国有些地方规定，只有居住地等在农民专业合作社所在行政村或者乡镇的社员，且社员入社1年以上，符合条件的社员才能够参与资金互助等农村合作金融业务试点。非社员能否将手头上的钱存放在资金互助合作社？这直接关系到是否涉及非法集资的认定。以固定的利率或者回报水平作为诱饵，非金融机构若大规模吸收社会资金，就是非法集资，在我国属于违法的。

目前，我国农村资金互助等合作金融试点基本上要求在特定的地域和特定的合作社内部。殊不知，这种过于狭小的社员制和封闭性，其成员生产经营往往具有统一性，对资金的需求在时间上往往也是相同的，这势必导致合作金融组织的资金供求在时间上矛盾突出。需要互助合作资金提供贷款的时候，往往不能满足每个农户的需求，而不需要互助合作资金的时候，可能会导致大量的闲置资金。解决农村合作金融组织的资金季节性供求矛盾，要求必须健全农村合作金融体系，加快发展空间范围更大的区域性和全国性的农村合作金融组织。

我们不能否认金融行业的专业监管，对于农村资金互助等合作金融健康发展的重大作用。但是，有些地方对于农民专业合作社开展资金互助业务，要求事先必须得到当地金融监督管理部门的批准，手续烦琐，程序多，不去拉关系有时很难批下来。最终，所谓农村资金互助等合作金融的监管，成了权力寻租，成了阻碍农村资金互助等合作金融发展的绊脚石。农民绝大多数对发展农村资金互助等合作金融积极性本来就不高，而金融监督管理部门又人为地设置多重障碍，抬高农民进入农村资金互助等合作金融行业的门槛，最终只会迫使农民放弃发展农村资金互助等合作金融，将农民置于农村资金互助等合作金融业发展的门外。

有的地方开展农民专业合作社发展农村资金互助等合作金融试点，在审批时需要农民提供一大批超过农民能力和金融专业知识范围的材料，农民只能望而却步。有的地方开展农民专业合作社发展农村资金互助等合作金融试点，过度限制农民筹资规模，不仅总量限制，而且个人存放在合作社的资金数量也过度限制，如每个社员存放的资金量不能超过 1 万元，每个合作社用于互助合作的资金总规模不能超过 100 万元，每个社员获得的互助合作资金不能超过 3 万元，等等。过小规模的互助合作资金，无法满足农民发展现代农业的资金需求。农民深感过度限制的资金互助合作，还不如亲朋好友之间的民间借贷所能发挥的功效和便利。

我们不否认农村资金互助等合作金融健康发展需要金融部门的专业监管。但是，金融部门如何进行专业监管，这是大有学问的。如果金融监督管理部门监管不当，就极可能将农村资金互助等合作金融管死。

各地的金融管理监督部门在监管农村资金互助等合作金融业务及其活动时，理应将重点放在服务上。一般来说，农民对金融方面的专业知识极其缺乏，对资金的安全性、流动性和盈利性等普遍地认识不足，对国家有关金融方面的法律法规和政策往往了解不多，对资金互助等合作金融所能发挥的功效理解极其片面，这就需要我们的地方金融管理监督部门提供有效的专业培训，指导农民在合作社内部如何建立健全制度和机制规范互助资金有效运行和风险防范，通过树立典型发挥示范作用，引导农民相互学习相互借鉴，促进农村资金互助等合作金融不断地规范发展。

我们在农村调查所了解的基本事实是，农村资金互助等合作金融出现的风险或者隐含的风险，主要是互助合作资金运营不规范。如果各地金融监管部门帮助农民将互助合作资金运营规范起来，不仅可以大大地降低农村资金互助合作的风险，而且可以有力地促进农村资金互助合作在为农业、农村和农民服务方面发挥强大功效，实现农村资金互助等合作金融规范发展和风险管控良性循环。

农村资金要素对供给侧结构性改革具有决定性影响。无论是推进农业供给侧结构性改革，还是培育农村新供给力量，都需要解决农村资金不足和使用成本偏高等难题。

（三）现代农业发展与供给侧结构性改革之间的关系

我国经济进入新常态，农产品供求关系由偏紧向偏松转变也越来越明显，农产品市场价格结束了以前连续多年明显上涨的阶段。粮食面临产量高、库存高和进口规模大等供给偏多的新难题。受供求关系变化决定性影响，农产品市场价格运行虽然继续波动，但总体上越来越多的农产品市场价格开始下跌，过去认为的牛羊肉价格只会涨不会跌的态势也出现了逆转。随着农产品市场形势的变化，越来越多的农民面临农产品销售不畅问题，农产品加工企业感到利润微薄甚至亏损，"稻强米弱"和"麦强面弱"等格局已经持续多年，农业生产资料经营企业也感到形势正在发生深刻变化。

我们怎样来认识农业及其相关产业发展形势的变化？是我国农业生产综合生产能力严重过剩，还是我国农业供给结构出现了明显的矛盾？

不可否认，目前我国粮食等主要农产品供给数量极其充裕，甚至可以说是阶段性相对过剩。粮食十二年连增，2015年粮食总产量超过6.2亿吨，创历史最高水平，这是国内粮食供给的最主要来源。同时，2015年粮食进口规模估计将明显地超过1亿吨，这也是国内粮食新供给来源，还有我国托市收储的粮食库存水平居高不下，近年来收进的多而出库的少，这些都是我国粮食供给总量偏多的表现。除粮食外，我国还有很多农产品的现实供给也相对偏多。棉花和油料生产在市场力量作用下已经开始调减。一些地方的蔬菜和水果等放在地里没有收获。我国的部分畜产品生产近年来也有所调减，生猪生产连续多年普遍亏损，2015年虽然猪肉价格有所反弹但后继乏力。

尽管对于我国农产品目前的供给数量是偏多还是不足，仍然存在着很多争议，但市场上供给不缺是不争的事实。有人提出我国农产品供给数量不缺，为什么还大规模进口？心存这个疑问的必须要明白：在开放经济中农产品进口也是供给的重要来源。

无论从我国农产品市场运行情况来看，还是从我国粮食等主要农产品供给来源来看，无不表明我国农产品供给侧结构性调整与改革的迫切性。

未来相当长时期内我国可能会面临农产品供给充裕与市场价格下行压力。我国农业总体上缺乏国际竞争力。对外开放力度不断加大，实施自由贸易战略，国外竞争力强的农产品还可能更大规模地进入到国内市场。经过多年国内农业生产能力建设，新型农业经营主体培育，我国多数农产品人均占有量明显地高于人均消费量。我国粮棉油等大宗农产品已经形成的高库存需要市场出清。农产品供给国内外形势的变化，以及我国居民生活水平提高带来的食物消费结构升级，都要求我国农业必须加大供给侧结构性改革。

过去，当面对国际农产品市场过度竞争的时候，我们往往会强调国内农产品供给自给率，希望通过包括关税的和非关税的边境措施来限制进口。这一思路看来越来越不可行。新形势下国家粮食安全战略已经调整为"确保口粮绝对安全和谷物基本自给"，这意味着除稻米、小麦和玉米等少数主粮外，国家不再对国内农产品自给率设限，并且把适度进口作为新形势下国家粮食安全的重要举措之一。这意味着未来我国农业发展必须面对国际激烈竞争，无论是国内农业生产能力提高，还是农业走出去，或者利用国际市场，没有国际竞争力的将难以生存和发展。

过去，我国农业发展比较注重数量增长。只有农业增产才认为农业形势好。目前看来片面地追求农业增产已经不合时宜。过度消耗土壤肥力和地下淡水资源、滥用化肥农药兽药来追求增产，这种做法得不偿失，不具有可持续性，必须尽快改变。

过去，农民生产农产品的销售和收益，政府承担很大的责任。托市收购政策已经实施多年，弊端日益显现。我国已经用目标价格改革试点取代了棉花和大豆托市收购政策。榨糖甘蔗、油菜籽托市收购政策已经放弃。

未来玉米、稻米和小麦的托市收购政策都有可能会进一步调整和改革。从我国越来越强调供给侧结构性改革来看，仍然指望政府更大规模更大范围地收储粮食等农产品的可能性越来越小。

政府不再对农产品市场运行进行直接干预，农产品供给主要由市场力量来决定。尽管政府会加大粮食省长负责制和"菜篮子"市长负责制的力度，但这可能会从供给侧转向需求侧，供给侧交给市场，由新型农业经营主体通过创新在国际竞争、资源环境压力和农产品消费结构升级背景下走出我国农业发展的新路子。

供给侧解决我国农业发展难题，关键是结构调整、方式转变和深化改革，这要求新型农业经营主体及其他涉农主体要能够围绕着农业供给侧结构性改革重任不断创新，改变习惯性做法，共同推动我国农业发展转型升级。

面对国际农产品市场激烈的竞争，我国农业必须统筹国际国内两个市场和国外国内两种资源，新型农业经营主体要尽可能地选择错位竞争战略，克服我国农业成本价格竞争劣势。国内农产品生产，不仅要在质量安全保障性等方面优于进口，而且在蕴含的乡土等文化内涵方面要明显地胜过进口。客观地说，目前我国多数消费者对国内生产的农产品质量安全的信心还不是很足，农产品蕴含的本土文化尚未发掘，即使同等质量下国外农产品价格高，国内消费者都可能选择国外农产品，更何况国际上竞争力强的农产品国外价格比国内生产的低，因此国内生产的农产品遭遇冲击不难想象。从供给侧结构性改革入手，以更好地满足消费者更高层次需求为目的，农产品供给者必须改变单纯地局限于农业生产的传统做法，需要将一、二、三产业融合，注重电子商务和物联网发展，延长农产品供给产业链，增加附加值。

针对我国农业过度消耗资源和滥用现代化学投入物等问题，一要加大农业结构调整力度，加快退耕还林还草还湿力度，不追求稀缺的农业资源任何时候都发挥农产品供给保障功能，只求有限的农业资源在关键的时候发挥最重要的功能；二要紧紧地依靠科技创新和组织创新科学地利用农业稀缺资源和有效地配置现代农业生产要素，特别要强化社会化服务，加快节水技术、测土配方施肥，以及病虫害和疫病统防统治等的应用步伐，在农业发展方式转变上实现新的突破。

针对我国农村改革对现代农业发展所可能带来的不利影响，需要审慎对待。一些地方的农用地流转租金过高，导致农业成本上升，农业风险加大，这对于农业供给侧结构性改革是极其不利的，最终必会得到纠正。我国很多地方生产粮食的耕地流转租金每亩都超过 600 元，不仅高于粮食的每亩纯收益，而且甚至也高于粮食的每亩物化成本。之所以出现农村土地流转租金过高，与新型农业经营主体争抢流转土地和国内托市收购政策及其国内农产品价格持续多年上涨等因素都有关。从农业供给侧推进结构性改革，要求农业新型经营主体必须更加冷静深刻理解农村改革，更加注重选择土地股份合作制等组织形式发展现代农业。

按照新供给主义的一些主张，政府不要作为，应该发挥市场机制作用。实践表明，我国农业农村经济领域如果没有政府有效作为，绿色发展要么没有动力，要么动力不足。从农业供给的角度来看，我国的农产品很充裕，价格下跌压力很大。但是，我国的农产品质量不高和卫生不安全的问题还比较突出。很多人认为要解决这个难题，就要少施化肥，少用农药。但是现在如果不施化肥，不用农药，农民可能全都是亏本的。如果政府完全不管，完全靠市场的力量，农业由供给数量保障向质量安全兼顾数量的转型升级，完全是不可能的。我国的农业除了粮食以外主要是市场为主导的，也就是经济学所说的自发市场，始终无法解决绿色发展难题。我国已经明确农业要走产出高效、产品安全、资源节约、环境友好的发展道路，要更加注重质量，注重生态，注重可持续发展，但没有政府的支持，这些发展理念基本上是不可能付诸实施的。

制度与管理篇

十五、深化制度改革，发掘供给潜力

滕泰 [1]

（一）制度改革是财富创造的源泉

财富的终极源泉是劳动、资源、资本、技术、管理等五大要素，然而这些要素只有在一定制度背景下才能变成财富。不同制度背景下，资源、劳动、技术、资本、管理等要素的财富创造效率截然不同。

比如，30 年前的中国政府在农村地区实行了"家庭联产承包责任制"改革，在耕地面积和技术条件不变的情况下，农业产量迅速增加，短短几年就把困扰中国数百年的温饱问题基本解决了。之后的工业企业承包制、租赁制、股份制改革又极大地释放了企业家的财富创造力。20 世纪 90 年代以后随着劳动力市场、原材料市场、商品期货市场、资本市场等市场体系的一步步完善，中国制度改革始终是财富创造力的源泉。

产权制度能够影响到地球资源环境的投入和利用，教育科研文化体制能够影响科技发展与财富形态结构，社会生产组织方式决定了人口和劳动投入的效率。制度决定了一个国家宏观的社会分工效率和微观的企业生产效率，而社会分工和管理效率的提高自然带来财富的增长。

---

[1] 本文作者为万博新经济研究院院长。

（二）如何形成富有财富活力的制度供给

1. 建立稳定的社会契约

上帝把世界交给人类共享，却没有告诉人类应该如何共享这个世界。因此在不同的历史阶段，自然财产权、暴力强权均衡和社会契约分别成为社会所有权结构形成的主要力量。

早期的人类财产所有权多为自然财产权，即首先发现、占有、使用财富的人拥有对财富本身的所有权。自然财产权形成的基本背景是财富对象并不稀缺，一旦果实、猎物、土地、牧场逐渐变得稀缺，自然财产权就受到暴力和强权的挑战。当人类斗争主导的暴力和强权分配逐渐形成动态均势，市场交易、财产继承、国家分配等，才逐渐成为主流的财产权转移方式，社会契约论才成为主流的产权解释。也就是说，社会契约论也只是在暴力强权均衡的前提下才是有效的。如果某一个历史阶段供给结构的发展使财富分配背离了暴力强权的均衡，就会酝酿越来越多的不稳定因素，自然就会有新的价值观、新的契约修订要求产生。而一旦契约价值观变更、契约变更，也就意味着财产权利的变更和重新分配。

显然，自然财产权只是人类早期的所有权结构的基础。如今主导社会所有权供给结构的基本准则是"社会契约"。而"社会契约"能够保持稳定，背后的逻辑是暴力强权的基本均衡。无论是宏观的还是微观的，公有的还是私有的，天赋的还是劳动创造的财产权——如果不能维持背后暴力均衡的存在法则，最终都必须被改变。社会契约和产权改革的主要作用，就在于在暴力和强权均衡被打破之前，以和平的、渐进的、市场化的方式完成产权变更，使得社会契约和产权制度始终向着激发供给活力，提高供给效率的方向发展，不断维持新的平衡。

2. 市场化的渐进式改革

不同的财产权结构，有的指向平等，有的指向增长。有意思的是，所有"均贫富"的产权制度或早或晚都被有利于激发供给活力的产权制度替代；而那些有利于单方向增长的产权制度，由于不断制造更大的不平等，所以最终也必然走向毁灭。只有在增长和平等寻求均衡的产权制度和再分配机制，才能保持长期的稳定。

然而，历史上无数次产权改革，失败的多，胜利的少。有的产权制度不利于财富创造，但是既得利益者仍然会维护这种制度；有的产权制度有利于财富增长，却扩大了贫富差距，于是为了满足贫困群体的要求，又不得不做出一定改变而损失效率。一次次产权改革的尝试，不但会造成一个国家对原有产权的不尊重，反而会造成产权的模糊——产权的模糊和不明晰，是最不利于财富增长的状况。

假定产权交易费用为零，无论初始产权状态如何，谈判和产权交易总能使最终产权格局达到最优。假如一个房间里有两个人，甲想吸烟而乙讨厌香烟气味，谈判总能使双方都满意。如果房间属甲所有，那么乙可以支付一定费用请甲放弃吸烟，费用的大小视甲吸烟欲望强烈程度、乙讨厌香烟程度及双方谈判能力而定，结果是双方效用最大化。如果房间属乙所有，甲也可以支付一定费用而获得吸烟的权利。可见，只要法律允许产权交易，不论初始状态如何，市场行为总能实现各方效用最大化，初始产权只影响交易费用大小。然而，如果产权不明确，问题就永远无法解决。所以土地或混合所有改革的关键首先是明确产权关系，然后才可以考虑如何重新划分产权（如果不可避免），以及减少交易费用。

用制度经济学家科斯的理论可以这样表述：如果法律已经明确规定了产权所属，它就应该尊重这种产权归属，不能再重新划分产权以减少交易费用；如果法律致力于确定理想的产权关系以减少交易费用，甚至直接通过法律建立最理想的产权关系而使产权交易费用为零，那么在这种理想的产权关系建立之前和建立过程中，产权必然是不明确的，这正是科斯定理告诉我们的最坏的情况。

总之，市场化产权改革被证明是有利于激发供给活力，促进经济增长的。政府应该致力于建立和保护明确的产权关系，而把产权关系的成熟和优化过程交给市场运作来完成。

（三）中国供给侧改革的制度潜力

1. 优化产权制度，提高供给效率

一般而言，占有财富的人可以获得更多的资源和财富，不占有财富的人则变得相对贫困。因此任何私有财产制度如果自然发展下去都会造成贫富差距的一步步扩大，社会不平等现象加剧。极大的社会贫富差距，尤其是少数人的奢侈品消耗挤占财富创造者的基本需求时，整个社会财富的增长必然放缓。

为了避免因为社会贫富差距过大造成的社会整体财富增长放缓和随之而来的社会矛盾，苏联和东欧很多国家曾经尝试通过生产资料的平等占有或国家占有来解决。然而这些国家的产权历史证明，把生产资料给贫穷群体，其结果反而延缓了人类财富的增加；完全的国家财产所有权往往没有足够的激励机制来保证财富增长的效率。苏联小说《钢铁是怎样炼成的》描述了共产主义战士保尔·柯察金无私奉献的一生。中国也有雷锋同志"毫不利己、专门利人"的故事。这些靠理想主义激励的典型人物，虽然有一定的感召力，却很难成为整个社会持久的一致行动，更不能成为财富创造的长期激励因素。不仅如此，完全的国家所有制还容易滋生腐败、官僚主义、消极怠工、低效率、吃里扒外等现象。

如果公共财富存在的本质意义是为居民创造福利，那么从终极消费的意义上讲，社会财富应该更多地向私人倾斜。因为从财富创造的效率而言，私人部门投资除了在形成规模经济上输于公共资源配置之外，大部分情况下私人企业运作的效率会高于公共企业。反之，当政府公共财富扩张到一定程度的时候，尤其是居民的消费和私人的投资都被挤占的时候，国家财富增长必然会降低到一个极低的水平。

　　要进一步提高供给效率，须从微观上释放企业的创造力，并必须进一步推进以股份制为主体的混合所有制改革。衡量混合所有制改革是否成功的标志是人的积极性是否被提高了？如果在实践上没有像 80 年代的改革一样，充分调动人的积极性，甚至还让国有企业干部、员工的积极性降低了，那改革的效果就应重新评估。

　　目前中国已经出台了《物权法》，然而面向软财富时代，进一步重视和保护各种软权利，培育细分的产权市场、促进细分的产权交易，仍然可以极大地提高财富创造的效率。而如何进一步促进产权保护、建立细分产权市场、发展自己的创新技术，激发中国人的创新和创造能力，也是中国科学技术发展战略的重要组成部分。

　　对于中国而言，新修订的宪法已经明确保护私人财产权。事实上，无论公有产权还是私有产权都必须强调其不可侵犯性，一定要加大对贪污受贿、侵犯国有财产的惩处力度，这样才能保护、推动尊重产权的文化，促进财富增长效率。同时，也不能因为担心国有资产有流失的可能转而对混合所有制改革采取保守的态度在推进混合所有制改革过程中，一方面要有明确的国有产权评估办法和科学的评估体系，另一方面凡涉及国有股权内部转让的必须引入外部市场化竞争才能确保公平。做到以上两点国有企业混合所有制改革就可以加快推进，而对于那些既无科学评估，又没有引入外部市场化竞争者的国企，可以把混改的突破点放在"增量"方面。

2. 优化组织方式，激发市场活力

　　从本质意义上讲，任何企业事实上都是一个"中央计划经济"。如果完全否认计划的效率，那么就是否认现代企业的存在意义。但越是大型的企业，其内部计划决策就越难。尤其是那些跨国企业巨头，其年产值比非洲一些小国家的 GDP 还要大。为了保证战略和计划的正确，这些大型跨国公司在保留整体战略和计划的同时，不得不适当借助于市场化的手段，来协助集团内部各生产单位之间的结算。

　　显然，市场和计划孰优孰劣并不是绝对的，关键是哪种手段更能够促进分工和资源配置的效率。计划经济如果完全脱离了市场和价格的参照，社会分工就失去方向，并扭曲资源配置；而市场经济如果完全脱离了计划的约束，就会盲目追随价格信号，不停地在"过剩"和"不足"之间颠簸、摇摆，造成极大的资源和财富浪费。

　　较少的政府干预虽然有利于大部分产业的资源配置效率，但是对于一些需要政府支持或者政府统一标准的行业成长却是不利的。比如英国铁路上的煤炭列车一直保持着无效规模，直到第二次世界大战进行国有化为止①。但如果过度政府干预，如过度重视重工业的发展，忽视居民生活相关的轻工业的发展，会导致经济结构失调。同时，国有出资人的虚化也影响了微观企业层面的生产效率。尽管从理论上，计划经济仍然不失为一种理想的社会财富生产模式。但是在实践上，人们不得不承认，政府计划有时候是失灵的（Government failure）。

　　为了进一步提高各种社会资源的综合使用效率对于国有企业使用的土地和资源，也应该征收土地使用税和资源税。除了基础设施、公共服务、国民经济命脉等领域之外，对于一些非国民经济命脉的竞争性和服务性行业则没必要保持太多的公共财富，而是鼓励以股份制为主题的混合所有制结构。至于制度演进过程中的行政角色，理论上显然是行政干预越少越好、市场化演进越多越好、方式越温和越好。所有的制度改革，都必须在保持政治稳定的前提下进行，并且应该尽量采用市场化的方式。

　　为了在加快推动改革过程中维持相关的利益均衡，必要的情况下不排除市场主体对即将退出的行政权力或原有利益集团进行赎买。比如，在2006年的中国资本市场"股权分置"改革过程中，那些原本没有流通权的大股东，通过向流通股东按一定比例送股、支付"对价"，获得了流通的权利，结果非流通股和流通股的财富都得到了增加。

---

　　① 查尔斯·P.金德尔伯格：《世界经济霸权 1500—1999》，高祖贵译，商务印书馆，第 230 页。

制度改革和劳动、土地、资本、技术、管理一样，是财富创造的源泉。正因为如此，我们才看到中国 20 世纪 80 年代的经济体制改革所带来的巨大增长动力。从农村人民公社到家庭联产承包责任制的改革，在人口、土地资源和生产技术没有太大变化的情况下迅速提高了粮食产量。目前，中国经济体制改革的空间还很大，李克强总理也指出，每一个制度改进的地方都孕育很大的潜力。搞好混合所有制改革，提高单位资源、资本、劳动的产出效率，从产权、组织形式等多方面不断深化制度改革，释放供给活力，中国仍然有巨大的增长潜力！

十六、国企改革才是货真价实的供给侧改革 [1]

张文魁 [2]

供给侧改革实际上是希望通过激发供给侧的活力来实现经济增长的良性循环，因为供给侧的效率提高之后也会通过就业增加、工资增长等机制对需求侧产生正向影响。供给侧改革既不是新名词，也不会有太多新内容，主要就是对企业部门放松管制、减轻税负、激活机制、重组出清，等等，另外还有劳动力市场改革、金融市场改革等等，实际上这些改革也会体现为企业部门雇佣制度和工资制度的变化以及融资结构的变化，所以说供给侧改革主要体现为企业部门的改革大致是不错的。中国的企业部门改革，特别是当下的企业部门改革，核心内容之一恐怕就是国企改革。但是我们现在说中国要实行供给侧改革，到底是什么意思呢？大讲这个名词，总得弄清楚到底想做点什么吧？现在讲供给侧改革的官员、学者，说来说去就是化解产能过剩、清理"僵尸企业"这两件事，这两件事不是什么新东西。产能过剩在上世纪九十年代一度也非常严重，政府也花大力气处理过，新一轮产能过剩政府在两三年前就在处理；至于"僵尸企业"，就是九十年代所说的长期亏损、资不抵债、技术落后、产品没有市场的企业，当时也想了很多办法来清理。产能过剩、"僵尸企业"这两个问题，实际上与国企是密切相关的，当然不是说民企不存在这两个问题，但是民企通过市场机制

172

基本上可以处理这两个问题，国企处理起来就不那么顺利了。如果不推进国企改革，产能过剩和"僵尸企业"的处理就难有突破性进展和根本性变化。所以如果我们大讲供给侧改革，而不去推动国企改革，或者我们回避国企改革去讲供给侧改革，我看可能会不得要领。国企改革才是货真价实的供给侧改革，否则就是避重就轻，搞新名词、回避老问题，最后也没有什么用处。

我们的研究发现，国企改革的确可以提振经济增速、引导经济增长进入良性循环。现在经济下行压力还是挺大的，但是五中全会还是重申了中央对全国人民的承诺，就是 2020 年 GDP 要比 2010 年翻一番，意味着未来几年（"十三五"期间）每年年均 GDP 增长要 6.5%。如果是国企不改革的话，要实现每年 6.5% 的年均增长困难不是一点点，困难还是很大的。我这两年做了一些研究，发现国企虽然在 GDP 里头只占 25% 上下，就是 1/4，但是它所造成的资源错配是全方位的，不是说只有这 1/4 才有资源错配。这种资源错配和市场扭曲对现在的经济增长造成了严重的拖累，拖累了现在的经济增长。我们做了一些模拟的分析，如果现在每年拿出 10% 的国有企业改成混合所有制，实行真正的市场化，如果是以十年期限来进行模拟的话，每年平均可以提高 GDP 的增速大约是 0.5%。每年拿出来 10% 进行改革，非常渐进的改革都能提升 GDP 的增速接近 0.5%。现在想要 0.5 个百分点的增速真是很不容易，拉投资、放贷款都很难达到这样的效果。通过我们这种模拟的测算，完全可以说国企改革是货真价实的供给侧改革。

国企改革搞了三十多年了还没有到位，国企还在重回市场的路上。晓南主席演讲 PPT 有一张片子，显示国企承担了九大职能。第一条是承担国家宏观调控职能，第九条是承担国家重要的政治职能，第八条是承担外交国防职能，还有其他一些援疆、援藏、援青、保障供应这些职能。我看国企整个就像一个中央人民政府。晓南主席只是描绘现状，不是晓南主席主张要承担这九大职能，因为晓南主席在国资委工作很长时间，现在又是监事会主席，晓南主席非常了解国企的职能。这九大职能里面我就没有看到一条在市场平等竞争中优胜劣汰，这条就没有。国企基本上实现了同市场经济的融合了吗？这由大家去判断。承担宏观调控职能，我可以跟大家说，连地方政府都不应该承担这样的职能，宏观调控是总量管理，它是中央政府的职能，在美国是联邦政府的职能，连地方政府都不承担这样的职能。我们要国有企业把它作为第一条职能，你想它怎么样能够市场化？刚才茅老师的演讲我记得很清楚，他就说了国企也有搞得好的，特别是国外的一些国企，但是它很单纯的就是一个市场主体，市场化运营，很单纯。而我们国企有九大职能。MIT 的经济学教授本特·霍姆斯特朗有一篇很著名的论文就是《多任务下的委托代理》，我们国企如果有九大职能的话，是一个典型的多任务，委托代理关系会非常复杂。所以如果说我们国企还要继续承担这九大功能，而且以后还要承担更多的功能，我建议国资委下一步最重点的工作是把对国企的考核指标增加到 90 条、100 条以上，这样可能才能够分别考核九大或者十几大职能承担得怎么样，就不要去考核它的利润了。所以国企的市场化看起来还真的非常遥远。

前不久国资委举行了新闻发布会，提出来十大试点。第一个试点就是落实董事会职权的试点。第二个是董事会选聘经营管理者试点。第三条是薪酬和分配制度改革方面的试点。2005 年（十年前）国资委刚成立不久，就是大力推进规范董事会的试点。十年过去了，试点怎么样？现在一百零几家央企，大概是六十多家建立了所谓规范的董事会。这个规范董事会是什么意思？是在国有独资企业当中建立外部董事占多数席位的董事会，所以叫规范董事会。国有独资企业董事会也不是十年前开始搞，二十多年前就搞了，我们十年前就认为 20 世纪 90 年代的董事会不行、不规范，那我们就从 2005 年开始"规范"吧。这一试点试了十年，规范了吗？第一，十年也没有把央企一百多家全覆盖，还有很多没有建董事会；第二个是建立了"规范"董事会的这几十家，但董事会连一个依法来选聘高管的权力都没有，这是法律规定的权力，你说规范吗？它也不能决定高管（总裁、总经理）的薪酬，你说规范吗？这是《公司法》写得一清二楚的，落实不了。

现在我们又去试董事会，说落实董事会职权的试点，我们已经试了十年了，试了几十家，再过十年到 2025 年，我们是不是又要搞新一轮董事会的怎么样落实职权或者规范化的试点？十年一觉董事梦，赢得治理薄幸名。就是有了董事会，也谈不上真正的公司治理，所谓的治理就是一个薄幸名。所以如果是这种方法、这种路径去推市场化改革，我看不是重回市场，而是重离市场，离市场越来越远。

我们既然要去通过国企改革作为供给侧改革的重点来推，国企改革到底应该怎么弄？我认为应该大力推进股权结构改革。如果没有股权结构的改革，整天去弄董事会，还有监事会，反正现在这个会那个会越来越多，管着国企的会是越来越多了，干活的或者是有积极性干活的越来越少，国企怎么去搞？我记得张维迎教授曾经说过一句话：你在白马的身上去画黑道道，那不是真正的斑马。如果没有股权结构的改革，国有独资也不去动，搞这个会、那个会，好几个会，活力不一定有。股权结构改革，混合所有制还是要推。我个人觉得 2016 年可以在两头去推混合所有制，一头就是很多大企业的子孙公司、二三级公司、三四级公司，其实很多都不是主业，特别是到了三四级公司，很多都不是主业，也不是那种大型的国有企业。可以推一些力度比较大的，以管理层和员工持股为主的这种混合所有制改革。中石化 100 多万人，中石油 150 多万人，其实主业人并没有那么多，很多都是在辅业，在三级、四级、五级、六级公司（三产、多种经营）。这些公司要大力地去推员工和管理层持股这种混合所有制，有的条件具备的话，国有资本退到参股或者国有资本全部退出也不是不可以的，这个不违背中央的精神，只要是完全竞争领域、中小企业就可以做。关键是我们这个过程要公开透明，定价要合理。如果这些员工和管理层持股的话，"1+N""N"这里面会有这方面的文件，可以明确公开地给他们一些价格上的优惠。比如我明着说打九折，就可以了，不要暗箱操作。这是有很多案例，很多国家在管理层或者员工购买本企业的股份的时候，都是有一定的优惠的。相当于很多企业（包括私营企业）内部要购买本企业的产品，给你一个明码的折扣。另外是顶层，就是央企的母公司搞混合所有制。我觉得可以推进一些试点、示范，在 2016 年一定要拿出十个八个试点示范出来。22 号文以及后来国务院发的《关于国有企业发展混合所有制经济的意见》讲到了要在电力、电信、民航、军工、石化等领域，推出一批混合所有制改革的试点示范，我觉得非常好。但是说到了要做到，时间过得很快。2016 年能不能在试点示范有所突破，选择几家央企，包括电信行业、民航、电力、军工、石化领域在它们的母公司或者是上市的二级公司来深化混合所有制改革。母公司基本上全部都是百分之百国有的，我们做一个破题，能不能央企母公司、集团公司在 2016 年有一两家真正地去搞混合所有制。更多的能不能在二级公司，特别是已经上市的二级公司去解决国有股一股独大的问题，出让更多的国有股给一些非国有的战略投资者。现在已经上市的国有央企平台，就是上市的二级公司，一看国有股都是 50%、60%，我们能不能降？反正是上市公司，降到 50% 左右，或者是 50% 以下，或者 40% 以下，这样才能解决国有股一股独大问题。一股独大很难做到市场化。治理结构即使有了，但董事、监事都是上面来定的，而且他们薪酬都是行政化、组织化的。实际上只有股权有一定程度的多元化和一定程度的分散化才能激活市场。宝能举牌万科，很多人说不好，说"野蛮人来了"。从公司治理来说，原来长期在位的管理层突然遇到了外来的挑战，这是好事，我并不是说这些管理层不优秀，优秀的人也要有外来的挑战才是好事。只有股权做到一定程度的多元化和分散化，有一定程度的流动性，才能够有这种情况的出现。

十七、国有企业在"供给侧改革"中的地位与使命

李锦[①]

我平时主要做国企政策和新闻解读工作，讲的比较多的是国企政策问题。我今天重点从国有企业在"供给侧改革"中的地位与历史使命角度谈谈看法。

（一）"供给侧改革"的出发点：搞好企业，增加新型供给

11 月 10 日，在中央财经领导小组会议上，习近平总书记强调在适度扩大总需求的同时，着力加强供给侧结构性改革，着力提高供给体系质量和效率，增强经济持续增长动力。

"供给侧改革"，简单五个字，透露的信息却重大而沉重。它显示高层的经济判断和治理思路出现调整，显示中国发展思路发生重大变化。

"供给侧结构性改革"的提出，面对的是一场刚刚过去的股市劫难。前一阶段，由于实行特殊的货币政策，结果导致资本市场出现异常波动，大量资金进入股市，非但没有拉动经济增长，反而使得实体经济困难越来越大，经济增长后劲不足。在这样的背景下，考虑供给侧的问题，是从自己经历中得出的抉择。

---

① 本文作者为中企之声研究院院长兼首席研究员。

"供给侧结构性改革"的提出，也是根据中国的经济现实情境做出的抉择。2010 年二季度以后，季度增长率已连续 22 个季度在波动中下行。一方面，供给不足的弊端已经凸现，国内的供给能力适应不了居民消费结构升级的需要，或者是适应不了居民对优质消费品和服务的需要，我们看到越来越多的中国升级性消费需求在外溢。要努力创造新供给，这种新供给不光是从无到有，还有一个从低质到优质的转变。另一方面，现实中还存在供给不足的许多因素，制约了经济增长。比如，许多低效或无效产业、企业占据了过多的生产资源，只能"赔本赚吆喝"，滞后的制度因素抑制了企业活力。要使中国国有经济重新恢复增长动力，必须从供给侧发力：

从短期看来，要尽快降低企业融资成本、大规模减税、放松垄断和行政管制，多方面降低对中国企业的供给约束。

从中期看来，应通过市场化手段，让生产要素从那些供给成熟和供给老化的产业，尽快向新供给形成和新供给扩张阶段行业转移，更新供给结构。

从长期看来，则应该深化供给侧改革，减少对劳动、土地、资金、管理、技术等各生产要素的供给抑制，提高供给效率，让五大财富源泉充分涌流，开启中国经济新一轮上升周期。

"供给侧"，为我们提供了解读中国经济政策和经济前景的新角度。而回顾"供给侧改革"的理论探索和相关国家实践，对照中国经济的现状，就能更清晰地把握"供给侧改革"的出发点、内在逻辑和推进领域，加深理解这一改革对中国搞好经济、搞好企业、搞好国企的重要意义，以求行动更自觉，更为大胆，从而更为精准地在供给侧方面做文章，开启经济增长新周期。我们应当明确：

新供给的主体是谁？是提供产品与服务的经济组织——企业。

新供给的形态？是生产，是实体经济。

"供给侧改革"的出发点？搞好企业，增加新型供给。

"供给侧改革"改什么？通过简政放权，把原来政府掌握的权力放给市场、放给企业，让市场活起来，让企业愿意去生产（增加供给）；把原来国资掌握的部分行业放给市场、放给社会，让社会资本愿意投入企业（增加供给）。

通过供给结构调整，宏观调控着力、激活微观活力，在政府体制、财税、金融与保障改革等方面，努力帮助企业降低成本，利于提高企业发展能力，增加有效供给。

放权、减税、让利、扭亏，我们要做的事，用这几个词可以概括。

"供给侧改革"的落脚点在哪里？"供需不匹配"是理解"供给侧改革"最基本的背景，"供需匹配"是理解"供给侧改革"最基本的目的。解决"供需不匹配"的落脚点是"去产能"。去产能的主要对象是重工业：包括钢铁、煤炭、水泥、玻璃、石油、石化、铁矿石、有色金属这等 8 大行业。而且这些行业大部分集中在国企。化解过剩产能必须从解决"僵尸企业"入手，通过关停并转，用产权转让、关闭破产等方式加快清理退出。

"供给侧改革"内在动力在哪里？外部动力是政府，内部动力是企业。通过改革来构建"新动力"，通过调整来设计新结构，通过创新来提供新"供给"，这是中国企业对"供给侧改革"的回答。

这时候，我们可以这样说了：这种供、求两侧相结合的调控方式，是中国企业深化改革与发展的重中之重。轰轰烈烈而又步履艰难的国企改革找到了外延，也找到了内涵，对准了目标。

（二）国企改革顶层设计贯穿新供给经济学的思想

从操作层次看，国家早已从多个方面推动"供给侧改革"。国务院常务会议就部署从供给侧的创新来实现居民消费的升级。国务院后续还会出台一系列扶持政策，其中包括《关于积极发挥新消费引领作用加快培育形成新供给新动力的指导意见》《关于加快发展生活性服务业对促进消费结构升级的指导意见》等两大重磅文件。

供给侧结构性改革核心思想是降低制度性交易成本。而供给侧结构性改革的最终结果反映在经济增长模型方面是提高全要素生产率，反映在市场方面是企业竞争力得到提高。前两个月的《关于深化国有企业改革的指导意见》，便是一场制度性变革，为"供给侧"的改革做了充分的准备与动员。

如果细读9月13日公布的《关于深化国有企业改革的指导意见》，不难发现其中贯穿了新供给经济学的思想。在供给学派理论中，研究的多是"供给侧管理"。然而，这次强调的是"供给侧结构性改革"。宽泛意义上的"管理"被"结构性改革"取代，指向非常鲜明。国有企业改革是"供给侧改革"的主体。国企改革搞了好多年，不仅各方意见不一，而且建议也是五花八门。到底怎么办？《指导意见》，最终还是对全面深化改革做出了战略部署。理解了"供给侧结构性改革"，我们才能真正弄明白为什么要搞这场国企改革。从国有企业角度来说，尽管《指导意见》要斩断国企与政府之间的"脐带"，对于部分国企来说存在一定挑战，但《指导意见》对于国有企业推进按照市场原则实施产权多元化、改善公司治理结构、对管理人员实施市场化的激励和约束机制、减少政府对企业的各种束缚等改革措施，将使国有企业整体上迎来巨大发展机遇。从现代经济学和现代国家治理角度看，《指导意见》所体现出来的核心思想是"放松管制、对内搞活、加强监管、转型升级"等典型的供给侧管理思维。这势必增强现有国有企业的活力、控制力和影响力。显然，中国经济长期积累的结构性矛盾相当突出，问题方方面面，但核心是体制机制问题，要着力通过国企改革破解矛盾，通过供给侧结构性改革来重新焕发中华民族发展的生机与活力。

如果细读十八届五中全会公布的《中共中央关于制定国民经济和社会发展第十三个五年规划的建议》(以下简称《建议》)，不难发现其中贯穿了新供给经济学的思想。《建议》突出"创新"的作用，恰恰是回到了经济增长理论的本源，整篇《建议》体现的都是怎么从"供给侧"这个角度观察和分析中国宏观经济问题，比如制度供给、构建发展新体制。

"供给侧结构性改革",由远而近,由浅而深,在向我们走来。

(三)"供给侧改革"与国企市场化的历史借鉴

中国"供给侧改革"是在人类发展重要阶段的历史选择。是中国当代领导人审时度势的正确决断。从世界范围看,我们面临的经济局面,与20世纪80年代里根和撒切尔夫人在美、英经济停滞危机上台时面对的局面,非常相似。

在供给学派经济思想占重要位置的里根—撒切尔主义,因为度过了经济停滞危机而在冷战后期与苏联的对抗中占据了主动。探寻美英在20世纪80年代重振的历史,对我们这个民族不无启发。

在20世纪70年代的冷战背景下,供给学派针对凯恩斯主义的弊端,提出了通过提高生产能力促进经济增长,而不是通过刺激社会需求促进经济增长的主张。基于这个基本认识,通过减税提高全要素生产率,通过国企改革增强活力,成为供给学派的道路选择。

先说美国。里根上台后,于1981年将供给学派的主张结合货币学派的主张一起运用到经济管理中,对企业和纳税个人实施大规模减税,减少对企业的干预,严格控制货币供应量等措施。这是"供给侧改革"的第一次大规模实践。1981年里根政府提出著名的"经济复兴计划",该计划内容包括如下四个方面:(1)大幅降低个人所得税率、减免企业税负;(2)削减社会福利等非国防领域的政府开支;(3)放松政府对企业的行政管制,减少国家对企业的干预;(4)严格控制货币供应量的增长,实行稳健的货币政策以抑制通货膨胀。上述政策从供给的角度入手,刺激了私人部门投资和生产积极性,促进了就业,同时以扩大产出的方式化解了通胀压力,成功地使美国经济实现了复苏。

再说英国。这个老牌的资本主义国家,经济缺乏活力、企业部门暮霭沉沉,创新精神明显不足,经济增长乏力和滞胀,被世界经济界称为"英国病"。撒切尔夫人在执政期间，成功地在英国找到了国有企业改革的切入点，首先是撤回政府对工商业的直接干涉。撒切尔夫人上台有句名言："价格我不管，让市场管。工资我也不管，让劳资双方去谈判。"英国接连推出国企改革几大动作：（1）交易出售。（2）中长期特许经营。（3）股票上市。（4）附加措施。包括特别股、立账、暴利税等。其中特别股又称黄金股，即政府在一部分私有化企业中保留或持有的特殊股，以保持对关键行业私有化企业的控制权，防止恶意收购或兼并国有企业。

据统计，里根时期，从1982年12月至1988年5月，美国经济持续增长65个月，1984年，美国一度实现预算收支平衡。20世纪70年代，英国制造业劳动生产率年均增长1.6%，而在1980—1988年，英国制造业劳动生产率年均增长5.2%，

在更大的视野中，供给学派经济思想占重要位置的里根—撒切尔主义，因为度过了经济停滞危机而在冷战后期与苏联的对抗中占据了主动。

当然，美英有些国企失去了政府的财政支持和政策支持，经营状况没有得到改善反而恶化，同时也在一定程度上损害了消费者的福利，如一些行业私有化改革后出现的价格上涨、服务质量下降等问题。近年间，他们不得不重走重组合并的路。

如同罗斯福新政以后几十年中，总需求管理政策遗留给美国经济大量的"供给约束"一样，中国经济从1996年以来类似于凯恩斯主义需求管理的所谓宏观调控，也造成了较严重的"供给约束"，包括高税收、高社会成本、高垄断、高管制等。因此，中国只要下决心通过减税、降低社会福利成本、放松垄断、减少管制等措施，放松"供给约束"，就可以提高经济的短期增长率。这些，正是中国新一轮国企改革面临的任务。

中国与滞胀期间的美国不同在于，情况更为复杂，属于三期叠加，即增长速度换挡期、结构调整阵痛期以及前期刺激政策消化期同时出现。因此，不仅要消化前期刺激出现的"后凯恩斯症状"，还要进行结构调整与产业升级，同时要提防增速换挡期间过快下滑。

（四）新供给经济周期与国企"三个一批"的高度吻合

怎样进行"供给侧结构性改革"？从新供给经济周期与国企"三个一批"改革来看，竟然那么吻合。

中国经济如今面临的最突出矛盾不是总量矛盾，而是结构问题，加强供给侧结构性改革恰逢其时。可以看到，中央财经领导小组第十一次会议明确提出，要促进过剩产能有效化解，促进产业优化重组。要降低成本，帮助企业保持竞争优势。

显然，中央决策坚持问题导向，从生产供给端入手，创造新供给，满足新需求，打造经济发展的新动力。中国进入中等偏上收入水平国家后，需求增长总体比较平稳但出现了新升级，产业结构要跟上来，现代服务业和高端制造业要加快发展，而产能严重过剩行业要加快出清，这样才能形成新的核心竞争力。

我们探讨从供给端和供给结构变化出发，一个完整的经济周期可以划分为四个阶段，这恰恰是供给侧结构调整的四个层次，是国企改革中"三个一批"的任务。

第一阶段，新供给形成阶段：当新供给随着技术进步孕育产生，社会旧有供给和需求结构仍在延续，经济处在新周期的导入期，经济潜在增长率开始回升；这正是企业创新阶段，与国企改革《指导意见》中的"创新一批"相对应。

第二阶段，供给扩张阶段：当新供给内容被社会普遍接受，新的需求被新供给开发创造出来，新供给与新需求形成良性促进，经济进入快速增长阶段，经济增速不断提高；这正是企业发展阶段，与国企改革《指导意见》中的"发展一批"相对应。

第三阶段，供给成熟阶段：该阶段的生产技术进一步普及，社会资源纷纷涌向新供给领域，则供给数量迅猛增加，而需求逐步趋稳，供给自动创造需求的能力降低，但供给仍然维持惯性增长，社会资源配置效率开始降低，经济增速回落；这正是企业兼并阶段，与国企改革《指导意见》中的"重组一批"相对应。

第四阶段，供给老化阶段：过剩供给短期难以消化，过剩产业资本沉淀不能退出；老化供给不能创造新的需求，造成总需求持续下降；新的供给力量尚未产生，经济整体将陷入萧条期。这正是企业清理退出阶段，与国企改革《指导意见》中的"清理退出一批"相对应。

国企改革《指导意见》中的"三个一批"，实际上是"四个一批"，因为创新发展一批，包含了创新与发展两个层次。如果一个经济体中大部分行业处于新供给形成和供给扩张阶段，这个经济就会充满活力，其经济增长速度就会提高，整体运行趋势是向上的；反之，如果一个经济体的较多行业处于供给成熟和供给老化阶段，这个经济体的活力就会下降，其经济增长速度就会降低，整体运行趋势就会向下。目前的中国经济正处在经济增长速度降低，运行趋势向下阶段，就是因为中国目前较多行业处于供给成熟和供给老化阶段。

当一个国家的经济结构出了问题，有太多处于供给成熟和供给老化阶段的产业，那么无论是刺激需求还是五年计划，都无法改变经济结构转型的问题。反之，财政与货币政策刺激虽然可以在短期内吸收部分过剩产能，但长期可能反而进一步鼓励了过剩产能扩张，可能加剧供需矛盾，阻碍长期的经济结构调整，并且削弱经济的自我循环能力。

当前，供给侧结构性改革，关键是提高经济增长质量和效益，是创新发展一批，全面提升中国各方面的要素生产力。新供给主义经济学认为，技术和产业的演进、供给和需求结构的变化，以及供给与需求循环往复的交互作用是形成经济周期波动的主要力量。这作为一条主线，是中国经济下一步长期稳定发展的一个核心问题。

重要的是清理退出一批。钢铁、水泥、煤炭、油气、有色金属、玻璃等上游产业的利润下降幅度最大，如果扣除这六项，其他行业的利润变化并不是很大。所以，结构调整很重要的是上游板块要进行比较大力度的结构性调整。

显然,中国在供给侧的改革应该着眼于放松政府管制与干预,鼓励企业创新、重组与清退。但是,这并非仅仅靠改变某些经济政策就能实现,而是全面地改革,改变政府部门抓住权力不放的行为习惯,改变国企本身安于现状、不思改革、总是等着上面催逼的状态,改变国人的思维方式,讲究诚信,遵守法治,公平竞争,勇于创新。

(五)国企进行供给侧结构性改革,从消化过剩产能开始

国企进行供给侧结构性改革,从哪里开始?消化过剩产能。

过剩产能已成为制约中国经济转型的一大包袱。产能过剩企业会占据大量资源,使得人力、资金、土地等成本居高不下,制约了新经济的发展。可以预计,十三五期间,中央很可能会出台重磅措施解决"产能过剩"的问题,马上召开的 2015 年中央经济工作会议,解决"产能过剩"的问题可能会摆到最为突出的位置上来。

是否消化过剩产能?供给侧管理和需求侧管理有两种相反的结论:需求侧管理认为市场无法出清,因此需要采用政策刺激的方式来恢复需求,令需求扩张去迎合现有产能;而供给侧管理则认为市场可以通过价格调整等方式来自动出清,通过价格、产能整合、淘汰等方式来清理过剩产能,因为"过剩"存在本身就是不合理的。

目前,第一个要做的,就是在减产能方面取得实质性进展。工业企业盈利负增长已经持续一年多时间,其主要原因就是产能过剩,特别是钢铁、铁矿石、煤炭、石油、石化等重化工业部门,产业过剩很严重。PPI 已连续40 多个月负增长,这五大行业对整个工业 PPI 下降的贡献占 70% 到 80%。

解决这种局面,除了涉及减产能和稳增长之间一定程度的矛盾,还有人的问题和债的问题需要解决。这样仅仅靠地方、企业、市场恐怕很难解决,还是需要国家出面采取一些措施。过去那些产品附加值低、能源消耗

高的企业会加速退出市场，特别是一些"僵尸行业"，没有核心竞争力和先进技术，过去靠一些政策扶持和银行贷款存活的企业在新的条件下很难获得政策支持，从而退出市场，最终有助于整个行业恢复活力。

怎么处理？有五条路。一条路首先是要清退，要分类，定下来。清退定的目标，一年初见成效，三到五年完成，2017年就要基本完成，要有路线图、实施图与时间表。第二个还要刺激，一个铜板的两面，供给是个手段，消费是目的，把消费刺激起来，不是用投资刺激，而是用供给刺激，高速铁路不建的话，水泥、钢铁不行，还是要消化一部分，增加对经济的消费来消化一部分。第三个要兼并重组，大吃小，就是这种方法。第四，产品到东南亚、非洲去卖，到亚非拉去卖，加大出口消费的力度。第五个是企业自身提高管理，转型升级，提高供给的品种，上面是消费端，这是供给端。从这五个方法来解决"僵尸"企业的问题。

清理退出一批，不能简单重复20世纪90年代的下岗故事。多个行业、多个地区的产能过剩正引起各方的担忧，它可能引发通缩、失业、经济动力不足等一系列风险。很多决策者对去产能闻之色变，认为去产能就是"破"，意味着砸机器、倒牛奶、社会动荡。不应该简单地用以下岗分流方式提高国有企业的生产效率。去产能也可能是"立"，通过并购重组，可以有效缓解去产能的阵痛，同时重塑企业活力。如何进一步细化生产力要素，充分发挥劳动者的作用，调动他们的劳动积极性，掀起全民创业的热潮，是我们的着力点。

把历史的时针拨回到17年前，那一次以纺织业为突破口大规模兼并重组，"去产能"效果立竿见影，却也带来了就业率下降、内需不足等问题。是重走老路还是另辟蹊径？这一次去产能不能像以前一样只"破"不"立"，应该由国家来制定标准，定性、定量、定标准、定时完成。应该避免刮"破产风"，多用"腾笼换鸟"的方式消化产能。处置的政策要明确，坚持企业主体、政府推动、市场引导、依法处置，多兼并重组，少破产清算，同时做好职工安置工作。

（六）政府支持国企供给侧改革，从减低成本开始

政府支持国企进行"供给侧改革，从哪里开始"？从减低成本开始。

供给侧结构性改革更多是作用于微观，而不是作用于宏观。企业负担过重，很大程度上是政府行为造成的，这也是企业减负多年来成效并不显著的原因。对企业也就是生产者，政府要做好为企业服务的工作，关键点是帮助企业降低成本，包括降低制度性交易成本、企业税费负担、社会保险费、财务成本、电力价格、物流成本等，打出一套"组合拳"。

中国企业的负担重是一个老问题，减轻企业负担的舆论一直保持着相应的强度，但问题似乎越来越严重。在供给侧改革的思路提出后，多方意见有一个共同指向：改革的核心在于减轻企业负担，降低企业生产经营成本。企业减负应该迎来一个突破期。

然而，减轻企业负担，本质是一个政府自我改革的问题。因为企业成本中一个重要成分是制度性交易成本。上一个项目要盖100多个公章，行政性垄断的堡垒还很坚实，一些地方不是真放权，放下的权又要收回去，或是表面放权背地里收权。

企业另一项重要成本是税费。行业研究显示，当前中小企业需要缴纳所得税、增值税、营业税、流转税等20多种，而面向中小企业的行政收费项目多达五六十类。有测算表明，中国企业的综合税费负担平均约40%。根据既定税负水平对应的公共服务指标，减轻企业税费负担存在空间。但企业税费对应的是财政收入，税费负担重来自政府，减税费需要政府对自己"动刀"，减少各种行政开支，例如"三公消费"。

员工社会保险也是企业的重要负担。根据目前的社保缴纳政策，绝大部分省市的缴纳比例都在工资总额的40%以上。在全球181个国家中，我国社保缴费率排名第一。基数定得很高，这势必形成一个非常大的基金窟窿。

物流成本是让企业头痛的另一个问题。数据显示，企业物流成本占销

售额的比例，中国为 20%~40%，发达国家在 9.5%~10%。数据显示，中国的过路过桥费占运输成本的 34%。路桥业已成为一大暴利行业，利润水平已超房地产、石油、证券等行业。而路桥收费的背后是政府，在于政府自利性。降低企业物流成本，政府仍要和自己过不去。

大政府的社会管理模式、不完善的法治状态、不正确的政企关系观，都是造成企业成本高的重要原因。政府要为企业发展创造条件，就得切实转变执政理念，加快转型，建设服务型政府。这需要的是决心，决心多大，决定政府能走多远，企业的负担能减轻多少。

一手要去产能，一手要降成本。微观主体有活力了，经济才能有持久的发展动力。

（七）国企"三架发动机"是"供给侧改革"强大动力

进行供给侧结构性改革，实际上是政府宏观调控，培育企业这一供给主体。最终决定于企业自身的动力强弱。企业如何提高生产能力，如何提升供给侧管理的手段，可以从三方面努力，做好了，就是供给侧结构性改革三架发动机。

第一架发动机：是在制度因素方面，政府与国企实施市场化改革。在新的时期以全面改革为核心，来促进供给端解放生产力、提升竞争力，以此生成经济社会升级版所需的有效供给环境条件，解除供给约束，推动改革创新"攻坚克难"、冲破利益固化的藩篱，充分激发微观经济主体活力。这是续接和有效增强经济增长动力的"关键一招"，也是从要素投入、粗放增长转向供给升级、集约增长，引领市场潮流而创造需求，得以实质性联通"脱胎换骨、凤凰涅槃"式结构调整的主要着力点。

通过简政放权，把原来政府掌握的权力放给市场、放给企业，让市场活起来，让企业愿意去生产（增加供应）。这种宏观调控着力激活微观活力，在减税、金融改革等方面，努力帮助企业降低成本，这有利于提高企业发展能力，增加有效供给。这种供、求两侧相结合的调控方式，是符合中国当前发展阶段的正确选择。

如何把混合所有制经济作为国企改革的重要手段，破除各种形式的行政垄断，实施国企股权多元化和国有股减持工作，如何做到国资监管部门以"管资本、管股权"为主，不再干预企业经营行为，如何破除各个领域、各种形式的行政垄断，斩断行政垄断企业与政府之间输送营养的"脐带"，如何完善企业公司治理，形成具有自生能力、市场竞争能力的公司治理结构，如何建立职业经理人制度，更好发挥企业家作用，如何深化企业内部管理人员能上能下、员工能进能出、收入能增能减的制度改革，建立长效激励约束机制，等等。

可以说，以"制度供给"释放"制度红利"，是中国未来 5 年、10 年、20 年最需要着力争取的因素，也是超越西方凯恩斯主义和供给学派的偏颇，正确发挥"供给管理"的价值，促进中国经济转型的关键条件。

也就是说，结构改革看起来是要提高某些领域的比例，但其实是政府要在这些领域进行体制改革，让准入更加便利，让更多社会资本能参与投资，甚至主导投资，而且政府要确保民间资本在这些领域的投资能有合理回报。这是国有体制改革的根本目的。

第二架发动机：是在产业因素方面，调整供给结构。供给侧结构改革，最终还是要落到结构改革上。与"供给"紧密相连的一个词是"经济结构性改革"。从本质上说，调结构不属于一个经济增长问题，但从政策手段上看，这也属于供给侧管理的一种方式。结构性改革要解决的核心问题是校正要素配置的扭曲：一是企业内部要素的配置及其组合，这主要取决于企业家精神，靠企业科学管理来实现。比如说改革开放之初的大包干就改变了劳动力与土地的组合方式，调动了亿万农民的积极性，产出就提高了，这是最微观层面的。二是企业间要素配置的结构，就是说资源要更多地配置到优质企业、有竞争力的企业、有创新精神的企业，全社会的效率才会提高。20 世纪 90 年代对国有企业进行的战略性结构调整解决的其实就是企业间资源配置效率的问题。现在说要解决"僵尸企业"的问题，实际还是要解决这样的问题。三是产业间要素配置的结构，也就是通常说的产业结构的调整和优化，要让资源更多地流向有需求、有前途、效益高的产业和经济形态，从工业流向服务业，从传统产业流向新兴产业。

第三架发动机：是在产品上提高供给质量，实现"供需匹配"。供给侧结构性改革，最重要的就是提高供给质量。如果不能从供给侧去激活新需求，很多人还是会到德国去背回一个烧饭锅具，还是会跑到国外商店里买下一个价值不菲的包包。这样一来，中国经济又怎么可能有效化解产能过剩问题，经济结构又怎么可能得到优化重组呢？中国转型升级大概有两个方向，一个是创新，一个是"精致生产"。创新需要研发投入。中国的研发投入占 GDP 比例为 2.01%，与韩国、芬兰等国家接近 4% 的水平仍有较大差距。技术创新一方面需要资本市场的市场化激励，另一方面也离不开政府的整合和支持，尤其是一些重大科研项目的短时间攻关。"精致生产"就是把活做细，就是现在人们讲的"工匠精神"。中国大部分制造业摊子已经铺开了，但整个精细化程度还是比较低，这方面中国的潜力很大。

在这三架发动机中，国企改革是起决定性的动力。在新的时期以全面改革为核心，来促进供给端解放生产力、提升竞争力，以此生成经济社会升级版所需的有效供给环境条件，解除供给约束，推动改革创新"攻坚克难"、冲破利益固化的藩篱，充分激发微观经济主体活力。这是续接和有效增强经济增长动力的"关键一招"，也是引领市场潮流而创造需求的主要着力点。

（八）供给侧改革需要完成"三个转化"

我们已经推出了不少改革，已经取得了重大进展，下一步必须在"实"字上下功夫。一方面，改革方案本身要实，符合实际，直接落实，不要层层制定实施方案，以文件来落实方案。另一方面，方案落地要实，破除顶层设计与实际落地之间的梗阻，使改革在微观层面切实见到实效。

供给侧是一个新处方，这个药方是否有效？是不是管用？我们现在存在很大的担心，担心的是政府，如果政府部门不放权，制度供给不到位，供给侧改革这个话便是个空话。

现在，我们提出三个转化。第一个是理论动力如何转化为实践动力？第二个是上层动力如何转化为中层动力？现在还不能说下层，说下层还早。现在中层根本走不动，困得死死的，政府绝不放权，政府部门相互不放权，企业难以成为独立的市场主体。为什么国有企业改革方案弄了四个年头，方法出不来？为什么经济体制改革发了100多个文件，没有大变化？无非就是政府部门的权力不放，使得改革非常难。中层这一层不动，事情发动不起来。第三个是政府动力如何转化为企业动力。关键是这三个转化。供给侧结构性改革是一个好药方，制度供给不到位——不肯放权，药效就出不来。

十八、自贸试验区与供给侧改革：以制度供给、法治供给为开放条件下的大众创业、万众创新保驾护航

张湧 [①]

近期，中央领导在研究"十三五"规划时指出，本届政府推进简政放权、"双创"和"互联网+"，实质上都是从供给侧发力。笔者认为，党中央、国务院设立中国（上海）自由贸易试验区两年多来，从1.0版本的贸易便利化，到2.0版本的投资自由化、金融国际化，再到3.0版本的创新要素跨境配置，看似聚焦于金融、投资、贸易、科创等专业领域的制度创新，实质上是以开放倒逼改革，加快促进政府职能转变、政府组织重构和政府监管创新。在供给侧改革中，政府除可以通过调整税制、税率等促使企业改善产品和服务的供给质量，更可以从简政放权、放管结合、优化服务即"放、管、服"等角度精准发力，最大限度地激发市场和企业的创新创造活力。上海自贸试验区承担着为BIT等对外谈判提供实践依据、为国家探索最佳开放模式等重要使命，更应站在供给侧改革的战略高度，努力做到"放得更活、管得更好、服务更优"，率先构建与高标准国际投资贸易规则相衔接的法治化、国际化、便利化的营商环境。

[①] 中国（上海）自由贸易试验区管理委员会政策研究局局长、党组书记。

（一）制度创新、制度供给是自贸区有别于开发区的核心使命

自由贸易试验区不是传统意义开发区、经济特区的升级版，也不是海关特殊监管区或保税区的升级版，而是集金融、投资、贸易、科创等领域的开放与创新于一体的综合改革区，是全面对标国际通行规则、全面检验综合监管能力的压力测试区，是全面提升治理能力、彻底改变行政理念、大幅提高行政效率的政府再造区。自贸试验区的重心不是招商引资，而是制度创新；手段不是税收洼地，而是环境高地；特质不是无序竞争，而是公平准入。上海自贸区的设立和扩区，其意义绝非物理形态、经济总量的改变，更主要是制度层面的创新、制度环境的供给。

过去我们做开发区时，所谓的营商环境更多是指招商环境，比如搞点财政扶持、优惠资金、便宜地价，今天在自贸区的框架下做营商环境，强调的是软环境、制度环境。学习领会十八届五中全会的精神，营商环境的顶层设计是凸显市场化，即厘清政府与市场的边界，管住有形之手、激活无形之手，在市场化的基础上，进一步凸显法治化、国际化、便利化。

对上海自贸区来说，就是要在全球经济一体化的大背景下，致力于建设公平、透明、可预期的市场环境，促进营商环境法治化、国际化、便利化。

（二）解放和发展生产力是评判自贸区改革成败的重要标准

自贸区改革的重心是制度创新、制度供给，而检验制度创新、制度供给成效的重要标准是解放和发展生产力。

2013 年 9 月上海自贸区设立至今，两年时间共新设各类企业约 3 万家，相当于前 20 年新设企业数的一半，平均注册资本约为 5000 万元人民币，其中新设外资企业数占全部新设企业数的比重从最初的 6% 提高到最近的 20%，实际发生纳税记录的新设企业占比达到 80% 以上；2015 年自贸区实

现境外投资 250 亿美元，相当于前 20 年的 5 倍。

这组数字充分说明了以下问题：一是市场主体的创新创业活力不断迸发；二是外资对负面清单为主的管理模式、对自贸区制度创新的认同度持续提升；三是注册资本迥异的小微企业与大型企业并存，创业成功率维持在较高水平；四是自贸区成为中国企业"走出去"、参与"一带一路"建设的重要桥头堡。

两年来，上海自贸试验区着眼于解放和发展生产力，在制度创新、制度供给上做了大量探索：

在金融领域，推出了基于自由贸易分账核算体系的一系列改革举措，突破了过去内资企业不能借外债、借了外债也无法调回境内使用的难题，对内外资企业赋予了按资本金两倍杠杆进行境外融资的选择权；突破了过去海内外投资者只能通过 QDII、QFII 等工具投资境内外股票组合的限制，打通了以"沪港通"为代表的跨境、双向、直接进行证券投资的新通道；突破了境内外关联企业资金不能集中调度和双向调剂的难题，实现了国际、国内两个资金池统筹使用、双向互通。

在贸易领域，推出了以"境内关外"为目标、以"一线放开、二线管住、区内自由、离岸自由"为主要内容的一系列便利化举措，在国际中转集拼、货物分类状态监管（保税货物与完税货物相结合的物流配送、加工贸易等）、平行汽车进口、艺术品保税展示交易、机船融资租赁、国际贸易单一窗口（以商品进出口、运输工具进出境等许可、服务为主要内容）等方面，对标新加坡、香港等国际高水平的自由港服务体系，不断深化海关、检验检疫等领域的改革，极大地促进了国际贸易的发展和航运中心的建设。受益于这样一些改革，上海的集装箱吞吐量、机场货邮吞吐量、货物进出口总值均在高绝对值的基础上实现了平稳增长。

在投资领域，推出了以"准入前国民待遇＋负面清单"为主的外商投资管理新模式，突破了过去外资准入逐案审批、合同章程实质审查等做法，对新设立的 90% 以上的外资企业实行了备案登记，同时实施国家安全审查等国际通行做法，对外资准入做到公开透明、放管结合；启动了商事登记制度的改革，实现了以认缴制替代实缴制的突破，实现了以律师事务所等场所作为集中注册地的突破，实现了从"先证后照"到"先照后证"再到"证照分离"的突破，实现了企业准入"单一窗口"、简易注销等一条龙、一口式服务的突破，实现了"三证合一""一照一码"的突破。

在科创领域，推出了跨境研发活动便利化、自然人移动便利化、国际技术服务贸易发展以及跨境并购技术成果、研发机构、企业股权等一系列举措，在自贸区框架下促进了科技、金融、贸易、产业的多维度融合，促进了人才、资本、技术、知识的多要素联动，促进了国际化循环、全球化配置的创新创业生态系统建设。

以上这些改革措施，归纳起来就是"对标国际、直击痛点、放松管制、放宽准入"，为市场和企业更好地利用国际国内"两个市场、两种资源"提供最大限度的便利，充分激发市场活力和企业家精神。这些改革举措完全可以作为供给侧结构性改革的重要方面，在"十三五"期间进一步加以深化，形成一整套可复制、可推广、可辐射的经验做法，真正实现以自贸区改革为全国面上改革探路先行的使命。

（三）简政放权、放管结合、优化服务是自贸区供给侧改革的重点

深化供给侧结构性改革，其实质是要更好地激发市场主体的创新创业活力，最大限度地激发全社会的企业家精神，从而更好地实现新的商业模式、新的产品服务的供给。政府在供给侧方面可以作为的空间巨大，包括服务供给、政策供给、规划供给、制度供给、法治供给、环境供给等不同层次、多个维度，从当前面临的形势和突出问题出发，我们应该把政府供给的重点放在"简政放权、放管结合、优化服务"上，从而推动市场在资源配置中发挥决定性作用和更好发挥政府作用，为"大众创业、万众创新"提供最佳的营商环境。

如果说，过去我们十分重视出口、投资、消费等需求侧的管理，现在我们应该同样重视简政放权、放管结合、优化服务等供给侧的管理，努力实现出口、投资、消费"三驾马车"与放、管、服"三个环节"的良性互动。以上海自贸区为例，金融、投资、贸易、科创等领域的改革，都有一个放、管、服的问题。比如金融领域，允许内资企业借外债、允许外债资金意愿结汇就是"放"，反洗钱、反逃税、反涉恐融资就是"管"，积极完善金融发展环境就是"服"。比如"证照分离"改革试点，取消和简化经营资格审批，是"放"；对涉及国计民生、公共安全、金融安全等事项加强准入管理，是"管"。比如，在外资准入改革中，负面清单外，外资以备案方式进入，是"放"；遵照国际通行规则和中国的法律规定，对那些影响或可能影响国家安全、国家安全保障能力，涉及敏感投资主体、敏感并购对象、敏感行业、敏感技术、敏感地域的项目，发起可能的安全审查，是"管"。

按照这样的思路，我们可以形成一个以放、管、服作为横轴，以金融、投资、贸易、科创、政府自身等领域的改革作为纵轴，形成自贸区综合改革的一个坐标系、一张路线图。

放、管、服三者之间也有密切的内在联系，比如"寓管理于服务""以服务促管理"，比如"放"的过程中可能发现需要加强管理的，"管"的过程中也可能发现可以放松管制的，比如有些"服"的内容蕴含了管理部流程的再造优化。搞清楚里面的辩证关系有助于深化供给侧的改革。近期，上海自贸区在1000多个办事窗口推行了"OK & Quick！"的理念和一线办事人员无否决权的改革举措，也就是一线窗口办事人员不能对前来办事的群众和企业简单说"NO"，他们的权力只有说"YES"，而说"NO"要经过慎重研究和上级批准，说"NO"之后还要向群众和企业给出合理的建议。这一做法看起来是一种便利化的服务措施，但这种"服"会对"放"和"管"起到积极的推动作用，甚至会对政府现行的运行模式甚至组织架构产生重大影响。

当前，在自贸区改革的实践中，市场和企业反映十分强烈的一个问题是准入门槛仍然较高、准入标准仍然不够透明、准入程序仍然不够方便等，无论是内资还是按照"准入前国民待遇＋负面清单"模式进入的外资，都有明确诉求加快推进"证照分离"改革。这也是我们选择这一切口作为自贸区供给侧结构性改革先行试点的直接动因。

2015年12月，国务院常务会议同意在上海市浦东新区推进"证照分离"改革试点，取消或简化了一批许可证的审批事项，提高了一批许可证审批的标准化、透明度，强化了一批许可证的准入管理和风险防控。这是推进简政放权、放管结合、优化服务的重要举措，有利于营造更加宽松、便利和法治化的营商环境，有利于激发全社会的创业创新活力，有利于进一步转变政府职能、提高政府效能。

这一试点切口看似不大，实质上是一次破冰之旅。自贸区商事制度改革的第一步，是实现从"先证后照"到"先照后证"的重大转变，让企业可以先领取营业执照，在法律意义上先获得主体资格，以便先行开展银行开户、人员招聘、物业租赁等活动，然后再到主管部门、监管部门或审批部门申领各类许可证，以便获得相应的经营资格。

这个改革的第二步，是实现从"先照后证"到"证照分离"的根本性转变，真正实现主体资格和经营资格获取相分离，无论是前置审批还是后置审批，都要重点解决许可证的办证多、办证难、办证烦等企业最为关切的痛点问题，做到能取消则取消，不能取消的列入市场准入或经营资格许可"负面清单"，最终实现"取消为常态、审批为例外"的格局。

这个改革成败的关键在于两个方面：一是对保留的审批事项要实现审批条件的标准化、格式化、目录化，切实提高市场主体获取经营资格的透明度、稳定性和可预期性；二是要建立部门协同、信用信息共享等机制，运用大数据、互联网等手段，对所有市场主体"宽进"以后的经营行为（无论是保留审批还是取消审批的）实行最为有效的过程监督和后续管理，切实维护国家利益、公共利益不受损害，确保不发生系统性、区域性风险。

"证照分离"改革之所以具有破冰之旅的重大意义，就是因为其颠覆了政府传统的行政理念，实现了从"审批制"向"备案制"的重大转变，实现了从最为严格的事前准入到最为有效的事中事后监管的重大转变，建立了"谁审批、谁负责，谁主管、谁负责"的权责一体化机制，建立了登记注册、行政审批、行业主管既相互分离又相互衔接的综合监管机制。

这一改革将对政府职能转变产生深远的"倒逼"影响，推动政府部门将工作重心转移到完善事中事后监管的基础性制度上，包括推进建立社会信用体系、信息共享和综合执法制度、企业年度报告公示和经营异常名录制度、企业投资信息报告和公示制度、社会力量参与市场监督制度等。

加强事中事后监管，当务之急是加强监管基础设施尤其是信息共享平台建设。有人曾经形象地说过，政府部门的不少信息系统是"蜂窝煤式"的，往往"上下畅通、横向不通"，应依托互联网、大数据、云政务把这些数据上下左右全面打通。一个是G2G，也就是政府部门、监管部门、司法部门之间的数据要打通；一个是PPP，政府（Public）和社会（Private）要形成伙伴关系（Partnership），强化协同监管。近期，上海自贸区的工商、税务、食药监等部门把各自掌握的企业注册、税务登记、餐饮卫生等数据全面开放给饿了么等APP订餐平台，平台管理者将在平台上注册和运营的餐饮企业自主提供的信息与政府部门的信息做验证和匹配，从根源上杜绝了无证无照经营者的违法违规空间。

加强事中事后监管，把主体责任落实在企业头上十分重要。过去，政府对企业的经营行为事无巨细、管头管脚，看似权力很大，实则责任很大。而本该企业自己负责的很多事项，由于政府以审批的方式全面介入，反而大大减轻了企业自律和风险防控的责任，其结果可能导致更多问题的发生。现在，政府对企业的经营行为大部分取消审批或改成告知承诺等方式，同时配套"双随机"（监管者或执法者随机抽取产生、被监管对象或被执法对象随机抽取产生）、"飞行监管"等制度安排，看似政府的权力做减法，实则震慑力做加法，企业的自律和风控则是做乘法，他们必须更好地做到对自己负责、对监管部门负责、对社会负责。比如，在金融领域，上海自贸区推行"展业三原则",要求银行在"了解你的客户""了解你的业务"和"尽职审查"的基础上,只需凭区内机构和个人提交的收付款指令,即可直接办理相关外汇业务,无需再经外汇管理部门的审批。这一简政放权的改革,实际上把外汇业务的审核责任从监管部门转移到了商业银行这一市场主体,既让监管部门把精力从事前审批转到事中事后监管上来,也最终落实了商业银行的主体责任。

加强事中事后监管,引入和推广"单一窗口"甚至"单一政府"的理念做法十分重要。过去,我们搞了"一门式",这已经是很大的进步了,可以让群众和企业少跑路,几个部门都在一个办事大厅受理。但是,一个办事大厅里的各个窗口都需要群众和企业提供材料,有些材料重复度还很高,办事需要来回跑几次。现在,自贸区搞企业准入"单一窗口"、国际贸易"单一窗口"、外国人办证"单一窗口",从"一门式"到"一口式"看似变化不大,实质上背后涉及到政府不同职能部门、一个部门内部不同业务处室的协同。比如,外国人在自贸区办证就会涉及到外国人就业证、外国专家证、外国人居留证等,这三证分别由人保局、外专局、公安局受理。2015年11月上海市政府颁布的"双自联动"实施方案中,就明确要把三个证的办理在一个窗口整合起来。对外国人来说,人保局、外专局、公安局,都是中国政府的概念,这种"单一窗口"的做法有助于打造"单一政府"的形象。比如,上海自贸区的国际贸易"单一窗口",2015年6月上线了1.0版本,涉及到进出口许可等六大模块以及海关、商检、外管、口岸、邮政等16个部门,企业就可以做到在一个窗口递交所有材料,在一个窗口接受材料初审反馈和补报,在一个窗口领取办结通知或审批文件,大大节约了时间和成本。"单一窗口"模式,有利于倒逼政府部门之间的工作协同和信息共享,从而对事中事后监管起到正向的推动作用。

（四）法治保障程度、风险防控水平有多高，
自贸区开放程度就可能有多大

最近，笔者在参观陈云同志诞辰 110 周年业绩展的时候，学习了他在
20 世纪 80 年代初讲的一段话："这就像鸟和笼子的关系一样，鸟不能捏在手
里，捏在手里会死，要让它飞，但只能让它在笼子里飞。没有笼子，它就
飞跑了。""当然，'笼子'大小要适当，该多大就多大。""经济活动不一定
限于一个省、一个地区"，"也可以跨省跨地区，甚至不一定限于国内，也
可以跨国跨洲"。这里的"鸟和笼子"，当时指的是市场调节与计划指导的
关系。

今天读来，如果把"鸟"理解成"大众创业、万众创新"的市场主体，
而把"笼子"理解成事前准入、事中事后监管的"恢恢天网"，无疑又给我
们带来新的启示。比如，对金融开放而言，注册在上海自贸区的企业可以
开立自由贸易账户，无论是外资企业还是中资企业，无论是非金融企业还
是商业银行、非银行金融机构，都通过该账户可以获得相当于净资产一定
倍数的境外融资，根据最新的自贸区金改 40 条，企业融得的外债资金还可
以按意愿结汇。除了从境外获得融资，自贸区的企业将来还可以更多地利
用 FT 账户体系实现对外金融投资、参与国际金融交易平台的交易等。这样
的开放程度，背后是强大的 FT 账户体系实时动态监测平台，这个平台正在
对所有 FT 账户实行逐个企业、逐笔交易、7×24 小时的连续动态监管，而
且还看得清楚钱从哪里来、又到哪里去。

今天，自贸区办证大厅展示着三句话："法无禁止皆可为，法无授权不
可为，法定职责必须为"，分别对应着负面清单、权力清单、责任清单。对
自贸区的企业来说，"法无禁止皆可为"，企业应该在防范风险、守住底线
的前提下积极创新、大胆创新，最大限度地挖掘创业创新的潜力。对自贸
区的政府部门而言，"法无授权不可为"，政府做事都要依法行政、于法有
据，浦东新区与自贸区管委会已经实现一体化合署运作，这里的每个部门

可能是全国最精简的政府机关，这为解放和发展生产力理顺了相应生产关系，下一步应该朝着效能政府、责任政府、透明政府、诚信政府的目标努力进发。"法定职责必须为"，新业态新模式等发展可能存在一定的监管薄弱环节，政府应充分利用互联网、大数据等现代技术手段，强化社会信用体系等事中事后监管的"天网"建设，强化部门之间的信息互通共享，结合社会监督、舆论监督、企业相互监督等方式，真正做到"天网恢恢、疏而不漏"。

在浦东新区"十三五"规划的研究制定中，对上海自贸区建设提出了"开放度最高、便利化最优"的目标，而要实现这一目标，必需的制度保障应该是最好的法治化环境。笔者 2003 年初在博士论文《市场主导型融资模式研究》中曾提出"法治保障程度有多高，资本市场发展的广度和深度有多大"的观点，同样道理，我认为，法治保障程度、风险防控水平有多高，自贸区的开放程度就可能有多大。

中央领导 2015 年 11 月视察上海自贸区时，要求上海大胆地试，使权力做减法，给责任做加法，为市场做乘法，用更高水平的改革开放释放经济发展的潜力，当好改革的掘进机、开放的破冰船。这就是上海自贸试验区下一阶段的重要使命，强化以制度创新为主要内容的供给侧结构性改革，为国内外投资者、企业家在上海自贸区的创新创业创造提供更好的、真正与国际接轨的营商环境。

资本与金融篇

十九、消除金融供给抑制

范必①

我国在资金总量宽裕的情况下，却有大量需要贷款的企业得不到信贷资源支持，融资难、融资贵的问题十分突出。产生这些问题的主要原因是，金融市场化改革不够彻底，传统计划手段取消后又出现新的计划管理方式。对金融领域管得过多过死，人为造成金融抑制。本文重点讨论了贷款规模管理、企业债券发行管理和政策性金融三个方面存在的问题，并提出了改革建议。

（一）取消银行贷款规模管理

我国贷款规模管理起源于 1984 年，是计划经济时期国家对现金投放进行管理的主要手段。1998 年起央行将贷款规模管理改为指导性计划，各商业银行对资金来源和用途自求平衡。2008 年后，为应对金融危机，国家加大了信贷投放力度。为解决一度投放过快过猛的问题，从 2009 年下半年开始，银监会要求严格贷款规模管理，前后持续了一年多。2011 年起，央行通过窗口指导等手段，事实上重拾贷款规模的指令性计划管理，称为"合意贷款"。计划期从过去按年分季下达变为按月，甚至按旬下达。一度已经

取消的贷款规模管理，在金融危机后从短期应急政策变为了长期政策。

从国际上看，欧美发达国家历史上曾使用过贷款规模管理，但随着金融市场的发展，这些国家都放弃了这一数量管理方式。我国通过贷款规模对银行实行高度集中的计划管理，管得过多过死，抑制了银行的活力，带来了一系列问题。

第一，扭曲了货币政策。从2012年开始我国经济出现下行，这一期间中央的决策是实行稳健的货币政策，需要适度的流动性保证实体经济的融资需求。与此同时，有关部门执行了严格的贷款规模管理和存贷比管理。贷款规模层层分解下达，到基层支行甚至按日制定规模，不得突破，不得借用。在贷款规模指标控制下，造成整体信贷资源稀缺，稳健的货币政策在实践中变形为从紧的货币政策。

第二，提高了融资成本。由于央行对各商业银行信贷规模进行总量分配和投放节奏控制，信贷规模的发放额度、发放时间、发放结构，与信贷市场的供求关系脱节，市场需要资金时往往额度不足。年初信贷猛增，年底惜贷甚至停贷，间歇性地拉高了融资成本，人为放大了经济波动，扰乱银行与实体经济的正常经营。

第三，加剧了影子银行的非正常扩张。严格的信贷规模控制，使银行的巨额存量信贷资源无法通过正常的信贷渠道发放。银行往往以创新为名，开展同业、信托、理财等业务，实质是绕开监管变相发放高利率贷款，即影子银行业务。这些业务规模的迅速扩张，掩盖了期限错配、信用违约等问题，超出了常规的统计和监测范围，成为央行无法掌握的监管盲区，其中隐藏的系统性风险不可小视。

贷款规模管理产生于传统计划经济体制，在资本市场发育不健全，市场主体对利率不敏感的情况下，曾经对宏观调控和金融稳定发挥了积极作用。随着金融创新的发展，监管对象日益复杂，原有的贷款规模管理束缚了银行业的健康发展，对经济持续健康发展的影响总体是负面的。2014年，国务院要求有关部门改进合意贷款管理，增加存贷比指标弹性①，这对于改善融资难、融资贵发挥了一定作用，但尚未从根本上解除信贷计划管理对金融市场的抑制。

中国经济已是全球经济一体化的重要组成部分，利率市场化和人民币国际化是大势所趋。对中国银行业的监管方式也必须与国际接轨。无论何种形式的贷款规模管理，既无法律依据，也无行政许可。建议对实际执行的信贷规模管理方式，如合意贷款，应予取消。

（二）扩大企业债券发行自主权

发达国家实体经济大都将债券市场作为直接融资的主要渠道。我国由于企业债券发行管理体制僵化，市场分割，限制了实体经济特别是中小企业通过债券市场融资。为了应对经济下行压力，拓宽实体经济融资渠道，应进一步深化企业债券市场管理体制改革，统一债券发行规则，简化发行流程，降低发债门槛，赋予企业较大的发债自主权，降低直接融资成本。

1. 我国企业债券市场现状及主要问题

我国从 1984 年开始发行企业债券，长期以来把这类债券作为商业银行贷款的补充手段。2005 年之前，企业债券只有发改委主管的企业债一个品种（一般 5 年以上），用于支持特定产业政策。由于融资成本低，相当于政策性融资，主要是解决商业银行短存长贷问题，满足特定行业发展的长期资金需求。从 2005 年起，国家发改委、人民银行和证监会逐步允许企业发行多种类型、多种期限的债券，包括短期融资券（1 年及以下）、公司债券（3—5 年为主）、中期票据（3—5 年为主）等，目前已基本形成覆盖各期限的债券品种格局。

---

① 2014 年 11 月 19 日国务院常务会议会上的决定。

2007 年以来，我国实体经济共发行企业债券 18.2 万亿元。截至 2014 年年底存量债券 12.7 万亿元，占社会融资规模的比重从 2007 年的 3.8% 提高到 10.4%。企业债券融资成本一般比商业银行贷款低，条款灵活，分担了金融体系间接融资比重过高的风险，支持了实体经济生产经营活动的资金需求。但是同发达经济体相比，我国企业债券市场发育仍然滞后，主要表现在：

重股轻债。发行债券与发行股票都是企业直接融资的手段，相比之下股票发行条件要严于债券，投资股票的风险也要高于债券。发达国家债券市场规模一般远远高于股票市场，如美国 2014 年年底债券市场上存量企业债券为 20 万亿美元，是股票总市值的 2 倍；德国企业债券是股票总市值的 1.5 倍。东亚国家这一比例与欧美相比较低，但债券市场规模与股票市场也基本相当。但是目前我国企业债券市场规模仅为股票市场的 1/3。企业融资更倾向于银行贷款和 IPO 股权融资，而不是发行债券。

重大轻小。大型国有企业发债容易，中小企业、民营企业发债困难。2014 年全年，共有 1757 家企业发行 3720 只债券，融资 4.5 万亿元，基本集中在基础设施、能源和房地产行业，其中国有企业达 1328 家，融资占比超过 90%。发债企业年销售收入和资产总额大多在 5 亿元以上。债券市场成为这些行业大企业的低成本资金来源，而对中小企业支持严重不足。

产生这些现象的主要原因：一是发行审批制度改革滞后。我国证券发行制度改革的总体方向是从行政审批转向注册制。债券的投资风险远小于股票，但债券发行改革的推进步伐落后于股票发行，抑制了债券市场规模。从 1999 年开始，我国新股发行已经从审批制过渡到核准制，注册制改革也已经提上日程。但是，目前发改委和证监会主管的企业债、公司债等品种仍需事前审批，对发债企业的资质进行行政审核，力求债券兑付"零风险"。债券市场的规律是高风险高收益、低风险低收益，风险应由债权人和债务人自行承担，与政府无关，主管部门完全可以放开注册。

二是发行标准不合理。如企业债发行除需要符合国家产业政策和行业发展规划外，还要求连续三年盈利；公司债虽不要求三年连续盈利，但净资产要求超过 3000 万元；中期票据发行则要求主体评级 AA- 以上。这些发行条件基本是从规避违约风险的角度出发设定的，对中小企业而言，构成了较高的门槛。目前符合这些标准的企业基本都已发债，进一步扩大企业债券市场规模的空间非常有限。现在评级机构对企业发债信用的评定有一套系统的指标体系，比现在主管部门设定的这些门槛更为科学合理。考虑到债券市场上投资人依据评级自主承担决策风险，继续由政府设定企业债券准入门槛已无必要。

三是交易市场分割。目前我国企业债券市场主要分割为交易所市场和银行间市场两部分，各由不同的政府部门主管（见图 1）。一般来说，投资者购买企业债券既可获得稳定收益，也可保持资金的流动性。一个市场上流通的品种如果要到另一个市场上变现，要经过非常复杂的程序，客观上限制了债券的流动性，也就降低了债券的投资价值，妨碍了债券市场的做大规模。在市场分割的情况下，每个市场的主管部门不愿意看到自己管辖的市场出现兑付风险，因而倾向于对中小企业设置各种门槛来限制其在自己的市场融资。

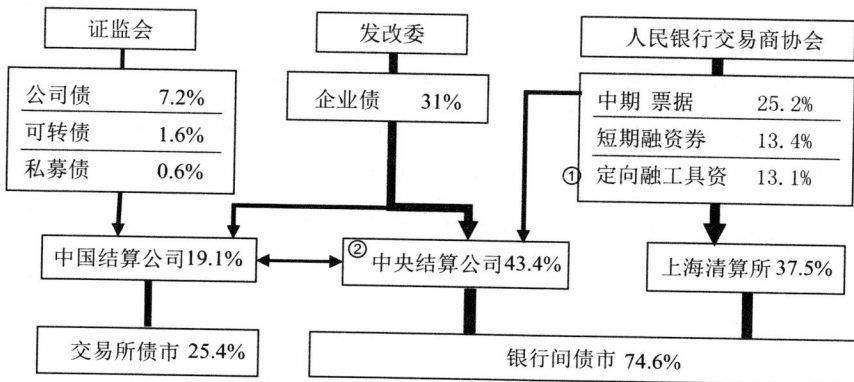

图中数字为市场份额。

① 2013年6月起，新发行的中票需到上清所登记托管，原有中票到期前继续在中央结算公司托管。

② 2009年6月起，企业债可以跨市场转托管。

图 1　非金融企业企业债券市场格局

2. 做大债市化解企业融资困境

债券市场具有长期资金充裕、融资成本低的优势。但是，当前化解企业融资难、融资贵的各项政策中，尚未充分利用债券市场融资渠道。未来一个时期，做大债市可以有效解决银行期限错配、实体经济融资成本过高、中小企业告贷无门等突出问题。具体思路可以概括为替换、承接、支持三种方式。

替换：利用中长期企业债券融资替换银行中长期贷款。我国商业银行资金较多地投向基础设施、国有企业的中长期项目，出现了短存长贷的期限错配问题。这些长期贷款占用信贷规模，加上受存贷比考核指标约束，使看似庞大的银行资产实际资金使用规模并不大。企业债券融资期限可以长达 10 年以上，而且融资成本也较银行贷款低。截止 2015 年 11 月，我国企业贷款余额 93.4 万亿元，其中中长期信贷高达 52 万亿元，贷款加权平均利率自 2008 年下半年以来平均为 6.5%。而企业债券融资利率则低得多，如 AAA 级 5 年期公司债发行利率 8 年来平均为 4.7%，仅为同期贷款价格的 7 成。如果这些中长期项目用发行企业债券融资替换部分中长期贷款，既可以实实在在地降低企业融资成本、扩大融资规模，也可以使银行减少中长期贷款占用的信贷规模，把这些盘活的资金用于扶植中小企业、实体经济。

承接：用正规的直接融资承接非常规融资。近年来，在日趋严格的银行贷款规模管理和存贷比管理之下，中小企业、实体经济想要获得银行贷款十分困难。很多银行资金通过证券、信托等通道，以"非标"形式迂回贷给企业，拉长了融资链条。目前企业到手的融资成本一般都在年利率 10% 以上。如果放开企业债券融资市场，将这部分融资需求通过发行企业债券解决，就可以省掉不必要的中间环节，融资成本可以降低至 6% 左右。

支持：通过企业债券市场支持不同信用等级的企业融资。中小企业、实体经济可以在债券市场上直接发债融资。民营银行、小贷公司等中小金融机构也可以直接发债融资，它们的服务对象也主要是中小企业，客观上可以有利于解决中小企业融资难的问题，也有力解决了中小企业债信用不足难以发债的问题。

3.深化企业债券市场改革的思路

发挥债券市场作用化解企业融资困境，还是要在深化改革方向寻找出路，增强债券市场的融资能力。具体可以考虑采取以下措施：

第一，全面推行企业债券发行注册制。人民银行主管的中期票据2007年实行注册制发行以来，从无到有，已占据债券市场规模的1/3，说明注册制有利于企业债券市场扩大规模。按照《证券法》第10条规定，包括债券在内的证券发行要经国务院有关部门批准。我国应尽快修订《证券法》相关条款，允许发改委和证监会主管的债券品种实施注册制。

第二，放宽企业债券发行标准。建议发改委、中国人民银行和证监会取消对企业债券发行设置的各种不合理限制，制定各部门统一的发行注册条件和规则。完善债券评级机构的相关制度规范，逐步使债券评级能够客观、真实反映发债风险程度。

第三，面向中小企业、创新企业发行新的债券品种。在没有修改《证券法》、企业债券尚未全面实行注册之前，可以考虑针对盈利和净资产水平不高的创新创业企业定向发行债券，支持大众创业、万众创新。

第四，建立互联互通的交易市场。建议允许交易所市场和银行间市场的不同品种能够到对方市场挂牌交易，优化各家债券托管机构的电子化连接，提高债券跨市场转托管效率。提高债券市场流动性，吸引更多社会资金入市。

（三）严格界定政策性与商业性业务

我国建立政策性银行以来，通过发行政策性金融债筹集资金用于政策性项目，为实现党和政府一定时期的政策目标发挥了重要作用。为了充分发挥政策性金融债在中长期融资中的作用，积极应对经济下行压力，应当进一步深化政策性金融改革。

1. 政策性金融债融资现状

政策性金融债是从事政策性金融业务的银行依托国家信用，为筹集信贷资金向市场发行的金融债券。政策性金融债由央行审定计划，发行主体包括国家开发银行、中国农业发展银行、中国进出口银行。1994 年，国家开发银行发行第一笔政策性金融债，分三年期、五年期、八年期三个品种。采用派购发行的方式，向邮政储汇局、国有商业银行、区域性商业银行、城市商业银行、农村信用社等金融机构发行。从 1998 年开始国家对发行机制进行改革。1999 年起全面实行市场化招标发行政策性金融债券，推出的品种从三个月到三十年不等，分为浮动利率债券、固定利率债券、投资人选择债券、发行人选择权债券等多种类型。

截止 2015 年 11 月末，我国累计发行政策性金融债券 19.15 万亿元，存量债券 10.72 万亿元，在整个债券市场上占比 22.86%，是我国债券市场上发行规模仅次于国债、存量规模最大的券种。这些债券主要用于"两基一支"（基础设施、基础产业和支柱产业）、城镇化、民生（棚户区、三农或小微企业）、走出去战略等方向，成为政策性投资项目中长期资金的重要来源。但是政策性金融债发行规模日渐不能满足政策性投资的需要，存在的主要问题：

一是国家计划统得过多过死。央行在确定政策性银行金融债发行规模时，主要是按照上年金融债发行基数，结合从事政策性业务的银行上报的信贷发放、回收计划，经与其他商业银行平衡、讨价还价后，按一定的增长比例确定本年度金融债发行规模。央行对各行政策性贷款规模实行指令性计划管理，逐年甚至逐季下达指令性计划。由于不同年份国家政策性项目对资金的需求不同，不同时点的融资成本不同、发债期限不同，每年制定的金融债发行计划、贷款规模计划往往赶不上变化。各行政策性金融债在发债总量和发债时间的严格限制下，难以完全按照市场资金供需状况发行债券。在资金投放上，即便国家政策性投资有较大需求，也不得突破贷款规模，不利于服务国家战略和宏观调控。

二是债信不足。从事政策性业务的银行依靠国家信用发行金融债券，理论上讲具有最优的债券信用，可以低成本筹集资金。但是对发债规模最大的国家开发银行，财政部和银监会要每一、两年核定一次金融债债信，造成市场预期不确定，使发债难度加大、发债成本上升，降低了发行金融债的融资能力。

三是监管错位。从事政策性业务的银行本质上是依托国家信用的非营利机构，但在监管和考核上，没有体现出它的特点。比如，要求这些银行与商业银行一样，也要达到 10.5% 以上的资本充足率；国家开发银行名为商业性银行，主要从事的还是政策性业务，由于采用与国有商业银行相同的利润考核办法，导致其把大量精力放在盈利上。为了达到盈利目标，从事政策性业务的银行也会将发行金融债融到的资金用于商业性业务，不利于全力以赴服务国家政策性投资需要。

产生这些问题的根本原因，是政策性金融改革尚未到位。在我国政策性银行成立之前，政策性银行业务基本上由工农中建四家专业银行分担。银行一定程度上成了财政的"提款机"。专业银行为了盈利，倾向于多做商业性业务，少做政策性业务。但是当商业性业务出现亏损时，又往往归到政策性业务上，最终还是由国家弥补亏损、承担风险。在 1994 年银行体制改革中，专业银行开始向商业银行转型，国家要求"将商业银行办成真正的银行"。同时剥离专业银行的政策性业务，组建了三家政策性银行。

但是近 20 年来，银行业中政策性业务与商业性业务分离的改革任务不仅没有完成，甚至出现了一些倒退。政策性银行加大了商业性业务比重；商业银行则将部分贷款用于公益性强、回报率低、还款周期长的政策性领域。由于一些银行仍兼有政策性与商业性业务，央行将其视为商业银行进行贷款规模管理，银监会按商业银行标准监管考核。2008 年，国家开发银行向商业性银行转型后，虽然主要承担的还是政策性业务，但市场已将其视为商业银行，很难获得永久性的国家债信。

政策性业务与商业性业务分离改革滞后，也增加了商业银行风险。2008年之后，为应对国际金融危机，国家在一些重点领域扩大投资规模，需要银行提供配套资金。大量政策性项目在无法得到银行政策性资金足够支持的情况下，转而使用了部分高利率的商业贷款。商业银行将大量资金投放到"铁公基"、地方融资平台等方向，出现信贷资金短存长贷、贷款投向与政策性银行同质化的现象，加剧了商业银行期限错配。由于这些资金投放长期挤占商业银行的信贷规模，商业银行不得不在贷款规模和存贷比监管之外，开展大量的表外业务，并助长了影子银行过快发展，埋下了金融风险的隐患，提高了实体经济的融资成本。

2. 扩大金融债发行规模的思路

我国作为发展中大国，在今后很长一段时期内，仍需要政策性金融持续发挥作用。为了提高金融债融资规模和使用绩效，更好地满足国家战略和宏观调控的需要，建议采用以下改革思路：

——分离银行的政策性业务和商业性业务。将国家开发银行应重新定位为政策性银行，名正言顺地成为服务国家战略的中长期投融资机构。今后政策性银行只从事政策性业务。对各银行已有的政策性业务与商业性业务，实行分账管理、分类考核、分类监管。建立两种业务的防火墙，银行内部不再进行交叉补贴。在政策性银行业务扩大后，各商业性银行逐步过渡到只从事商业性业务，不再为公益性项目提供高利率的中长期商业贷款。

——建立政策性金融债发行动态调整机制。在当前经济下行压力较大的情况下，政策性金融债规模偏小的问题尤为突出。今后应当从根本上改革政策性金融债的计划管理方式，发行规模要根据实际需要动态调整，提高从事政策性业务的银行在金融债发行额度、期限、对象、方式上的自主权。

——完善政策性银行运营模式。在确立政策性银行单一政策性业务功能后，在运营上应当坚持贷款项目的战略必要性、财务可平衡性、机构发展可持续性三者的有机统一。继国家开发银行建立住宅金融事业部后，应当进一步扩大政策性业务的专营范围，金融债要向这些专业领域倾斜。借助政府担保、长期债信、税收优惠等系统性制度安排，创新政策性业务模式。

3. 加快银行政策性业务与商业性业务分开的建议

发挥政策性金融债主权债信高、融资成本低的优势，提高融资规模，这是扩大投资、应对经济下行的有效措施。实现这一目标的关键是深化政策性金融改革，消除抑制政策性金融债发行的各项政策。

第一，合理确定近期政策性金融债发行规模和范围。建议：（1）在现有基础上大幅扩大今明两年政策性金融债发行规模，加大其对国家重大决策支持力度。（2）央行不再下达政策性金融债发行规模的指令性计划，而是制定一个金融债发行量区间。在这个区间里由从事政策性业务的银行根据业务需要、市场状况自主动态调整发债的时间和规模。（3）考虑到国家每年明确了金融债的发行限额，已经对贷款规模形成了约束，建议取消对从事政策性业务银行的贷款规模管理。（4）扩大金融债发行范围。从主要由金融机构认购扩大到企业、个人，从国内发行扩大到国外发行。

第二，稳定主权债信，扩展资金来源。政策性银行的主权债信应当是长期债信。建议明确国家开发银行的政策性银行属性，对其主权债信由目前的一、两年一定，改为长期债信。同时，批准国家开发银行受托管理和运用财政资金、社保资金、住房公积金等政策性资金，拓展其多元化的中长期资金来源。

第三，改革监管与考核模式。由于政策性银行拥有主权债信，一般来讲国际上对资本充足率的要求低于商业银行。建议对政策性银行在资本充足率、收益率、不良贷款划分标准和容忍度、项目评审标准等方面，实行与商业银行不同的监管考核标准。目前商业银行有《商业银行法》《贷款通则》，建议国务院针对政策性银行的特点，制定《政策性银行条例》及相关法规。条件成熟时，推行政策性金融立法。

第四，完善政策性银行重大事项决策机制。建议成立跨部门专门委员会，根据党中央、国务院的决策，明确需要政策性银行支持的战略方向；根据形势的变化，动态界定调整政策性业务的范围；确定年度金融债发行规模区间；为政策性银行建立系统、配套的制度安排和政策支持。

二十、从衍生品角度看金融市场在供给侧改革中的积极作用

徐艺泰[①] 邢兆鹏[②] 李帆[③]

经济进入"新常态"后，既有的需求管理政策已难维持巨大体量的经济继续高速前行。从供给侧发力实施改革，释放经济活力，已经成为理论界和决策层的一项共识。刚刚结束的中央经济工作会议对金融行业在供给侧改革中的任务做出了总体部署。如何在供给侧改革的大背景下，更加积极地发挥金融改革的重要作用，更加高效地运用金融市场提升经济运行质量，成为监管层面临的一项新课题。

（一）金融在经济生活中的作用是多元的，金融既服务于国民财富创造，同时也创造国民财富

观察近几年的经济金融数据，在低迷的经济增长指标外，来自服务业特别是金融行业的贡献毫无疑问是一大亮点。2015 年前三季度，金融业增加值同比分别增长 15.7%、19.2% 和 16.1%，对 GDP 的贡献约 20%，有效带动服务业实现较高增速，拉动经济增长。同时，也有声音在质疑金融业增

---

① 徐艺泰，北京金融衍生品研究院院长。
② 邢兆鹏，北京金融衍生品研究院高级研究员。
③ 李帆，北京金融衍生品研究院研究员。

加值统计上无法反映金融风险，是"虚高"，金融业的增长更应当体现为如何服务实体经济发展。

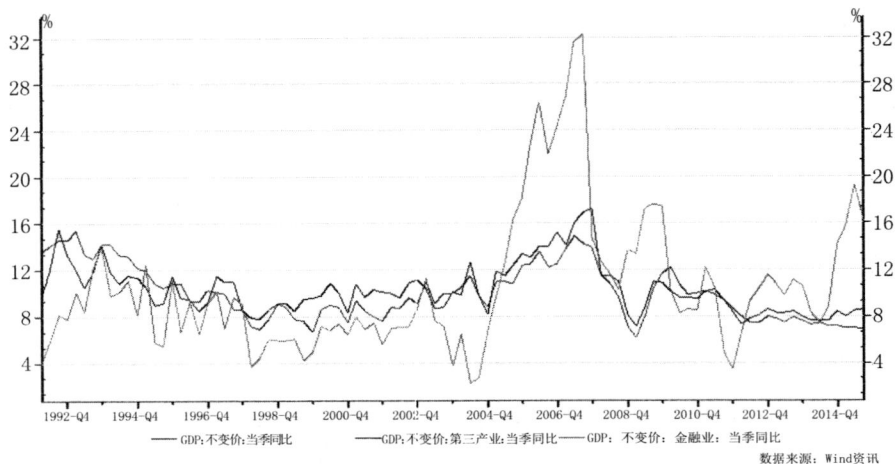

数据来源：Wind资讯

图1　金融行业带动服务业拉动经济增长

对这个问题的思考应当包含如下两个方面。

首先，对"金融服务实体经济"的理解不应当狭义地强调实体经济的主导作用，而应明确这一要求的前提是尊重金融市场运行规律，把金融市场在资金运用和资本形成中的主导作用放在更重要的位置。党的十八届三中全会反复强调，要让"市场在资源配置中起决定性作用"，这与"金融服务实体经济"的要求并不相悖。市场在资源配置中的决定性作用是金融服务实体经济的前提条件，换言之，金融服务实体经济，应尊重金融业自身发展的规律，而不应以损害金融市场效率为代价。金融业是资本形成和资本分配的主要通道，对经济的发展至关重要，直接决定供给侧资金的形成和分配效率。如果实体经济不顾金融市场规律，一味要求金融业提供服务并希望通过干预方式让金融业为实体经济提供服务，结果很可能会继续造就大批对资金价格信号不敏感、预算软约束的"僵尸"企业。从过去几年的实践来看，部分领域由于忽视资金价格和成本，盲目加杠杆，形成了一批过剩产能和库存，给国民经济运行带来了沉重的负担，很难说这与扭曲的金融资源分配机制无关。

其次，金融本身也是财富增长的重要源泉，应当成为我国新的经济增长点。从形成供给能力的五大要素看，人口和劳动、土地和资源、资本和金融、技术和创新、制度和管理都是财富增长的源泉。长期以来，国内过度强调"虚拟经济"和"实体经济"的区别，关注实物要素投入扩张和物质财富的增长，而忽略了知识、文化、金融等服务形成的"软财富"同样也是国民经济的重要组成部分。特别是在后工业化时代，软财富也是国家经济实力和综合国力的体现。以美国为例，没有强大的金融业，互联网、信息技术和先进制造业等新兴行业就很难取得领先全球的优势地位。金融作为生产性服务业，本身也是实体经济的一部分。我国金融业的发展与美国等发达国家目前还存在巨大差距，有巨大的成长空间。发展以金融为代表的软财富，是转换经济增长方式、积极培育新兴成长点的必由之路。

（二）金融领域供给侧改革的重点在于提高金融市场效率，扩大金融有效供给

2015年中央经济工作会议将供给侧改革明确为去产能、去库存、去杠杆、降成本、补短板五大任务，而金融业恰恰又存在着成本高、效率低等问题，这就要求金融业在供给侧改革中有新的定位。金融既作为供给要素又作为财富产出，其创造财富的能力不足，有很大一部分源于对金融要素供给的抑制。因此，新一轮金融改革的重点应当是放松金融抑制，鼓励产品创新，扩大金融有效供给，同时做好宏观/微观监管。

金融抑制导致的短缺是当前我国金融市场的特征之一，具体主要表现在以下两个方面，一是金融资源配置上的多寡不均，二是金融产品的单调、同质。

改革开放以来，我国产品和服务市场逐步实现了市场化，但在要素市

场上依然存在非市场化因素。如我国的债券市场，发改委、财政部、人民银行、银监会、证监会各有管辖权限，形成了难以高效连通的银行间、交易所和场外柜台三个市场。从历史发展看，条块分割客观上形成了监管竞争，推动了市场发展，但也要看到，条块分割的管理模式现阶段已经制约了市场进一步发展，形成了金融抑制，降低了金融市场效率，扭曲了金融资源合理配置。金融抑制在储蓄和投资之间划出一道鸿沟。一方是居民资产配置的收益与风险不匹配，可投资的金融产品较少；另一方是资金大量配置到一些对利率不敏感、效率较低的国有大中型企业。过剩产能的形成本身就是我国金融抑制下资金价格扭曲，资金向国企、融资平台、政府主导企业等过度倾斜造成的。"融资贵"很大一部分原因是金融抑制造成的资金价格双轨，多数不具有政府背书和倾斜的企业融资成本高企。因此，"三去""一降"均要求解除金融抑制。

我国金融市场供给短缺的另一个重要表现是金融产品的单调、同质，银行间接融资之外的融资方式供给不够，不能满足不同企业融资需求。与国外资本市场相比，我国基金等投资产品表现出高度的同质性，同涨同跌现象十分明显。由于金融抑制的存在，以期权、期货为代表的现代基础金融工具长期处于缺失或发展不足的状态，抑制了金融创新，市场金融产品供给能力大打折扣。特别是最近一段时间以来，以 e 租宝、泛亚等为代表的一些"伪金融创新"在市场上泛滥，与金融有效供给不足也不无关系。

（三）平稳有序发展金融衍生品市场是解除金融抑制、增加金融供给的有效手段

很多研究表明，金融衍生品作为股权、利率、汇率等基础类金融产品的衍生产品，是金融要素价格市场化的产物，同时又能够反过来进一步提高金融要素价格的市场化程度，完善金融要素价格发现功能，提高金融体系效率和活力。比如 2014 年 3 月，国际知名智库米尔肯研究院（Milken

Institute）重新评估了衍生品的功能和作用，完成了"衍生品对经济增长的影响分析——从风险管理的角度"报告。报告发现：商业银行运用衍生品管理风险显著增加了贷款发放量，而非金融公司使用衍生品之后公司价值提高了 5.2%，总体来看美国经济活动因使用衍生品而增加 1.1%。国内的研究成果也表明，运用衍生品的金融机构净利润波动明显较低。

1. 金融衍生品有助于降低社会融资成本，提高资金使用效率，释放金融和资本活力

释放金融和资本活力的首要任务就是降低资金成本，而金融衍生品有助于降低资金成本，提高中国经济活力。从风险配置的角度出发，由于资金价格本身就是其风险的表达，通过金融衍生品市场，将风险从投融资关系中有效剥离和转移，让最有意愿和能力的资金来承担风险，可以优化社会风险分担机制，有助于降低社会融资成本。纽约联储前主席 William J. McDonough 代表 G30 小组[1]作证："衍生品推动了实物资产投资方面的资金融通。"[2]Brewer 等（1994）[3]的研究发现衍生品的快速发展，为银行提供了管理利率风险敞口的新机遇。根据银行中介理论，衍生品的使用有助于银行发挥其中介职能，有助于扩大银行信贷。纽约港务局前财务主管 John Haupert 认为，实体企业"有大量的融资需求并管理一个大型投资证券组合，因此，利率风险是我们关注的重点……港务局注意到……衍生品交易在金融框架中发挥着越发重要的功能。通过衍生品交易能够提供实现低融资成本的契机，而这是在传统模式下所不能做到的"[4]。金融衍生品完善了市场运行结构，带来了平衡力量，稳定了企业预期。企业运用金融衍生品对冲经营风

---

[1]　由全球最主要的 30 位中央银行行长组成的国际间协调组织。

[2]　McDonough, William J. "A Regulatory Perspective on Derivatives," *Global Derivatives: Public Sector Responses, Occasional Papers*, No. 44, The Group of Thirty, Washington, D.C., 1993, pp. 11–19.

[3]　Brewer, Elijah Ill, Bernadette A. Minton & James T. Moser, "The Effect of Bank-Held Derivatives on Credit Accessibility," (Working Papers Series), Federal Reserve Bank of Chicago, April 1994.

[4]　Haupert, John. "Using Interest Rate Swaps as Part of an Overall Financing and Investment Strategy." *Government Finance Review*, October 1992.

险和生产要素价格波动后，信贷机构对其贷款的意愿会大大增强，企业融资成本会显著降低，投资意愿增加。

2. 金融衍生品有助于增加金融产品供给，促进金融市场功能完备

金融衍生品可以增加金融产品供给，减少未来的不确定性状态，完备金融市场，降低市场风险，对推动直接融资发展，促进利率市场化改革等具有十分积极的意义。一是推动直接融资发展。十八届三中全会提出，要健全多层次资本市场体系，提高直接融资比重。当前，我国已初步建立了包括主板、创业板、新三板、区域性股权市场、证券公司柜台以及私募股权市场在内的多层次资本市场体系，直接融资快速发展，但与间接融资相比较，占比仍然明显偏低。同时，我国股票市场波动较大，债券市场又存在较高的杠杆，凸显风险管理的必要性。发展金融衍生品市场也为直接融资比重的提升提供了必要的配套。二是推进利率市场化进程。利率市场化是提高金融市场化程度、发挥市场资源配置作用的重要内容。目前，我国已经放开了除存款利率之外的其他利率管制，市场利率波动的幅度和频率明显提高，金融机构面临的利率风险上升，管理长短期利率风险的工具还比较缺乏。三是服务人民币国际化的需要。国际货币基金组织（IMF）公布的加入特别提款权（SDR）的技术前提，除了可自由使用，还包括有效的三个月国债市场[①]和衍生工具。纵观全球，每一个强大的国际化货币的背后无不有一个强大的衍生品市场，拥有国际关键货币的国家或地区都是拥有强大衍生品市场的国家或地区。在既有场外外汇产品的基础上，场内推出外汇期货，发展外汇衍生品市场，有助于在人民币国际化过程中牢牢把握汇率的定价权，维护国家金融安全，同时也使我国金融机构及实体企业能够更好地应对日益突出的汇率风险，为国内资本"走出去"和国际资本"引进来"提供更多的便利。

---

① SDR 利率是在其构成货币 3 个月期国债利率的基础上形成的。

3. 金融衍生品有利于推动金融创新，鼓励创业创新

金融衍生品加速了机构的产品创新和业务多元化，推动机构投资产品的个性化发展，为金融创新提供了空间。有了足够的基础金融衍生品之后，金融企业才能够通过金融工程，对不同的产品进行组合，构建适合于特定个体的个性化风险管理产品，例如绝对收益产品、灵活久期产品、嵌入衍生工具的保险产品等，更好地满足客户需求。

从风险管理的角度来说，金融衍生品还有助于提高中小微企业创业创新的成功率，促进创业创新的发展。初创企业除了融资之外，最大的问题来源于信用风险、市场风险、操作风险等各种风险对于企业的冲击。金融衍生品市场的发展可以产生风险管理技术的外溢效应，降低风险管理成本，提高风险管理效率，增大风险管理技术的触角范围，为中小微企业的风险管理提供方便之门，中小微企业不再因为高昂的成本被挡在风险管理技术大门之外，从而使得中小微企业更加专注于核心业务，提高创业创新的成功率。

（四）发展金融衍生品市场，扩大金融有效供给：美国的经验和日本的教训

20 世纪 70 年代以来，伴随着供给学派的兴起，发达经济体金融自由化改革带来全球金融市场版图变迁，最显著的特征就是金融衍生品交易的发展壮大所带来的金融产品极大丰富和金融市场的空前繁荣。衍生品的爆发式增长既是国际政治、经济环境变化引发的金融创新结果，也是供给管理在金融领域发力的表现。

首先，20 世纪 70 年代后，随着布雷顿森林体系的解体，供给面因素冲击宏观经济，不仅大宗商品的价格波动加剧，而且金融产品的价格——利率、汇率等波动也十分频繁，并引发通货膨胀、货币危机、债务危机等多重风险。其次，经济的全球化趋势伴随着金融活动的全球化，跨国公司在国际化经营过程中，不可避免地承受着巨大利率风险和汇率风险。再次，

巴塞尔协议对金融机构资本充足率和风险资本的约束，使金融机构加速将表内业务表外化，对市场风险管理提出了更高的要求。最后，随着全球化发展，企业面临的外部环境更加复杂。为防范金融风险，企业迫切需要引入有效的风险管理工具和精致的风险管理策略。美联储前主席格林斯潘曾表示："近几年来发展起来的金融衍生产品提高了经济效率，这些合约的经济功能使以前被绑在一起的风险分解成不同部分，而把每一部分风险转移给那些最愿意承担和管理风险的人。"

专栏：美国金融衍生品发展历程

1848 年，芝加哥期货交易所（Chicago Board of Trade，CBOT）成立。1865 年，该交易所规定了期货合约的标准化形式。

1968 年，美国国民抵押贷款协会（Government National Mortgage Association，GNMA）成立，并于 1970 年发行第一个转手型抵押担保证券（pass through mortgage backed securities）。这是金融资产证券化的起点。

1970 年，浮动利率债券（floating rate note，FRN）开始在欧洲货币市场进行交易。

1972 年 5 月 16 日，芝加哥商业交易所（Chicago Mercantile Exchange，CME）旗下的国际货币市场（International Monetary Market，IMM）首创金融期货（汇率期货）。

1973 年，CBOT 的成员组建成立芝加哥期权交易所（Chicago Board of Options Exchange，CBOE）。

1975 年，CBOT 首次推出利率期货，其交易标的为美国国民抵押贷款协会发行的转手型抵押担保证券。

1981 年，IBM 与世界银行以瑞士法郎及美元进行交换，这是世界上第一笔公之于世的货币互换。

1982 年 2 月，美国堪萨斯交易所（Kansas City Board of Trade，KCBT）推出 ValueLine 股价指数期货，这是第一份股指期货合约。

1983 年 1 月，CME 推出 S&P100 股价指数期权。该品种迅速成为该交易所交易最活跃的商品之一。

1983 年，抵押担保债券（Collateralized Mortgage Obligations，CMO）问世。资产证券化进入新阶段。

1984 年，美国金融市场推出公债分割交易。

1986 年，各种新型公司债券纷纷出现，如利息递增型债券（stepped coupon bond）、反浮动利率债券（reversefloater）、附认股权证浮动利率债券（FRN with warrant）、S&P 指数联动债券（S&P Index Note，SPIN）等。

1991 年，股价指数成长债券（Stock Index Growth Notes，SIGN）问世，投资者可以通过标的股票指数的上涨而提升债券收益率。

1993 年，美国证券交易所（American Stock Exchange）将一揽子股票与基金概念结合，推出第一个交易所买卖基金（Exchange Traded Fund，ETF），名为 S&P Depositary Receipts。

1997 年，美国财政部发行通胀补贴政府债券（Inflation-Linked Treasury Bonds）。

从外汇市场来看，布雷顿森林体系瓦解后，主要发达经济体对供给侧要素都适时启动了改革，不断放松管制，使得金融市场不确定性大大增加。以德国马克为例，1959 年至 1971 年间德国马克兑美元汇率日均波幅只有 0.44 美分，而 1971 年至 1978 年其日均波幅则上升至 5.66 美分，增长了 13 倍。供给体系改革带来的国际贸易的扩张也使更多的贸易企业陷入了汇率波动的风险中。尽管当时银行间外汇市场已经初具规模，能够为银行等金融机构提供适当的避险渠道。但对一般的贸易企业而言，由于不具备参与银行间市场的资格，只能任由汇率风险吞噬其利润。1971 年 12 月 20 日，弗里德曼发表了《货币需要期货市场》（*The Need for Futures Markets in*

Currencies），其中从应对境外欧洲美元竞争的角度，分析了推出美元外汇期货，尤其在美国本土推出外汇期货，对促进美国金融服务贸易出口，维护国家经济利益的积极作用。1972 年 5 月芝加哥商业交易所（CME）成立了国际货币市场分部，挂牌多种货币对美元的外汇期货。当年外汇期货交易量就达到了 14.5 万张。在之后的一系列危机如石油禁运、阿以战争中，美国能够确保以美元为核心的世界金融秩序稳定和安全，CME 外汇期货的推出也起到了积极作用。

与美国相比，日本的经验教训就更加值得我们借鉴。20 世纪 80 年代，由于日本衍生品交易多头管理，体制僵化，迟迟不能推出日元期货产品。在 1985 年 9 月"广场协议"之后，日元浮动升值。而当时日元期货的交易中心一是在 CME，二是在新加坡国际金融交易所（SIMEX），日本本土基本失去了日元价格的主导力，直到"广场协议"4 年后的 1989 年，日本各方才达成协议，创立东京国际金融期货交易所，开展汇率期货交易。

从债券市场来看，利率衍生品帮助美国顺利完成 20 世纪 70 年代开始的渐进利率自由化改革。由于经济"滞胀"难题带来宏观政策顾此失彼，利率政策摇摆不定，导致市场利率频繁波动，幅度也越来越大。1974 年美国国债加权平均利率约为 7.8%，到 1977 年降为 7%，1979 年后又大幅上升，到 1981 年达到了创纪录的 15%。利率频繁而剧烈的波动使得市场各方参与主体都面临着越来越严重的利率风险和融资成本威胁，保值和避险需求日趋强烈。1976 年 1 月 CME 就创造性地将商品期货的风险管理经验应用到金融市场，顺势推出了 90 天国债期货合约。此后，芝加哥期货交易所（CBOT）陆续又推出了 30 年期、1 年期、10 年期等不同品种的国债期货。这一系列产品，降低了保罗·沃尔克紧缩货币政策的阻力，使美国企业成功降低了融资成本，也为格林斯潘时代的稳健增长奠定了基础。

日本在汇率自由化风险管理上反应迟钝，在利率市场化进程中也未能成功复制美国经验，金融衍生品市场多部门监管导致发展步伐缓慢，未能充分发挥降低利率风险和融资成本的作用。1977 年，日本政府开始放松国债交易和发行限制，推动利率市场化。"广场协议"之后，东京证券交易所先后推出了 10 年期和 20 年期的长端国债期货。随着日本经济增速放缓，银行贷存比下降，为缓解利率市场化压力，日本银行开始大幅增加房地产和非银行金融部门贷款投放，并导致短期负债攀升。日本银行业蒙受了巨大的损失，几经重组，也只是短期内扩大了日本银行的资产规模，银行的长期盈利能力和风险管理能力并没有得到相应的提高。很重要的一个原因就是当时日本缺乏短期利率期货品种，银行短期负债的增加带来的利率风险无法得到有效对冲。

从股票市场看，美国宏观经济的不稳定在股市得到了反映，但部分风险通过衍生品市场充分转移和释放。1982 年美国推出个股期货、股指期货等一系列权益类期货期权品种之后，实现了股市风险敞口的全覆盖。与美国相比，日本股市也在金融改革后出现了宏观经济不稳定，并导致股市走低，但当时日本权益类衍生工具品种单一，仅有 TOPIX、NIKKET225 等有限的几种，交易量甚至少于新加坡国际金融交易所推出的 NIKKEI225 指数期货。这也导致日本企业和金融机构的权益头寸始终暴露于股市的风险之下，限制了日本股票市场功能的发挥。

从金融衍生品行业在国民经济发展中的阶段性作用来看，衍生品自身又是欧美等发达国家后工业化时代的重要经济增长点，伴随着生产全球化的浪潮，以金融衍生品为代表的服务业甚至成为了欧美国家服务业贸易出口的重要组成部分。正如弗里德曼在《货币需要期货市场》中指出：英国 19 世纪的实践证明，各类金融服务都能成为高利润的出口商品。欧洲美元市场的海外发展历程就值得我们引以为戒。如果外汇期货市场设在境外，将进一步提升欧洲美元市场的市场规模。相反，如果该市场设在美国境内，则不仅会提升金融业务出口的利润，也将鼓励各类国际金融业务流入美国，扩大、增强本土资本市场，逐步削减欧洲美元市场等海外市场的规模。在这一思想的影响下，美国自 20 世纪 70 年代起开始大力促进金融及衍生品行业的对外出口，截至 2012 年，美国服务业出口总额约 6281 亿美元，占世界总量 14.1%，位居全球第一，其中金融服务业的出口更是占到全球同类出口的 23.4%。以美国 CME 为例，其外汇市场提供了包括美元兑欧元、日元、人民币等 63 个币种在内的 187 项汇率类衍生品，几乎涵盖全球所有的主要经济体国家。这些产品的推出，不仅服务于本国实体企业的全球化布局，也使得全球汇率的定价中心和风险分散中心停留在了美国，美国成为了名副其实的金融业服务中心，以其智力资源逐渐改变了传统经济供给中的生产要素，在后工业化时代支撑起了美国经济的发展。

（五）发展金融衍生品市场、扩大金融有效供给的政策建议

参考其他国家供给管理中解除金融抑制、发展金融衍生品市场的历程，不难发现我国当前面临的经济形势和政策措施与这些国家 20 世纪八九十年代的情形有不同程度的相似之处。以人为鉴，可以明得失。长期存在的金融抑制已经成为当前我国经济与体制改革的一项重要矛盾。因此，改革资本和金融要素的供给体系需要借鉴成熟市场国家经验，坚持市场化改革路径，让市场主导要素价格形成机制，不断松绑不合理的行政化束缚。从推进我国供给侧改革，增加金融有效供给出发，有以下几点建议。

第一，逐步解除市场抑制，稳步推出更多金融产品。随着利率市场化、资本项目可兑换、加入 SDR 等逐步推进，原有的市场抑制措施需要逐步取消，风险管理服务的需求范围将得到扩展，金融产品线需要进一步丰富才能覆盖新的市场空间，特别是金融衍生品产品当前存在缺失和严重不足。比如基础期货品种上市，原来每一个品种都要国务院审批。随着国家大力推进简政放权，期货新品种的上市机制是否可以更灵活？放松供给管制，就能创造更多新产品供给。

第二，建立高效互联的金融市场。目前我国金融市场按照监管机构的不同，大致上划分为银行间市场和交易所市场，两个市场有一些相似的产品，但由于市场连通性差，事实上影响了整个金融体系效率的发挥。比如

现在的国债及衍生品市场，十八届三中全会要求完善基于供求的基准收益率曲线，但商业银行作为主要国债持有机构，不能通过国债期货管理利率风险，不利于生成有效的国债收益率曲线。

第三，提高监管能力，强化有效监管。放松金融管制，必须要以监管能力的完善为前提。衍生品的高杠杆风险特征使监管层存在顾虑，长期以来，不敢放，也不愿放松管制。应当切实地把监管能力的提升作为金融市场建设的重点，构建有效金融监管，而不是简单地一放了之。

第四，放开机构限制，逐步完善投资者结构。我国衍生品市场投资者结构以个人参与者为主，机构投资者力量较为薄弱。原因在于，长期以来并未真正把培育机构投资者队伍作为金融市场的基础性工作来抓，一些条条框框还对机构的成长构成了限制。比如，外资机构如 QFII 等，持仓目的以投资替代为主，是多头的重要力量。但目前对外资等机构还未形成跨部门有效监管，施加的种种限制实质上阻碍了投资者结构的优化。

第五，以我为主，优先发展境内金融衍生品市场。纵观美、日供给侧改革中金融改革的不同路径导致迥异的改革效果，不难发现，发展金融衍生品市场特别是本土金融衍生品市场是有效扩大金融供给，为供给侧改革提供金融保障的重要手段。衍生品交易是没有国界的。比如中国台湾地区和日本的股指期货可以在新加坡上市，英国的房价指数期货可以在德国上市。如果风险管理以离岸市场为主，本土宏观审慎监管、微观机构监管都会遇到问题。例如，前文所述日本由于本土衍生品市场发展滞后，一定时期内外汇和股市定价权被离岸市场主导，造成日本巨大损失。只有切实增加境内风险管理产品供给，优先壮大境内市场，才能实现更好的金融监管。

此外，对风险管理市场本身的风险防范，更应当从投资者适当性的角度出发，注重"有效供给"。把适当的产品销售给适当的投资者，就包含了金融产品供给必须适应投资者的风险偏好的含义。从这点出发，无论是信贷资金不能进入股市，还是中小投资者不能进入股指期货市场，都必须坚持"有效供给"，而不是随意降低门槛。

二十一、我国"融资难""融资贵"问题思考[①]

陈道富[②]

内容提要："融资难""融资贵"已成为我国经济金融运行的主要问题。但"融资难""融资贵"是现象和结果，是多方面多层次原因造成的，既是市场机制发挥优胜劣汰的结果，也是经济下行的副产品，还是金融市场发展和自由化后均衡机制转换和价格显示，更是体制机制扭曲的结果。"融资难""融资贵"反映了我国经济阶段转换、经济结构调整，金融转型和自由化过程中，政府持续刺激、放松货币加大杠杆，通过隐性担保和刚性兑付保持经济金融稳定下资金供求特征。缓解"融资难""融资贵"问题，首先需要深入分析问题产生的根源，并充分认识到阻碍"融资难""融资贵"解决的限制性信念。解决我国当前的"融资难""融资贵"，根本上要允许必要的经济调整，允许市场机制正常发挥作用，减少非市场因素在利率决定中发挥作用的程度。

关键词：融资难、融资贵、利率

结构性"融资难""融资贵"是产业轮换升级的资金反映，是市场机制的组成部分，但普遍存在，则涉及体制机制缺陷。我国"融资难""融资贵"问题，成因复杂，与我国当前阶段转换和结构调整有关，也与经济

---

① 浦东发展银行的汪献华为本文提供了宝贵的有创见的意见。
② 本文作者为国务院发展研究中心金融研究所综合研究室主任。

过度杠杆化不均衡增长有关，既有促进优胜劣汰的"好"的"融资难""融资贵"，也有机制扭曲导致"劣币驱逐良币"的"坏"的"融资难""融资贵"，需要深入分析，辨证施治。

（一）我国"融资难""融资贵"现象

当前我国出现的"融资难""融资贵"问题，有以下三个特点。

1. 无风险利率和风险定价远远高于历史水平

一是各种期限的无风险利率相对偏高。虽然我国当前的经济增长率已降到 7%—8% 水平，已处于周期性的负缺口，但我国当前的 1 年期国债收益率仍然维持在 3.0%—3.4%，3 年期在 3.2%—3.5%，10 年期在 3.5%—3.8%，高于历史上相同增长率时期的国债收益率水平，更是显著高于 2008 年美国金融危机时期（图 1）。

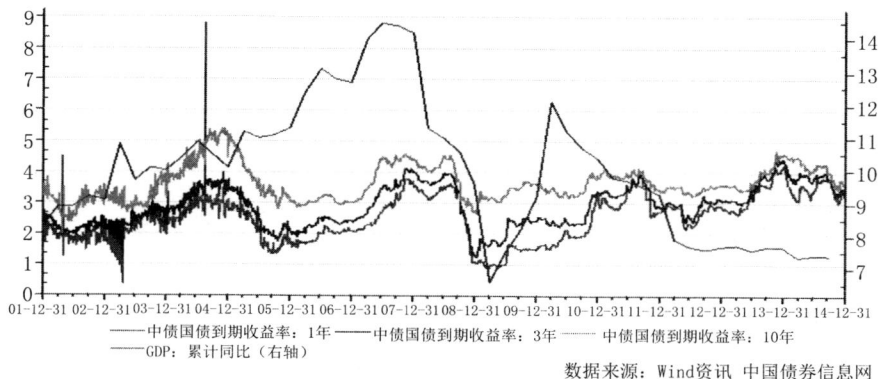

中债国债到期收益率：1年   —— 中债国债到期收益率：3年   ……… 中债国债到期收益率：10年
—— GDP：累计同比（右轴）

数据来源：Wind资讯 中国债券信息网

图1　不同期限国债收益率与GDP增速

从储蓄投资缺口（经常项目顺差 /GDP）看，虽然从 2006 年近 11% 高点快速下降，但仍是正的缺口，没有明显偏低于历史上经济较差时期。考虑到资金价格反映的边际变化，2009 年以来，储蓄投资缺口边际变化持续为负。这意味着，总体而言，该时期我国的经济扩张主要是通过加杠杆实现的，宏观脆弱性上升，推动无风险利率系统性上升。

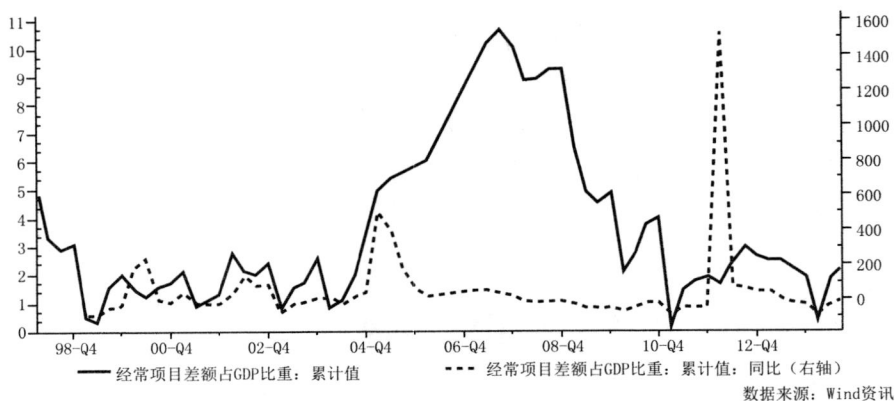

数据来源：Wind资讯

图2　经常项目顺差占GDP的比重

二是产业债总信用利差持续上升且处于较高水平。2011年7月前，产业债总信用利差（政策性金融债收益率与最低等级信用债收益率水平差）3.55%—4.87%，较低且相对稳定，近两年4%左右。2011年7月到2012年3月，产业债总信用利差急剧抬升，最高达7.26%。低等级信用债质量恶化表明，实体经济恶化，市场风险偏好下降。

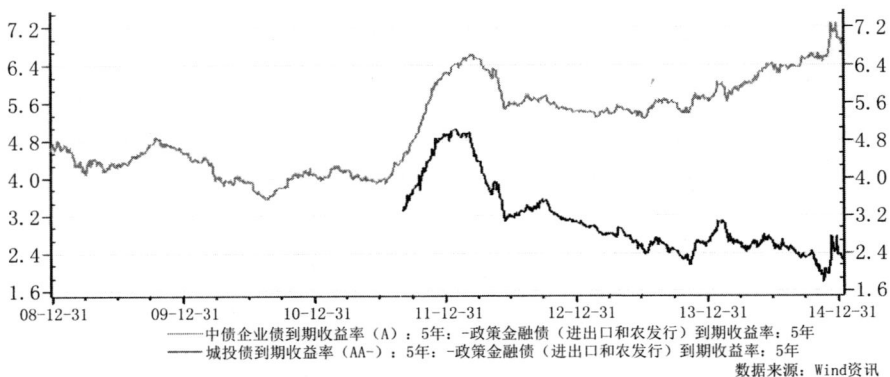

数据来源：Wind资讯

图3　我国信用利差的变化情况

2. 利率的结构性差异

利率的结构性差异是资源优化配置的基础。但利率差异不仅受经济因素影响，还有体制机制等非经济性原因，当前后者影响更突出，主导着资源配置，导致出现经济上"劣币驱逐良币"。

我国长期存在不均衡的二元经济和金融体系，两个体系之间相对分割且各自封闭循环，通过产业和商业信用松散连接。两个体系间的融资成本差异巨大，两个体系的选择标准（谁可以进入，以多大比例进入）是资源配置的主导影响因素。那些能获得公开市场融资，能以银行基准及下浮利率获得信贷资金的企业（在银行贷款中占比从 2009 年年底的 66.56% 下降到 2014 年年底的 26.3%[①]），资金成本较低，如大型企业、国有企业及地方融资平台等。无法获得足额正规金融市场融资的中小民营企业，不得不借助内部融资、信托、商业信用（应收账款和应收票据等）和民间借贷等方式融资，成本高昂。

即使同样能获得公开市场的债券融资，实体企业和政府融资平台的总信用利差有巨大差异，甚至走势相反（图 3）。2012 年以来，产业债信用利差不断扩大，代表潜在政府信用的城投债总信用利差不断创新低。城投债总信用利差在 2011 年 7 月到 2012 年 1 月从 3.33% 快速升到 5.02% 后，持续下跌，最低跌至 1.78%。

近期实体企业金融化，金融机构内部行为异化，出现"劣币驱逐良币"的非正常现象。（1）部分企业，借政府隐性担保，"大而不能倒"等获得相对低廉资金，通过委托贷款、信托贷款获取利差，在本身过度膨胀的同时，呈现金融化特征。（2）部分产业中的核心企业，滥用应收账款、应收票据向上下游中小企业转嫁资金成本，进一步加大了中小企业的资金成本。（3）部分民营企业利用高利贷等挤垮其他企业，以期获得廉价资产。（4）银行内部人员利用职务之便，将正常贷款转移出表外谋取私利，加重了中小企业

[①] 数据来源于 Wind 数据库，作者稍作整理。

的利息负担。

3. 资金供求陷入"逆选择"导致"融资难"

理论上"融资难"和"融资贵"并存，是陷入因信息不对称引发的"逆选择"。在有限责任制框架下，当企业杠杆率增加，企业经营风险加大，风险收益的不对称性就会凸显，道德风险会不对称增加，利率上升并不必然增加资金供给。

我国也存在类似情景。一是经济下行加上复杂的担保圈，加重了"逆选择"的程度。企业经营困难，信用风险急剧增加，加上企业间相互担保，形成复杂的担保链、担保圈甚至担保群（原是企业个体行为，后来商会等介入，演变成复杂的担保群），外部企业和金融机构无法及时准确获得信息，风险收益机制扭曲，利率上升并没带来融资量增加，企业间的商业信用甚至萎缩。受联保联贷影响"跑路"的企业，相当多是资产质量优良企业。

二是企业的多元化和金融化，增加了不透明性，过度使用杠杆，因流动性风险引发"逆选择"。近年来，企业水平多元化，分散了行业风险，但加大集团杠杆，超常快速发展。一旦经济下行，尤其是大宗商品、房地产市场调整，企业集团的流动性风险凸显。大量陷入房地产和民间借贷困境的企业集团，通过传统产业融资，缓解流动性困境。除过剩产业风险外，房地产、金融板块的流动性风险，也表现为传统产业的"融资难""融资贵"。

4. 高资金价格的显性化

在价格管制下，资金主要通过"信贷配给"等非价格手段平衡。随着利率市场化，以非价格形式存在的成本显化为价格。这是均衡机制转换，而非真实资金成本上升。

一是民间借贷利率的显化。民间金融的发展，使得越来越多人关注民间金融利率。首先，统计具有自我选择性。在以往的经济周期中，当经济下行，中小企业资金困难，往往被迫破产退出。近年来，中小企业经营和资金困难时，仍能以较高成本获得民间借贷维持，而不是破产退出（资金成本无限大）。市场只反映"现存"企业资金成本，延长了高资金成本企业的存续期，就提高了统计利率水平。其次，二元体系的融合，提高了以正规金融体系衡量的利率水平。民间金融的发展和两个体系间套利，缩小了利率差，增加了高利率融资占比。民间金融需求巨大，加上行业管理、宏观调控及监管政策与实体经济需求出现一定偏离，套利行为普遍化、机构化和正规化，原先的灰色地带，异化为几十万亿的庞大的、可见的影子银行、资产管理体系。

二是银行隐性成本的利息化。首先是利息成本的显性化。由于考核压力，银行将部分利息收入以财务费用等方式收取，通过强制存款、多次融资等方式变相加价。自由化后，利息从隐性转为显性。其次是风险成本的显性化。长期以来，我国银行并不真正承担风险，而是将绝大部分的风险，包括信用风险、市场风险和流动性风险，转嫁给国家和企业。如企业所贷资金与项目周期不匹配，要求通过抵押、担保等信用升级手段，达到几乎无信用风险程度。随着竞争加剧（特别是体系外竞争），原由企业承担的信用升级、流动性风险内化到利率上。再次是寻租成本的利息化。随着寻租行为的公开化和机构化，部分寻租成本转化为体系外民间借贷利息。

三是存款利率市场化和银行业务重心下移带来的利率上升。随着利率市场化，特别是金融市场准入的自由化，网络理财产品的出现，存款利率开始回归合理，存款批发和零售市场价差缩小。银行贷款业务重心下移，开始重视中小企业，利率上浮比重从近 40% 升到 75%。

（二）"融资难""融资贵"的系统解释

利率是经济金融运行的全息反映，不同时期凸显的因素不同。"融资难""融资贵"反映我国经济阶段转换、经济结构调整，金融转型和自由化过程中，政府持续刺激、放松货币加大杠杆，通过隐性担保和刚性兑付保持经济金融稳定下资金供求特征。

货币的本质是"普遍信任"。当前我国经济处于转型的混乱期，未来趋势不明朗，很难形成共识。经济下行，也很难建立企业间，及企业和金融机构间，以盈利、商业模式等可持续现金流为基础的普遍信任。市场的普遍信任不断削弱，目前主要依赖国家信用。普遍信任的降低，意味着"真实货币"数量萎缩。名义上货币数量很多且仍大幅增长，导致名义货币内在价值贬值，货币杠杆率过高。这是"融资难""融资贵"的根本原因。

具体而言，当前中国经济出现三个断层，每个断层均处于转型中。第一层是实体经济。实体经济的需求、要素供给等已发生根本转变，但原有需求还有一定市场，企业、产业组织形式也还没有相应转变，既有房地产和过剩产业，也有健康、环保和互联网等。收入分配和消费的矛盾日益激烈。第二层是政府管理。政府管理从行政主导转向市场主导，"父爱式"管理和子女的叛逆共存，政府承担了最终稳定职能，收益和最终风险承担严重不匹配。第三层是金融市场。金融服务是基于实体经济和政府管理现状的，既有服务于实体经济中传统部门，也有服务于新兴部门；有基于政府管理提供服务的，特别是基于政府隐性担保运行的，也有规避政府管理，在表外和体系外运行的。金融市场本身也面临转型，面临市场运行与金融管理、宏观调控间的割裂和错位。

总之，当前实体经济、政府管理和金融运行出现断层，每一层又处于转型前的断裂期，是三层割裂的综合体。

三个割裂的断层通过政府隐性担保确保自我循环。包括投资—生产自循环，基于国际分工的自循环，以及国内的土地（政府债务和基础设施）—房地产—影子银行构成的自循环。这些自循环维系着原有结构，使得转型和断层被市场善意忽视。

当前，资产方的货币周转速度大幅下降，这要求负债方的货币周转速

度越来越快 ①。政府加强行业管制和金融风险管理，市场为维系资产——负债大循环，转向表外和体系外。资产方通过业务多元化、集团化，联保联贷规避行业管制，加大杠杆。实体企业、各类金融机构卷入负债方的资金循环。委托理财、委托贷款、信托贷款、中间业务、资产管理、资产证券化，甚至 PPP，地方融资平台等，层出不穷。资金从需求方到供给方，链条越来越长，涉及的机构越来越多，资金运行模式和结构越来越不清晰和不透明，评估的难度越来越大。

近年来，维系原有结构的自循环不断出现裂痕。首先是国际大循环的坍塌，接着是产能过剩问题的显化，然后是房地产市场调整。2013 年金融体系出现自我萎缩迹象，支撑金融运行的刚性兑付神话出现松动。黏合割裂的故事和信仰，受到越来越多的质疑。

在此背景下，除真实货币数量下降外，市场出现四类影响融资成本的非正常因素。

一是政府管理和金融系统转型，均衡机制转换和利率显化。资金供求均衡机制从行政性数量配给转向价格调节，隐性利息、成本、风险转由显性利率表达。其中，数量配给是除价格以外的资源配置机制，指二元金融系统的选择标准和每个系统内的数量配给，包括宏观管理部门资本充足率、存贷比、合意贷款规模及法定存款准备金管理等，也包括金融机构的信贷配给。

二是阶段转换、经济下行和杠杆率上升，非正常市场主体资金需求影响资金供求。由于盈利下降，财务和经营杠杆上升，微观主体的风险收益不对称增加，影响了理论上假设的微观主体行为模式。很多企业卷入信用担保，自身甚至没有意识到承担的或有杠杆水平，产生额外的流动性困难。政府干预减缓了不具有清偿能力的市场主体及时退出。

---

① 当资产方和负债方期限一致，金融市场发挥资源汇集和重新配置功能；期限不一致时，金融体系发挥期限调节功能，存在期限错配的微观流动性风险；当资产方现金流回笼存在不确定性时，金融体系承担信用风险和偿付能力风险；当资产方现金流回笼确定不能回笼（或根本没有现金流回笼），仅在负债方或绝大部分在负债方维持现金流循环时，则构成庞氏融资或骗局。

三是金融机构为满足监管部门行政性管理要求产生额外成本。监管部门重点关注所监管行业机构风险，限制市场事实上的主导且有盈利的业务。金融机构为保证最终稳定性并追逐利润，为满足机构内形式上的无风险和无责任，表面上将业务和风险向行业外转移和渗透，产生了庞大的、额外的"包装"成本。

四是真实风险通过隐性担保和刚性兑付由国家承担，泡沫化的"劣币驱逐良币"显示为"融资难""融资贵"。国家承担着最终稳定责任。当前经济运行事实上仍高度依赖于传统过剩产业、房地产及基础设施等固定资产投资，产业转型升级缓慢，缺乏足够的新经济增长点，为保证必要的经济增长，国家又不愿意过度暴露转轨风险，不但"太大不能倒"，"太小也不能倒"。隐性担保和刚性兑付成为风险配置的决定因素，引导着资源配置。经济性资源优化配置，被政府主导的风险配置所取代，经济上优势企业被"挤出"，显示为"融资难""融资贵"。

隐性担保和刚性兑付，混淆了风险资产和无风险资产，混淆了庞氏融资和风险资产，导致无风险利率和风险资产的市场定价机制失效。从投资者角度，由于普遍存在隐性担保和事实上的刚性兑付，这些金融产品都是无风险资产，资金流向仅由利率水平高低决定。银行储蓄存款，大量流向银行理财、信托产品和各类"宝宝"等。国债等真正的无风险利率产品，不得不与隐性担保的风险资产竞争，推升了无风险利率水平。另一方面，庞氏融资和风险资产很难区分，特别是当产品设计日益复杂，期限错配严重，政府隐性担保和刚性兑付普遍，基于庞氏融资的项目挤出风险资产。无风险资产、风险资产和庞氏融资混杂，市场定价机制失效，不公平竞争被简单概括为"融资难""融资贵"。

（三）"融资难""融资贵"的对策思考

问题总是产生于无知和执念。缓解"融资难""融资贵"问题，首先需要深入分析问题产生的根源，并充分认识到阻碍"融资难""融资贵"解决的限制性信念。现实中，我们容易倾向于用替代的办法来应对，如政府（政策性银行、财政部和央行）替代市场，通过国际市场替代国内市场直接提供低廉资金供给，用另一种行政性要求替代原有的行政性要求，如要求金融机构为特定群体提供低廉资金等。替代性应对，并没有直面问题根源，只是改变了问题的表现形式。问题是一面镜子，正面应对有助于提升自身的实力。美国忍受了20世纪80年代的高利率，日本直面20世纪70年代高油价，德国经历了20世纪90年代的低工资，推动本国艰难转型，建立经济"新常态"。解决我国当前的"融资难""融资贵"，根本上要允许必要的经济调整，允许市场机制正常发挥作用，减少非市场因素在利率决定中发挥作用的程度。

一是要区分"好"的、"合理"的和"坏"的"融资难""融资贵"。应对"融资难""融资贵"，首先需要区分"好"的和"坏"的"融资难""融资贵"。有利于市场出清、有利于市场化的隐性成本外显，是市场机制的必要组成部分，是"好"的"融资难""融资贵"，主要反映经济下行风险[①]、金融机构业务下沉风险的"融资难""融资贵"，是合理的，应以平常心对待，允许市场的必要调整。主要反映体制机制缺陷的，尤其是行政干预、隐性担保介入价格调整，是"坏"的"融资难""融资贵"，应坚决从体制机制上改进。

二是理清政府债务、及时市场退出和必要的债务重组。首先是宜借理清政府债务，打破地方政府债务—房地产—影子银行自循环，重构政府和市场关系。其次是鼓励市场及时出清。严格预算约束，在合理控制恶意"逃废债"前提下，允许不具清偿能力的企业及时退出市场。再是推动必要的企业债务重组。考虑到我国处于经济转型和阶段转换的关键期，为避免

---

① 经济下行，至少将导致以下现象：1.企业盈利下降，内部融资减少；2.CPI和PPI下降甚至负增长，实际利率上升；3.风险上升，"逆选择"凸现，利率上升不一定带来融资量增加；4.银行不良贷款增加，银行内部控制风险机制加剧了信贷收缩。除银行不尽合理的风险控制机制外，其他都是正常的经济周期调节机制。

陷入仅靠市场力量导致"泥沙俱下"的过于惨烈的调整方式，有必要借助我国政府的行政优势，在负债方清算前，在资产方做好分类处置，区分好坏企业、好坏资产，推动银行主导的必要的企业债务重组。

三是有序打破刚性兑付，完善国家稳定体系。首先，打破刚性兑付应先于建立存款保险制度。刚性兑付几乎是事实上没有上限的 100% 隐性担保，而且还可以享受风险资产的高收益。按照目前的存款保险制度，只能对 50 万元以下存款提供 100% 的显性担保。如果两者共存，存款可能会大规模转移出银行体系，带来巨大宏观风险。其次，应尽快有序打破刚性兑付。打破刚性兑付，可从民企开始，逐步过渡到不纳入地方政府预算的私募产品，再到信托和非银行理财产品，最后是公募债券。要管理好市场预期，通过利息损失、债务重组等方式，逐步提高市场对信用风险的切实体会。再次，我国应完善社会稳定体系。我国宜尽快建立存款保险制度，完善证券、保险三个行业的中小投资者保护基金和信托业的保障基金，理顺央行的流动性救助、财政危机救助、社会救助和救济等经济社会稳定体系。近期应尽快建立必要的流动性资金池，解开由担保、债务形成的不合理资金链困局。

四是统一监管，规范国有企业行为，推动金融市场化。第一是统一监管。尽快打破监管的部门分割。相同的市场行为，应适用相同的监管原则，避免画地为牢式的监管竞争。短期内，可针对资产管理业务出台各个部门都适用的基本原则。根据需要，可推动监管部门的机构改革，实现统一的、功能和机构监管相结合的监管模式。第二是规范国有企业行为。我国宜进一步规范国有企业的财务行为，对其从事的金融行为（包括通过财务公司等下属金融机构，通过商业信用进行的资金融通行为）加强反垄断管理，防止实体经济的垄断力量渗透到金融领域。第三是进一步推动金融市场化。放宽机构、产品和市场的准入，推动金融市场化，加速市场的交叉、融合和分层，在金融实践中，真正区分股权、债券及夹层融资。逐步减少政府行政管理带来的资金配给和成本效应，通过改革消除存贷比、合意贷款规模、资本充足率及法定存款准备金率等给金融机构带来的，超过国际平均的运营成本。

五是加速经济转型。以原有经济结构为基础的资产泡沫（自循环）不断膨胀，像一个黑洞似的不断吸引着社会资源，通过成本和风险的抬升，挤出其他企业，增加系统的脆弱性。加快推进改革，加速经济转型，直面系统切换过程中"破"和"立"的关系，完成阶段转换，是"融资难""融资贵"的根本出路。

参考文献

1. 拉古拉迈·拉詹：《断层线：全球经济潜在的危机》，中信出版社2011年8月第1版。

2. 陈道富：《资产泡沫形成演化规律初探》内部调研报告。

3. 陈道富：《我国经济循环中的泡沫》内部调研报告。

4. 陈道富：《我国货币金融和实体经济割裂的现状、原因和对策》内部调研报告。

5. 陈道富　刘新海：《我国担保圈大数据分析的初步发现》内部调研报告。

6. 陈道富：《我国的利率市场化》内部报告。

技术与创新篇

二十二、研究供给问题必须考虑全球产业变革大背景

胥和平 [1]

最近供给侧改革的话题讨论非常热，但各方面谈问题和现实多，谈未来少，谈深层原因的少。为什么经济持续下行？为什么供求矛盾更趋尖锐、结构调整非常困难？为什么全球的经济陷入困境？真正原因到底是什么？从科技和创新的角度，几个方面要关注——

（一）中国经济面临问题的大背景，是全球产业的根本性变革

在经历了三十多年的高速发展后，近两年中国经济进入新常态，好像突然间供求矛盾尖锐了，产能过剩严重了，经济下行压力不断加大。为什么？很多学者谈体制、谈改革、谈"红利"。但一个重要问题——全球产业变革，现在各方面关注不够。这恰是理解和把握中国经济、世界经济发展的根本性问题。

2013 年 9 月 30 日，政治局在中关村调研学习，习近平总书记讲，从全球范围看，创新驱动是大势所趋。即将出现的新一轮科技革命和产业变革与我国加快转变经济发展方式形成历史性交汇，为我们实施创新驱动发展战略提供了难得的重大机遇。总书记还谈到，新科技革命和产业变革将

---

① 原科技部调研室主任。

重塑全球经济结构，就像体育比赛换到了一个新场地，如果我们还留在原来的场地，那就跟不上趟了。这段话分量很重。讨论中国经济的转型发展，中国经济供给问题，必须考虑转型、换场子这个大背景。

首先，产业变革是百年之变革。依靠电力、电讯、内燃机等重大技术突破，引发的 20 世纪初期开始的上一次工业革命，推动以钢铁、化工等现代工业，汽车、火车等现代交通，石油、煤炭、电力等现代能源的快速发展，支撑世界经济一百年的持续发展，到现在走完了百年历程，2008 年是其终点。这些曾经增长强劲、盈利能力很强的产业，面临全球性产能过剩、技术升级、需求变动、运营模式转型的巨大压力。这种变革是百年来最深刻的一次。其次，产业变革是全面变革，技术、产业、组织模式、企业形态都在变革。再次，产业变革也在加快，比我们想象的要快。近两年趋势加速显现。新能源非常典型。滕泰院长举的苹果产业链的例子，短短几年的时间，变革非常快。未来在很多领域，都会如此，变革步伐会比我们想象的快，面临的形势非常紧迫，很多新的体系、构架、模式正在形成。未来十年是关键时期。

很多人在讨论经济增长什么时候探底，什么时间形势会有大好转？三年、五年如何，十年如何？必须考虑三年、五年、十年后发展什么产业，如何发展。有学者讲过，中国汽车工业到 2020 年再次进入辉煌。但是要问的是，那时候跑的是什么车？据估计在 2025 年前后，电动汽车全面进入市场，美国人预测 2040 年公路行驶汽车 75% 无人驾驶，目前中国这几千万台燃油车还有多大空间？这个过程可能跟曾经经历的手机更新换代一样快。所以，无论是研究当前还是谋划未来，都必须紧紧抓住全球产业变革这个大背景。

（二）要从本质上把握中国的供给和需求关系

供给和需求是经济活动的两个基本面，相互依存、相互影响。随着考虑的角度和时间尺度不同，政策结论会不同。供给能力是经济体系的基本性质。在一定的技术经济平台上所形成的供给框架和供给能力，需要有相应的需求来对应。东西造出来没人买，通过短期政策扩大需求自然是对的。但必须看到，中国经济的根本问题仍在供给方面，多年来我们提高有效供给的问题并没有很好解决。一方面确实形成了大量的生产能力（特别是一些领域的制造能力），但同时人民群众大量的需要（不仅是升级后的消费，甚至一些生产生活必须的基础性需求）长期得不到满足，供给短缺的问题仍然非常突出。

这次提出供给侧结构性改革的问题，就在于尽快形成高效、高质量的供给能力，增强经济增长的动力和活力。解决供给端问题，这是真正关注长期问题，关注了产业的基础、体系、效能等等，这才是中国经济繁荣的关键。

提升供给能力需要超前考虑，但是我们恰恰是严重滞后。面对全球产业变革，大家都在谈加强创新能力、提高产业技术素质、加快绿色发展，但在很多时候没有下太大的决心。2008 年，应对金融危机投入了 4 万亿，但真正用于创新的不多，很多资源又投向了传统领域和传统模式。这些年企业界对创新的认识有很大提高，但许多企业在企业上没有下太大的决心，很多企业在房地产烧钱，但是在新兴产业无所作为。前几年投资界热捧房地产，热炒绿豆、大蒜，产业情况好的时候不对技术和未来投资，形势困难时就只能束手无策。

（三）供给侧改革，关键是创新

十八届五中全会讲，要大力地发展新技术、新产业、新业态。三个"新"并提，颇有新意。中国产业界长期以来谈技术、产业多，谈业态比较少。其实，新业态主要讲的产业体系和商业模式，更接近于国际上讲创新的本意，即新营销、新市场、新组织（OECD，2007）。在一些技术平台和体系框架下，新业态对于提升供给能力和效率，具有更加重要意义。

创新能力是供给能力是本质的东西。通过提高创新能力，提高供给能力，其实是我们近十年来一直努力的事。2006年的科技中长期规划纲要，明确提出自主创新，从十七大起创新就成为各方面工作的核心关键，但是在很多时候并没有落实好，并没有成为核心关键。很多地方讲的是创新驱动发展，想的还是投资、劳动力、资源驱动发展。这些问题要反思。实际上，产业更替必须要有新东西出来，新东西不出来，旧东西不会淘汰。创新有了突破，新技术、新产品有了，新的动力就有了，新的发展空间也就有了。

第四，供给侧结构性改革，核心是要有推进供给侧的制度变革。

我感受特别深的是，这次中央讲的是供给侧结构性改革，而不仅是原来的结构调整。这么多年我们谈结构，更多是谈数量结构调整，这个多了、那个少了，这个慢了、那个快了。现在是供给端的改革，关注的是经济体系问题、制度问题。这些问题包括了政府、企业，包括了市场各个方面，重点在改革上，在制度设计上。不能是一说供给，就简单地想把现有房地产释放了，把传统产业转到西部去了，以为这样经济就可以回升？不是根本办法。我非常赞成滕泰院长讲的，要放松抑制，要解放资源，解放要素，让财富源泉充分涌流。

推进供给侧结构性改革，各方都在解读。有的政府部门又积极起来了，开始制定政策、选择项目。中央文件里面有一句话，产业政策要准。有些管理部门就开始表示要制定更加准确的政策。这种思路令人担忧，其实是市场选择得更准。还是回到十八届三中全会提出的原则上，市场配置资源，市场选择技术路线。

总体来讲，提高中国供给端的系统效率，很重要的任务是要创新技术，要转变业态，这既是中国经济目前面临最大的问题，也是真正的出路所在。

二十三、以"为中国人制造"（Made for China）是供给侧结构性改革的重要着力点

李东红[①]

（一）供给侧改革的重要路径：从"中国制造"到"为中国人制造"

随着中国经济的发展和人均可支配收入的增加，中国人的需求也在不断升级。需求升级反映在消费上，就是消费的升级和结构转变。中国人由过去追求物美价廉转变为追求品质当先，由追求质量保证转变为追求品牌光环，由追求潮流化时尚转变为追求个性化时尚。品牌服装、奢侈品、高科技产品、旅游、教育等成为人们在满足基本生存需求之后为了获得更多尊重以及实现自身价值而不断增加的需求领域。这些升级了的需求在市场中占据越来越重要的位置，而这些需求有多少是国内供给能够满足的呢？也就是说，中国人的需求有多少是中国制造能够满足的呢？这一问题值得我们深思。

"中国制造"（Made in China）在过去数十年的发展中已经为全球所认可，中国产品几近遍及全球各个角落。不论是国内市场，还是外国市场，"中国制造"往往隐含着价格低廉、技术含量低、质量一般、无知名品牌

---

① 本文作者为清华大学全球产业研究院副院长。

等特征，并以满足消费者基本生存和生活需求为主要定位。传统"中国制造"观念下的中国企业提供的产品和服务，已无法适应升级了的中国消费者需求。国外许多企业针对中国消费者，特别是高端消费者的需求，如奢侈品领域和高新技术领域，提供相应的产品和服务，赚取了大量的收益。而中国企业，无法在这些高利润行业分得一杯羹，更无法抢占国内高端消费市场主导权，且自己生产的中低端产品大规模积压在仓库中。为此，中国企业要转变观念，密切关注中国消费者的需求升级，树立"为中国人制造"(Made for Chinese) 的理念。

更进一步，除了高端消费品市场之外，中国人其他方面的需求，如信息服务、教育服务、绿色服务等，也在不断升级之中。在"为中国人制造"的理念下，中国企业提供的产品和服务，要努力满足中国人升级了的需求。需求升级带动供给创新，供给创新助推需求升级，中国需要在供给创新和需求升级中实现经济的转型和发展。"为中国人制造"的关键在于了解中国人的需求升级，并找到满足需求的途径。

如何满足中国人升级了的需求，这不但是中国企业为了实现自身发展需要考虑的问题，同时也是中国政府为了实现经济转型升级需要考虑的问题，这就需要从供给方的角度考虑问题。中国企业是供给方的参与者，中国政府是供给方的政策提供者，不论从哪个角度来讲，供给方的改革和发展都是满足中国人升级需求和新生需求的关键途径。国家要从战略层面确定了针对供给方的改革方向，也就是习近平主席提出的、国务院着力打造的"供给侧结构性改革"。供给侧结构性改革的核心是从供给、生产端入手，通过解放生产力，提升竞争力，促进经济发展。供给侧改革的重点是清理"僵尸"企业，淘汰落后产能，将发展方向锁定新兴领域、创新领域，创造新的经济增长点。国务院发布的《关于积极发挥新消费引领作用、加快培育形成新供给新动力的指导意见》，提出了六大消费升级重点领域：服务消费、信息消费、绿色消费、时尚消费、品质消费和农村消费。这些消费升级的重点领域，是供给侧改革和发展需要重点考虑的。

（二）供给侧改革的两个着力点：以新供给创造新需求和以新供给满足现有需求

供给侧改革涉及到供求关系的两个方面：一是以新供给来创造新需求，二是以新供给来满足现有需求。

1. 以新供给创造新需求

新供给产生新需求的典型案例之一是苹果手机。但凡对智能手机有所了解的人都知道，手机品牌当中有一个佼佼者——苹果。苹果手机在问世之前，没有几个消费者能明确知道自己的需求，许多消费者对手机的功能认识停留在打电话和发短信的阶段，是苹果创新了人们对手机的认识。消费者不敢想和没想到的，却被苹果想到了，而且成功地做到了。理念创新和技术进步推动苹果以及越来越多的企业开拓人们的新需求，占领市场新领域。中国企业在这一创造新需求的潮流中扮演着何种角色呢？中国消费者的新需求更多是被外国企业挖掘还是被中国企业挖掘？中国企业在占据东道国优势、深谙中国文化的前提下，能否在挖掘中国人新需求中发挥主导作用？这些问题的答案可以为中国经济的转型升级提供新的视角和思路。

以阿里巴巴和京东等为代表的电商企业在过去几年中取得了极大发展，它们的成功一定程度上也是一种创造需求的结果。网上购物这种消费模式在互联网技术进入中国的初期并不被消费者广泛接受，而随着中国电商企业的发展，网上购物逐渐成为中国消费者的主流消费模式，并促进了快递等物流服务的快速发展。电商企业的刺激消费活动激发了消费者的消费热情，特别是阿里巴巴率先推出的"双十一"购物狂欢节更是激起了中国消费者，特别是年轻消费者的购物狂潮。随着电商企业的崛起，与之相关的物流配送和互联网金融等产业也迅速成长。但在值得欣慰的同时，也需要注意，互联网经济的发展需要制造业的支撑才能持久且健康。如果产品品质得不到保障，假货和残次品霸占网购市场，那么互联网经济的繁荣则是一个"劣币"驱逐"良币"的过程，最终不利于中国经济的持续健康发展。因此，制造业的转型升级是推动中国经济发展的根基和关键，也是供给侧改革的重点支持领域。

2. 以新供给满足现有需求

就现有需求来说，涉及国内和国外两个市场中尚未被满足的现有需求。国外需求是中国企业在"走出去"过程中需要重点关注的问题。外国企业可以进入中国满足中国人的需求，中国企业也可以走向海外满足外国人的需求。中国企业走出去不仅可以一定程度上化解国内过剩产能，培养优势产能，而且可以提高中国企业的国际竞争力，培育一批世界级的中国企业。

就国内市场的现有需求而言，中国社会的消费需求已经普遍升级，社会供给未能及时跟上时代步伐，大量有效需求得不到合适供给，影响了经济发展的速度和质量。在中国建设高铁之前，人们对交通的需求多停留在可达性阶段，只要能够达到目的地，人们便认为满足了自身需求，而对速度要求较高的乘客会选择飞机出行。高铁的出现大大催生了人们对速度的需求，乘客感受到高速度带来的便利性之后，便很难再从普速列车中得到充分的满足。人们对高铁的需求越来越高，而中国目前开行的高铁还满足不了人们日益增长的需求。人们对高端电子产品的需求越来越大，而在高端电子产品领域，外国品牌一直占据中国市场的主导地位，手机、相机、电脑等数码产品市场被美国、日本以及欧洲的企业占领。中国电子产品企业在市场竞争中主打价格优势，尽管近些年其产品质量和竞争力不断提升，而要与欧美日企业相竞争，将欧美日产品的顾客转变为自己的顾客，仍然任重而道远。环保产品领域也面临着有效供给不足的问题。随着人们生活水平的提高，中国人的健康意识也越来越强，而不断严重的雾霾成为人们普遍关注和关心的问题。传统的空气净化器虽然可以起到空气净化的作为，但在长期封闭的室内使用空气净化器，会产生大量的二氧化碳，在室外空气质量较差、无法时常开窗换气的情况下，空气净化器无法起到净化空气的作用。与空气净化器相比，新风净化系统的净化效果更佳，但国内的技术尚未完全成熟，且价格昂贵，无法满足人们的需求。

为了实现对现有需求的有效供给，就要寻找新的出路。借此，推动经济增长的一条有效途径是：调整供给结构，把相当一部分已经落后的、不适应市场需求的"中国制造"转向"为中国人制造"，在满足已经升级了的国内市场需求中促进经济发展。传统"中国制造"理念指导下的供给多为已经老化的供给，无法跟进市场需求的发展和升级，继续按照老思路走下去，势必会加剧产能过剩和有效供给短缺。"为中国人制造"以国内需求升级为依据，摒弃不能适应新环境和新形势的生产理念和领域，针对有效需求提供有效供给。

（三）如何确保供给侧改革落地

中国人已经升级了的市场需求，需要国内经调整和升级后的供给来充分满足，否则就只能依靠国外供给来满足，或者长期得不到满足。对这一点的重要性的认识，从中央到地方，从政府到企业，都已经充分形成。那么，如何才能实现国内供给的调整与升级呢？或者说，在这一层面，如何才能确保供给侧改革的落地呢？其中的一个关键恐怕在于：要解决长期发展所需的结构调整和短期保增长之间的矛盾，也就是要平衡长期持续、稳定、健康的增长对产业的结构性调整的要求与保持短期经济增长对应急性刺激措施的要求之间的平衡。

不论是国家还是企业，长期利益和短期利益往往是其进行选择和取舍的重点。目前存在的一个常见问题是，在行动上重短期，在理念上重长远。对政府和很多企业来说，这种"思行不一"并非是刻意而为，而是将长期利益和短期利益进行博弈之后的选择。虽然博弈后的选择未必是最优解，但寻找最优解不是一时半刻就能解决的事情，而且在某一特点时点或者特点时段可能并不存在最优解。对于供给侧结构性改革来说，也存在着保持短期经济增长和长期持续发展的选择问题。是更侧重短期利益还是更侧重长期发展，涉及社会经济的诸多方面，某些关键问题处理不当，可能会牵一发而动全身，对整个经济体系造成不良影响。因此，供给侧结构性改革要以系统观为指导思想和原则，从全局出发，识别影响改革成败的关键因素，合理谋划，综合考察长远发展和短期利益之间的关系，明晰各个关系链条的重要性和程度，将改革作为一项系统性科学工程来做，切忌以偏概全、一叶障目。

在供给侧结构性改革中要实现短期利益和长期发展协调共进可能会面临很多问题，其中一个核心问题是：眼前的经济下行压力，有可能使我们无暇顾及从长远发展的战略要求出发去大力调整供给结构、推动供给迅速迈上新台阶。

2010年第一季度，中国经济GDP增速达到了一个阶段性峰值——12.1%，此后开始下行，一直下滑到2014年的7.4%。2015年第一、二季度，中国经济进一步下滑到7.0%。从2010年第二季度开始中国经济持续下降了5年多时间，GDP增速下降幅度约40%。面对不断走低的GDP增长率，如同中国经济之船驶进了一条逐渐变窄的河流，而船上的政府、企业和个人都为此感到了不同程度的压力。在此情况下，若要号召大家将重点放在一件无法立即解决河流变窄的问题上，很难引起大家的注意力和参与热情。即使大家知道一段变窄的河流之后会柳暗花明又一村，但船上的粮食是否足够支撑到河流变宽的时刻或者下一个渡口，船上的人是否有足够多的信心和足够好的心态，则是更为复杂的问题。要在经济下行压力下，推进供给侧结构性改革，谋求中国经济的持续发展和长远利益，将面临着诸多想象得到和想象不到的困难和阻碍。

如此情形之下，首先要保持战略上的定力，要高度关注，但不要慌乱。中国经济韧性好、潜力足、回旋余地大，在经济发展的换挡期，保持一定的增速是必要的，但不要因为增速有些回落就自乱方寸。经过改革开放三十多年的发展，中国经济积累了足够的实力，并保持了足够的活力，不会因为增速下滑而止步不前，只是在小跑之后需要放慢脚步，权作休息，以恢复体能，蓄积新的能量和动力。中国政府具备足够的能力确保经济发展不止步，《中国制造2025》将指导中国制造企业进入新时代，"一带一路"战略的提出与落实将引领中国经济进一步走向世界。中国企业具备足够的潜力赶超世界先进企业，2015年中国有100多家企业进入世界500强，这意味着中国企业在国际市场上扮演着越来越重要的角色。中国消费者具备足够的实力促进国内需求新增长，在消费观念的变化和收入水平的增加双重作用下，中国消费者将在未来经济发展中扮演越来越重要的拉动作用。

其次要向社会各界传递出清晰、明确的信号，即供给侧的结构性调整和升级是有必要的，要大家看到调整和升级之后的希望，并以此为基础努力算好账、找好路。经济发展有其规律性，供给侧结构性调整就是按规律而行的选择。一些企业或消费群体可能不了解结构性调整的内在原因，只是从表面上看到自己的利益受损，或者出于惯性等原因不愿改变固有的行为模式。因为不明所以，所以固执己见。而要解决这一问题，就需要充分的、形式多样的沟通和信息传递，向社会各界传递清晰的信号，这不但可以增加社会各界对国家经济政策的参与感，增加他们对结构性调整的信心，而且有利于政策的落地和推行。从企业和相关组织的角度来讲，准备把握结构性调整的方向和重点，有利于自身的行为调整和战略选择，而这一点也是将供给侧结构性调整落实到位的关键。

再次要看到由于技术进步、需求升级等带来的全球产业发展的变轨性。一个产业未来的技术方向和发展模式，很可能超越了以往行业中领先企业所能把握的高度，产业中的主要参与者很可能是一批新面孔。智能手机、平板电脑、新能源汽车等都给了我们很好的启示。特斯拉是电动汽车品牌中的领先者，其汽车没有引擎，没有变速箱，不需要消耗一滴油，一次充满电就可行驶500公里，而0到100公里/小时加速所需要的时间不到5秒。既节能环保，又方便舒适，赢得了消费者的欢迎。我国的电动汽车多处于研发阶段，目前主要有比亚迪、奇瑞等企业涉足生产。而从特斯拉在中国的不断走俏可以看出，电动汽车将成为未来汽车行业发展的新方向，希望中国汽车企业积极参与，在电动汽车领域取得更多成绩。

充分发挥市场的主导作用，同时适度运用产业政策，使得企业能够踏上产业未来发展的正确轨道，这是一件难度大但事关产业长远发展的重大事项，需要政府、企业及社会各界的共同努力。政府的政策引导和推动，企业的积极参与和落实，消费者的支持和反馈，都将为经济发展提供动力。供给侧结构性改革是涉及各界利益和推动全社会发展的战略之举，是国家推动经济结构转型升级的重要一招，虽然任重道远，但是前途光明。

"为中国人制造"是供给侧结构性改革的重要视角和着力点。满足中国人不断升级的需求是落实供给侧结构性调整的重要抓手，我们要着眼现在，放眼未来，有效捕捉市场先机，在满足需求的过程中优化供给，在优化供给的过程中创造需求，在供给侧结构性改革中促进中国经济的转型发展。

二十四、供给侧改革背景下中国流通业的发展机遇 [①]

"供给侧改革"最近成为高频词汇。习近平总书记 11 月 10 日在中央财经领导小组会议上强调,在适度扩大总需求的同时,着力加强供给侧结构性改革。李克强总理 11 月 17 日在主持召开"十三五"《规划纲要》编制工作会议时再次强调,要在供给侧和需求侧两端发力促进产业迈向中高端。

流通行业作为连接生产和消费的重要一环,必将成为供给侧改革的重要环节和主要角色。

纵观中国现代零售业二十几年的发展历程,从最初经济的供给短缺到现在的供给过剩,经历了从高速增长到逐步放缓的全过程。目前,连锁零售业面临着成本上升、利润下降、线上分流的重重压力。根据中国连锁经营协会对连锁百强重点企业的调查,2015 年 1—9 月份,以超市为主营业态的企业销售额同比增长 5.4%,略高于 2014 年 5.1% 的增长率;毛利率为14.4%,低于 2014 年 16.4% 的行业平均水平。以百货为主营业态的企业上半年销售额增长 1.8%,但毛利率负增长的企业占比为 55%。企业人工费用同

---

① 本文由中国连锁经营协会 2015 年 12 月 1 日在北京组织召开的供给侧改革及零售业发展小型座谈会的观点整理编辑而成。参会的代表有国务院发展研究中心市场经济研究所所长任兴洲、中国连锁经营协会会长郭戈平、商务部研究院消费经济研究部副主任赵萍、清华大学经管学院教授李飞、北京工商大学教授何明珂、北京王府井百货(集团)股份有限公司名誉董事长郑万河、物美控股集团有限公司董事长蒙进暹、银泰商业(集团)有限公司 CEO 陈晓东、乐友(中国)超市有限公司创始人龚定宇、内蒙古伊利实业集团股份有限公司战略管理部总经理张令奇、京东集团副总裁邓天卓、经济日报新媒体传播部主任徐涵。

比增长 12.4%，水电费用同比增长 9.6%，房租同比上涨 16.2%，都远高于销售额增长率，企业面临前所未有的困境。

结合行业的特点和发展阶段，供给侧改革的提出，给中国零售业带来了新的发展机遇，供给侧改革在零售行业的改革重点，我们建议的方向是打破区域格局，建立全国大市场；简政放权，通过结构性减税，解决企业流通成本过高、税负负担过重的问题；改革行政体制，从制度层面降低成本；鼓励企业创新，提升全要素生产率，全面提升流通现代化和流通效率。

（一）供给侧改革要从整个供应链的角度去考虑，零售业本身也是供给侧

1. 供给侧改革应该大力鼓励自营电商和实体连锁经营的发展，鼓励过剩产能与零售需求的对接，从而将出口导入内需、改善市场的供给结构。

中国连锁经营协会下属会员单位涵盖了国内市场前 400 家的零售企业，其中包括主要外资、跨区域发展和区域龙头零售企业。多年来，协会通过展会、对接洽谈、走访等多种方式积极促进零供对接；会员单位之间也通过信息沟通、联合采购、联合定制自有品牌商品等形式实现与优质商品、优秀供应商的对接。

2. 供给侧改革，一方面促进零售商继续向商业本质转型，加强商品创新，业态创新，供应链优化，大数据应用；一方面促进建立新型零供关系，要求生产商更加有品牌意识、质量观念和创新能力，零供深度合作，共同发展。

2015 年 1 月 9 日，在中国连锁经营协会郭戈平会长、华润万家有限公司首席执行官洪杰的共同提议下，华润万家、宝洁、步步高、家乐福、大润发、永辉、可口可乐、中粮食品、伊利、立白、脱普等 11 家企业高层在深圳湾召开零供合作座谈会，探讨行业未来零供合作健康发展的方向，并达成了"深圳湾共识"。"深圳湾共识"包括三点共识和五项行动计划。三点共识内容包括：第一，共同建立以消费者为中心的价值观和评价标准，

建立符合各自特点的管理模式，研究消费者需求，分享数据，增强店面体验，为消费者提供更好的商品和服务。第二，建立有利于提高供应链效率的零售商供应商公平交易条款，透明市场竞争机制，维护双方合法权益。第三，建立零售商供应商从业人员道德规范和诚信监督体系，共同抵制腐败的商业行为，净化营商生态环境。

3. 供给侧改革，应建立良性的市场价格传导机制，规范电子商务平台的运营与发展，建立电商与实体零售商公平竞争的市场环境，共同满足消费者需求的结构性转型。

互联网给供给侧改革中解决过剩产能提供了很好的平台，但是低端产能必须要被淘汰。平台电商在一定程度上扰乱了供求关系和商品市场。平台电商以收取扣点和广告费为主要利润来源，这造成其更多地关注商品成交量，而不是商品质量与商品结构，粗暴的低价竞争扰乱了需求方向供给方的价格传递，使得上游的工厂只想着怎么去做价格低廉的商品，而不是满足需求的商品。平台电商向供给侧传递的这种价格信号，使得一些本该被淘汰的低端产能依然靠假冒伪劣来生存并壮大。

（二）供给侧改革要鼓励流通行业的发展

简政放权、打破区域格局，建立全国大市场，降低流通成本，降低流通业税负，继续给企业松绑，是供给侧改革的政策方向。

1. 建立全国统一市场，通过税收手段引导门店布局

统一市场对于优化资源配置、降低交易成本、提升规模经济效益、提升技术效率及提升经济活力都会起到重要的作用。作为微观经济主体的连锁企业，亟需在统一大市场下，扩大自身交易规模，降低交易成本。

连锁经营企业的特点可以概括为"三统一"：统一品牌、统一标准、统

一文化。下属门店通过标准化的管理流程、可复制的管理模式及统一的企业文化，不断复制，通过规模化发展，取得经济效益。但是，在现有的被人为割裂的市场上，连锁经营的优势不再显著，削弱了连锁企业发展的动力。尤其在宏观经济下行的背景下，零售企业在投资上更为谨慎。从中国连锁协会 2015 年抽样统计的数据来看，1—10 月份，连锁零售企业净开店数虽然依然增加，但是与现有门店基数相比，门店数量净增加仅为 0.33%，利润率下降 15%—20%。

为建立起统一开放、竞争有序、安全高效、城乡一体的现代流通体系，国务院早在 2012 年就发布了《国务院关于深化流通体制改革加快流通产业发展的意见》（国发 ［2012］ 39 号），但时至今日，跨地区经营的连锁企业依然要为分税制及地方利益造成的割裂市场埋单。具体表现为连锁经营企业或多或少都存在同一投资主体下多法人困境。各地政府为保留税源，增加社会消费品零售总额，出台各种硬性政策要求，或通过拖延、刁难等手段迫使连锁企业以法人公司形式开店。

多法人公司的存在，导致同一投资主体下的门店盈亏不能相抵，最终结果就是连锁企业普遍过度缴税。从连锁行业抽样的实际税负率来看，2014 年度，最低的所得税税负率为 26.8%，最高的为 40.75%，而 2015 年 1—9 月份，最低的所得税税负率为 27%，最高的为 44.1%。更有集团已经严重亏损，可是还在缴纳大量所得税。

目前，全国连锁百强企业销售额和开店数量已经连续多年下滑，行业平均利润率水平维持在 1%—2.5%。真正有效地落实"总分支机构汇总纳税"政策，打破体制性和政策性障碍，为连锁企业在市场准入方面松绑，将有助于企业发挥市场活力、促进就业，是稳增长、调结构、促消费的有力支撑。为此建议：

1. 在现有税制下，明确在同一投资主体下的连锁经营企业跨区域发展的直营门店，可以省为单位设立一家法人子公司，汇总缴纳所辖区域内的非法人分支机构的所得税。

2. 制定打破地区封锁具可操作性的规范性文件，删除以"属地管理""属地纳税"等为理由限制连锁经营发展的法规。

3. 根据国务院《关于促进连锁经营发展若干意见的通知》（国办发〔2002〕49号）的精神，落实"对连锁企业省内跨区域设立的直营门店，凡在总部领导下统一经营、与总部微机联网、并由总部实行统一采购配送、统一核算、统一规范化管理，并且不设银行结算账户、不编制财务报表和账簿的，由总部统一缴纳企业所得税"要求，对于附加的"并且不设银行结算账户、不编制财务报表和账簿的"的要求，根据行业发展的实际情况，予以适当调整。

2. 减税降费，激发企业发展活力

中央财经领导小组第十一次会议提出，在适度扩大总需求的同时，着力加强供给侧结构性改革。其中，"降低成本，帮助企业保持竞争优势"成为推进经济结构性改革"四大关键点"之一，而这又绕不过减税和降费。减税，可以极大激发市场经济的活力；不减税，使税收继续维持在结构性的较高水平，将会使得市场开始劣化，也就是偷税漏税的企业活下来，遵纪守法的企业被淘汰。降费，降低社保费用，减少行政收费，对于已经连续几年面临房租、水电、人工成本持续上升的连锁企业，同样重要。具体的改革建议为：降低生鲜农产品及部分食品增值税，推动消费上行；员工自主选择阶梯社保方案，提高可支配收入；落实企业自行选择平均电价或峰谷分时电价政策，发挥市场调节机制；真正落实取消发票工本费政策，降低经营费用等。

作为商品流通的重要环节，零售行业的繁荣发展，是供给侧改革最终目标实现的必要条件，国家在一方面推动和鼓励上游"好商品"创新的同时，应该同样支持和促进零售行业的健康稳定发展，为"好商品"创造好"好市场"。

人口与劳动篇

二十五、创新驱动与分配驱动结合
为经济持续发展提供动力

褚福灵 [1]

如何保持我国经济持续健康发展？为什么经济发展会出现周期性波动？为什么会出现生产过剩？这些问题为社会各界所关注，是值得反思的重大理论与实践问题。经济发展的动力在哪里，如何解放生产力，如何发展生产力，如何提高竞争力，有许多不同观点。谈几点看法，供参考。

（一）经济发展的动力来自有效供给与有效需求的结合，来自创新驱动与分配驱动的结合

1. 实现有效供给与有效需求结合

经济发展的动力在哪里，可以从不同角度解释。总体认为，既来自供给，也来自需求，既来自生产，也来自消费。提高供给效率，降低供给成本，是经济发展的动力因素。扩大需求，提高有效需求水平，同样是经济发展的动力。

供给与需求不可分割。没有有效供给，就没有有效需求。没有有效需求，也就没有有效供给。供给可以满足需求，也可以创造需求。因此，供

---

① 本文作者为中央财经大学教授，社会保障研究中心主任，博士生导师。

给侧改革不仅仅是供给问题，应当是实现有效供给与有效需求的紧密结合。

在不同历史阶段，供需矛盾的侧重点可能有所不同。如果市场有需求，或者消费者有购买力，但没有相应的产品或服务供给，这是供给出了问题，供给是主要矛盾。如果市场已经没有需求，或者市场需求在明显减少，市场主体仍然在提供大量供给，甚至在不问市场需求的情况下开足马力生产，这说明供给不能以市场为导向，供给处于僵化状态，供给是主要矛盾。如果消费者有需求，但没有足够的购买力，说明有效需求不足，需求是矛盾的主要方面。如果通过适度投资等扩大市场需求，进而可以有效化解过剩产能，同样说明是有效需求不足，需求是矛盾等主要方面。因此，产能过剩本身表现在供给过剩上，但问题可能出在供给失效上或者需求不足上。显然，必须具体分析产能过剩的原因，并采取供需相结合的具体的对策措施。

提高有效供给与扩大有效需求是防范与化解产能过剩的基本举措。应进一步完善企业法人治理结构，形成激励与约束机制，引导企业按市场需求提供供给，充分发挥市场配置资源的决定性作用，形成自觉防范与化解过剩产能（包括各类商品过高库存）的内生机制。应加强老少边穷地区的基础设施投资，提高低收入群体的收入水平，提高消费者的购买预期与购买能力，形成不断扩大有效需求的内生机制。化解过剩产能不应当仅仅是"外力作用"，也不应当仅仅是"事后救火"，应当是"内力与外力并用，防范与化解并举"，通过嵌入不断扩大有效需求与不断提升有效供给的"内生机制"和供求"自平衡机制"，进而为经济长期健康发展提供持续动力。

2. 实现创新驱动与分配驱动结合

创新驱动，是指产品创新、服务创新、技术创新、制度创新，通过创新引导需求。分配驱动，是解决有效需求问题，是解决两极分化与贫富悬殊问题。

产品创新、服务创新、技术创新、制度创新是经济发展的动力之源。

产品与服务要适应市场需求的新变化，不但要以市场的新需求为引领来创新产品与服务的供给，同时要通过产品与服务供给的创新进而创造新的需求。科学技术是第一生产力，应当加大科技创新投入，以新兴战略产业的技术创新为重点，实现在科学技术上引领世界前沿。制度创新是关键，没有完善的制度保障，就难以实现产品创新、服务创新与技术创新。要坚持人民为主体的社会主义基本经济制度，充分调动人民群众的积极性、能动性与创造力，凝聚人民群众的智慧与力量，推动经济社会健康发展。总之，要以创新引领发展，以创新推动发展。通过实施创新工程，为发展提供持续的动力源泉。

收入分配是经济发展的动力之基。分配是实现发展成果人民共享的基本方式，均衡的分配结构是实现经济社会持续健康发展的根基。我国居民收入基尼系数总体偏高（在 4.0 以上），劳动报酬占国民收入的比重呈下降趋势，税收的再分配功能不够显著，社会保障体系尚不完善，最低工资标准与贫困线标准总体偏低。如果这种分配格局不迅速有效扭转，将强化两极分化态势，也将失去发展的根基。

（二）坚持宏观引导与微观激励结合，坚持调动劳动者的积极性与降低劳动力成本结合

1. 把宏观引导与微观激励结合起来

所谓宏观引导，就是通过适度减低税费为供给提供良好的环境，但必须有微观基础。所谓微观激励，就是要调动投资者、管理者与劳动者积极性。

宏观引导是"外力作用"，必须与市场主体的"内力作用"相结合。要防止与化解过剩产能，要调整经济结构以适应市场需求，需要政府必要的简政放权、减税降费、搞活企业等政策引导，但是这些政策是否能够达到预期效果关键在于各类市场主体的积极性与主动性。因此，应当进一步完

善现代企业制度，确保企业按照市场法则运营。

政府放权搞活降低了企业成本。减少审批环节，一站式审批服务，减少部分科技企业和小微企业的税费，有利于减少成本，提高效率，激发活力。但企业在土地成本、融资成本和人工成本等方面还面临压力。

2. 把降低劳动成本与调动劳动者积极性结合起来

劳动力成本上升是必然趋势。根据调查，东部发达地区普通农民工一天的工资至少在 200 元，技术农民工一天的工资在 300 元。为什么工资会上涨？一是最初的工资起点偏低，二是劳动力逐步呈短缺态势。从单位职工工资来看，我国单位职工最低工资大概是平均工资的 20%—30%。发达国家的最低工资大致为平均工资的 50%—60%。因此，我国工资保障水平并不高。

劳动报酬增长是经济发展的内在要求。要全面建成小康社会，必须不断提供国民的收入水平。按照 2020 年全面建成小康社会的目标要求，到 2020 年我国国民收入要比 2010 年翻一番，我国居民人均收入水平要比 2010 年翻一番。因此，要确保劳动报酬增长与劳动生产率增长同步，居民收入增长与国民收入增长同步。当前我国劳动力成本是高还是低，需要进行测算与预判。

社会保险是劳动者的安全网，是劳动成本，更是人力投资，可以创造新的生产力。通过缴纳社会保险费，建立保障安全网，可以增加员工凝聚力，调动员工积极性。根据 165 个国家的统计数据，我国名义社会保险费率处在中高水平，实际的社会保险费率处在中等水平。按照规定，我国单位的基本养老保险名义缴费率为 20%，但实际缴费率为 15% 左右。主要是我国实行地方统筹，各地缴费水平有较大差距。比如我国东南沿海地区的企业基本养老保险缴费费率为 12%—15%。同时，参保单位通常按最低缴费工资基数缴费（比如按职工平均工资的 60% 缴费），导致实际缴费费率下降。

社会保险缴费与社会保险待遇水平紧密关联，要联系待遇水平统筹考虑社会保险费费率合理下调问题。分析认为，在保障劳动者当期待遇水平和有效化解未来老龄化风险的前提下，通过提高统筹层次、增强规模效应，在"降低成本"的基础上，可以考虑社会保险缴费水平的适度下调。

　　总之，要全面建成小康社会，要化解过剩产能与扭转经济发展的下行态势，要为经济长期健康发展提供持续动力，必须坚持有效供给与有效需求结合，必须在"全面创新"与"分配改革"上狠下功夫。

二十六、重生命周期消费规律，建住房医养一体化市场

杨燕绥 [①]

在党的十八大闭幕式上，习近平总书记对全国人民承诺："我们的人民热爱生活，期盼有更好的教育、更稳定的工作、更满意的收入、更可靠的社会保障、更高水平的医疗卫生服务、更舒适的居住条件、更优美的环境，期盼着孩子们能成长得更好、工作得更好、生活得更好。人民对美好生活的向往，就是我们的奋斗目标。"这是以微观经济为基点，从供给侧到消费侧，阐述中国共产党的奋斗宗旨和描述国家今后经济社会发展模式问题。

（一）生命周期假说与消费规律

生命周期假说由莫迪利安尼等人提出，是微观经济学中消费者行为理论的基石。这一假说的基本观点是，首先，假定消费者是理性的，可以识别信用市场不完善、未来收入和寿命不确定等因素带来的风险，为规避这些风险而保持理性和自我控制能力。其次，消费者的行为目标是实现效用最大化。理性消费者将根据效用最大化原则使用一生的收入，安排一生的消费与储蓄，使一生中的收入等于消费，并呈现出平滑消费的特征；这就是老百姓所希望的安居乐业。也就是说，家庭在每一时点上的消费和储蓄决策反映了家庭在其生命周期内谋求达到消费理想分布的努力；同时，家

---

① 本文作者为清华大学教授。

庭消费受制于该家庭在其整个生命期间内所获得的总收入。

社会生产力一旦进入买方市场，消费和投资即成为拉动经济的两个轮子。社会一旦进入信息经济，各种预测手段和理财工具，可以帮助理性消费者实现他们的效用最大化目标，这也是国家改善民生、克服贫困和培育中产阶级的基点。我们按照生命周期理论，根据 2010 年国家人口统计数据，对我国居民分年龄段的消费情况进行分析，发现从 0 岁到 90 岁人群的消费分布很不均衡，与平滑消费曲线不符；15 岁左右人群消费额高于平均水平20%，33 岁左右人群的消费高出 40%，35—65 岁人群消费额很低，70 岁以后消费额一路下降，到 85 岁时比平均额低 78%，仅为 2000 多元；这是一个违背生命周期理论和理性消费者目标的，两高两低的消费曲线（见图 1）。两高及其主要原因如下：一是教育资源配置不公导致教育附加费用高；二是首住房保障不足导致婚姻购房房支出奇高，占用了父母和祖父母的消费资金；最终，在临终时期的消费水平速增，用于重症抢救、奢侈葬礼和购买墓地，违背了中华民族对老人厚养薄葬的文化传统。两低及其主要原因如下：一是劳动年龄人口消费水平低，这将导致人力资本投资不足；二是老龄人口占比逐渐加大，但消费能力每况愈下，这将加重未富先老的程度。不难看出，导致这种现象的问题出在教育资源配置和房地产政策等供给侧的公共选择出现了失误。

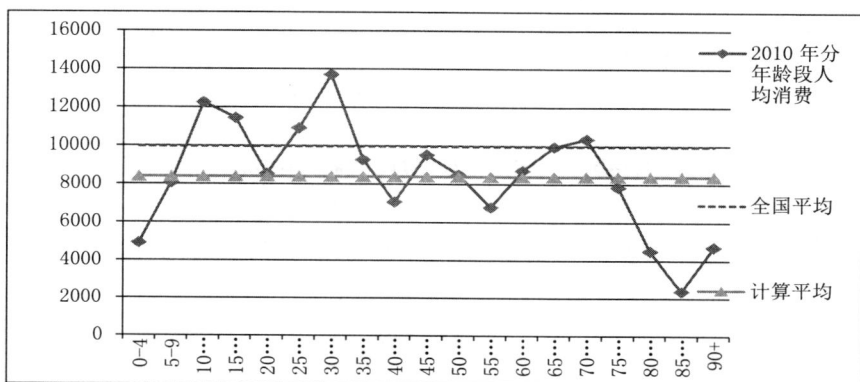

图1　0-90岁年龄段的中国居民消费曲线(2010)

反之，发达国家的情况与此不同。在刚进入深度老龄社会的美国（见图2），消费峰值点出现在30—65岁人群中，他们在买健康、买知识、买旅游等，对劳动人口进行投资可以提高劳动生产率，促进产业升级，提高国家竞争力，继而创造名副其实的劳动人口红利。而在首先进入超级老龄社会的德国和日本等国家，消费峰值点出现在50—75岁，是老龄人口消费在拉动经济，为劳动人口付出的人力资本买单，这是进入老龄社会最反映"银色经济"特征的社会现象。

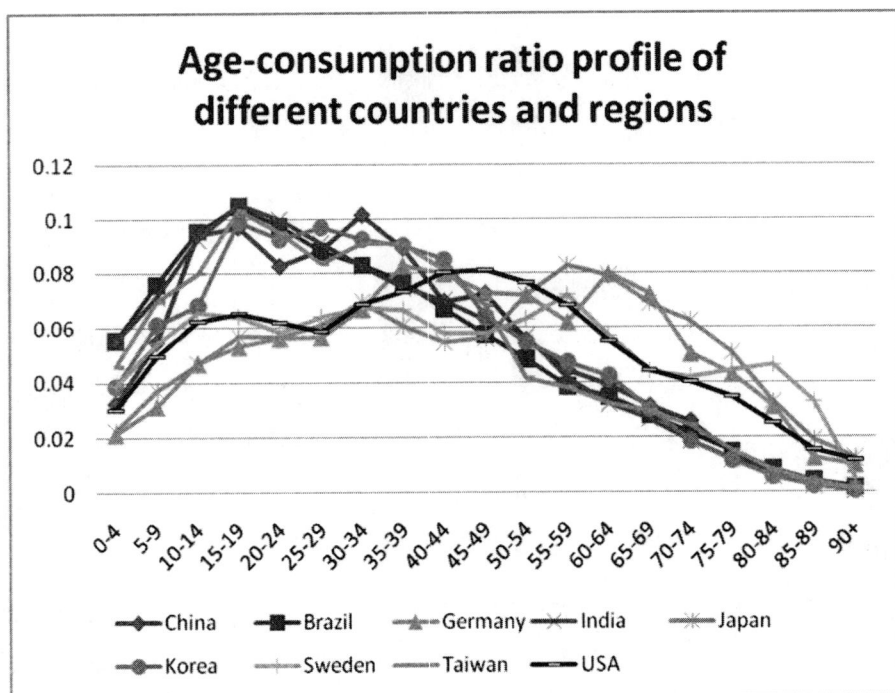

图2　发达国家0-90岁年龄段的居民消费曲线(2010)[①]

这种现象值得深思，一旦社会经济进入买方市场和消费拉动的时代，如何处理宏观经济与微观经济的关系？党的十八大以来，非常重视消费对

①　数据来源：Ronald. Lee, Andrew Mason. Population Aging and the Generational Economy-- A GLOBLE Perspective. Edward Elgar Publishing limited, 2011

经济的拉动作用，以保障和改善民生为转变经济发展方式的根本出发点。但是，如果消费持续疲软，表现出不均衡和持续低迷的特征，就要从供给侧考虑如何改变这种局面，将微观经济寓于宏观决策之中，通过改善微观经济状况实现国家宏观经济目标，这也是转变经济发展方式的路径。

（二）构建住房医养一体化有效消费市场

我们需要反思唯 GDP 发展方式的危害，GDP 是个经济总量，如果忽略它的成本以及分配，将给我们的经济和社会留下很多问题，这既不符合凯恩斯理论，也不符合社会主义原则。如今离开了唯 GDP 论，要按照人均 GDP 福利相关性原则进行供给侧改革，促使中国居民绝大多数拥有理性的、平滑消费曲线。一是以家庭收入的 1/3，支持吃穿交通等日常开支；二是以家庭收入的 2/3，按照生命周期进行第一期财务规划，即买房子、养孩子，因年轻人刚开始工作尚处于低收入期，此期间不得不向银行或者家庭借债；第二期财务规划即指买健康、买养老。为此，国家民生政策应当关注如何"降低养孩子和买房子的成本，减少青年家庭的负债期，让他们尽早实现财务自由（35 岁左右），开始人生第二期财务规划，为实现健康长寿人生目标而积累资产"。

新供给主义经济学的研究是非常有价值的，我们需要从第一次分配到第二次分配研究有效需求问题。在买方市场条件下谈民生，不能是个政治口号，一定要关注老百姓的购买力问题，只要老百姓有钱、敢消费，企业有订单即有岗位，我们的孩子就能就业，就有积极性念书和进行人力资本投资。

1. 中产阶级的劳动报酬应当买得起住房

住有所居是民生保障的基本要求，如何实现这个目标应当从供给侧考虑问题。首住房和医养用地应当属于社会资产，应当实行低价使用、封闭周转和交易，无论从私有制土地中购买和捐赠，还是从公有制土地中划拨，这都是实现住有所居的基本条件。因此，房地产市场应当分为三个板块，即低租房、限价房和商品房，满足各类人的居住需求。（1）低租房和公租房解决青年低收入人群（收入在一定水平以下的）住房的制度安排，在一个城市里，低租房少说明贫困人口少；（2）限价房即指根据"保障面积（人均30–60平方米）、人口（直接供养人口）、预期购房年限（15—30年）、工资一定比例储蓄和贴现"定价，满足职工和居民首住房需求的制度安排，在一个城市里，限价房保障力度越足，劳动人口完成购房计划就越早，在实现财务自由之后，可以尽早买健康和买养老；（3）商品房即指按照市场公允营销的，满足改善型和投资型购房需求的制度安排；在满足首住房的条件下，一个城市的商品房价格高说明人均收入水平高和消费能力强。总之，考核一个城市发展水平和政府工作绩效的原则之一，即实现人人住有所居，去两头、保中间、廉租房要少、限价房要充足、商品房要贵且征收房产税。

2. 房产是高龄失能老人购买服务的资本

人口老龄化并非社会老化，健康长寿意味着社会稳定和经济发达，继农业经济、工业经济，人类进入以信息经济和健康管理为主流的银色经济时代。银色经济是基于人口老龄化的需求和约束条件，组织生产、分配、流通和消费的活动及其供求关系的总称。从供给侧出发，改善劳动人口人力资本以提高生产力，实现科技推动经济；改善老龄人口的资产结构以提高购买力，实现消费拉动经济，这是银色经济的发展规律。

一套房产在应对人口老龄战略中至关重要。在进入深度老龄社会的国家有一句很流行的民言即"30年我养房、20年房养我"，说的是在工作期间买套住房，一旦进入老年高龄期，用房产去置换越来越需要且越来越贵的医养服务。一张养老床位造价约为15万元，但一张附带医疗护理、病后康复、急症处置、临终纾解和慢病管理的床位造价约为150万元。高龄失能老人用什么置换医养服务，不再是个人和家庭问题，而是社会问题，要纳入健康产业和老龄产业有效需求范畴统筹考虑。以新加坡为例，拥有政府组屋的居民，在遇到重大经济困难、高额医疗费用和支付高龄护理费时，可以将政府组屋卖给政府，或者反向抵押给政府，实现以房养老。在美国，军人、被派遣国外工作的人员，只要按揭款还够95%的自住房，均可以反向抵押房产和增加养老金，实现以房养老。在中国，伴随高龄、失能、有房、没钱人口的增加，以房养老和置换服务的需求将越来越大，子女在老人护理和继承房产两者之间也会做出明智的选择，逐渐形成以房养老的社会共识。

我国现行社会保障政策是自1985年以来，作为国营企业改革的配套政策发展而成的。例如，为了打破铁饭碗而实行劳动合同制，开始建立失业保险计划；为减员增效和安排下岗职工提前退休，进行职工养老保险和医疗保险改革。因此，现行社会保障政策不仅具有碎片化问题，且因违背生命周期规律，导致职工和居民参保积极性不高，一个逆向选择的循环圈正在形成。例如，刚刚就业的青年职工不得不按照工资总额的8%缴纳养老保险费，但记账利息低于银行利息、理财收益和通货膨胀；高房价抑制了三代家庭的消费信心，很多人辛苦工作一辈子也终生买房无望；临近退休时，工资增长比不上养老金增长（连续11年不分基数大小，一律增长10%，部分地区没做到）。看着日益贬值的养老保险缴费、居住与投资定价体系混淆后而居高不下的房价以及提前退休的种种好处，人们得出个人收入的终生分布和制度消费处于低效用状态，甚至是不合理状态；因此，他们拒绝参加社会保险和选择提前退休。根据2010年人口普查数据进行测算，我国女性劳动年龄人口的40%在接近50岁时退出劳动力市场，男性劳动年龄人口的50%在接近60岁时退出劳动力市场，如果以60岁作为退休年龄，中国劳动年龄人口的就业参与率约为40%（见图3），距离70%相差很远（可能存在大量非正规就业）。就业参与率不足，不仅劳动收入减少，且养老保险缴费年限少、养老金计发水平低，个人终生收入总量下降，影响一生收入和消费的效用。

城镇分年龄的劳动参与率

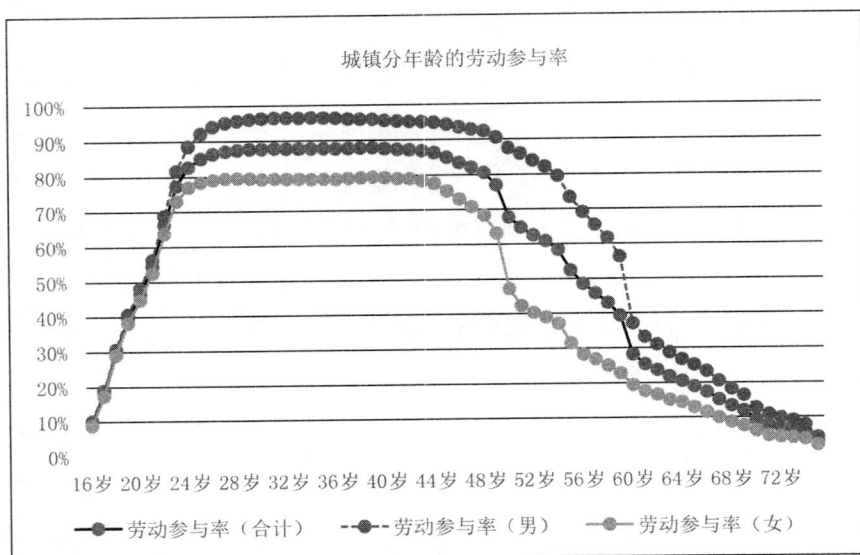

图3 中国城市劳动年龄人口就业参与率(2010年)

（三）结论与建议

十三五规划期间，预期以创新求发展，必须坚持以人为本，从供给侧关注微观经济问题，尊重与个人生命周期关联的消费规律，完善收入分配和社会保障制度，建住房医养一体化消费市场，鼓励国民增加就业和健康养老，实现一生收入支出效用最大化。

一是完善薪酬结构和治理机制，确保劳动者在第一次分配中的报酬和可支配达到日常开支、养孩子和买房子的需要，特别是对农村失地进城安居的人群来说，这点十分重要，要将失地农民居民化口号变为可以量化的检验指标。

二是引入社会资产概念与原则，严格区分居住房和投资房的需求，依法规范房地产市场的三个板块，满足各类人群的住房需求，特别是要关注中产阶级购买首住房和高龄失能阶段以房养老的需求。

三是梳理现行社会保障政策中的逆生命周期问题，以激励青年人参加社会保险的积极性。在青年时期要适度降低养老保险费率、可以限价购买首住房，到中年时期再增加买健康、买养老的支出，到老年拥有合理的资产结构与购买力，实现终生财务自立和健康长寿。

图书在版编目（CIP）数据

供给侧改革 / 滕泰，范必等著. — 北京：东方出版社，2015.12

ISBN 978-7-5060-8901-2

Ⅰ.①供… Ⅱ.①滕…②范… Ⅲ.①中国经济—经济改革—研究 Ⅳ.①F12

中国版本图书馆CIP数据核字（2015）第318449号

供给侧改革

（GONGJICE GAIGE）

作　　者：滕　泰　范　必等著

责任编辑：王叶楠　许剑秋

出　　版：东方出版社

发　　行：人民东方出版传媒有限公司

地　　址：北京市东城区朝阳门内大街166号

邮政编码：100706

印　　刷：三河市金泰源印务有限公司

版　　次：2016年1月第1版

印　　次：2016年1月第1次印刷

印　　数：1-50 000册

开　　本：710毫米×1000毫米　1/16

印　　张：19

字　　数：200千字

书　　号：ISBN 978-7-5060-8901-2

定　　价：48.00元

发行电话：（010）64258117　64258115　64258112